Caio Fernando Abr

Teatro completo

Luís Artur Nunes
Marcos Breda
organizadores

Agir

Sumário

APRESENTAÇÃO

Este livro é filho de uma peça de teatro. Nasceu do processo de produção de *O homem e a mancha*, último texto teatral de Caio Fernando Abreu, escrito exatos dois anos antes de seu falecimento.

Foi meu primeiro monólogo como ator e minha primeira realização como produtor teatral, numa parceria com o diretor Luís Artur Nunes. Mas foi, antes de mais nada, nossa modesta homenagem póstuma a um amigo e, sobretudo, um escritor (e dramaturgo) genial.

Como bom virginiano, Caio sempre foi extremamente perfeccionista com sua obra. Revisou quase todos os seus escritos pouco antes de sua partida. Inclusive alguns textos inéditos, engavetados, reunidos no livro *Ovelhas negras*. Ele mesmo dizia: "Não quero que abram meu baú, após minha morte, e publiquem porcarias." Caio antecipou-se, revisando e lapidando seus guardados, publicando-os e, posteriormente, dando fim ao escritos que - segundo sua opinião - não tinham valor literário.

Sua produção teatral, no entanto, ficou de fora desse *final cut*. E era por demais expressiva - em termos quantitativos e, principalmente, qualitativos - para ser deixada abandonada e dispersa. Eu e Luís Artur partimos para uma busca paciente e minuciosa e, ao cabo de alguns meses, conseguimos reunir e organizar toda a sua dramaturgia.

O livro teve seu lançamento marcado para a estréia de *O homem e a mancha*, no Theatro São Pedro, em novembro de 1996. Problemas com a antiga editora, infelizmente, atrasaram esta publicação. Que acabou acontecendo, sem a devida pompa e circunstância, numa obscura semana do final de março de 1997...

É com imenso orgulho que vejo agora, 12 anos depois, o *Teatro completo* de Caio Fernando Abreu ganhar a publicação esmerada e cuidadosa que sempre mereceu, corrigindo alguns erros da edição anterior. É um livro destinado aos inúmeros apreciadores da obra de Caio e, principalmente, um livro para os amantes de teatro. De ótimo teatro, bem entendido. Longa vida ao teatro (agora sim, completo) de Caio Fernando Abreu.

Marcos Breda
Rio de Janeiro, 14 de novembro de 2008

PREFÁCIO

Caio Fernando Abreu é reconhecido como um dos ficcionistas mais brilhantes da literatura brasileira contemporânea. Poucos sabem, porém, que a ficção que escreveu não foi apenas narrativa, épica: contos, novelas e romances. Caio também cultivou a literatura dramática. Não me refiro aqui às várias adaptações feitas para a cena a partir de suas histórias, mas sim às peças de teatro, as que ele compôs diretamente para o palco, o palco que ele tanto amava. O significado e a repercussão da parte conhecida de sua obra eclipsaram essa segunda vertente, menor, mas não menos importante.

Caio sempre adorou teatro, via tudo, conhecia todo mundo da classe teatral. No entanto, foi mais do que um espectador aficionado: tornou-se um homem de teatro.

Não de imediato, porém. Nos fins da década de 60 era apenas o amigo querido da nova geração de atores e diretores de Porto Alegre, a sua geração, que se iniciava – assim como ele na literatura – na descoberta apaixonada de uma forma de expressão. Caio era dos que estavam sempre junto, nas salas de ensaio, nas salas de espetáculo, nas mesas de bar onde o assunto era teatro, teatro, teatro. Naquela época, cursávamos o CAD, o Curso de Arte Dramática da Faculdade de Filosofia da UFRGS. Não demorou muito e Caio tornou-se nosso colega. Não concluiria o curso, assim como também não concluiu o curso de Letras. Avesso à rigidez de programas, prazos e currículos, preferia passar pelas coisas como num vôo, num mergulho sem método, mas nem por isso menos alto e profundo. Lembro-me dele numa peça infantil da escola, fazendo o papel de um vovô com uma barba branca de algodão...

Aliás, é interessante a significação que teve o teatro infantil para esse solteirão empedernido que detestava crianças (a quem costumava chamar de "crionças", principalmente quando a algazarra atrapalhava seus preciosos momentos de criação). Ele excursionou vários meses pelo Rio Grande do Sul atuando na montagem do *Serafim-fim-fim* de Carlos Meceni, junto de Suzana Saldanha, Nara Keiserman e José de Abreu. A peça era uma recriação de *Chapeuzinho Vermelho*, e Caio fazia justamente o papel do... autor da história recontada. Algum tempo depois, ele foi autor de verdade de um texto para "crionças", *A Comunidade do Arco-Íris*, estreada em Porto Alegre sob a direção de Suzana Saldanha.

Como vêem, embora bissexto, Caio foi ator, conheceu o palco por dentro. E bom ator. A última vez que comprovei esse fato foi quando da leitura que ele fez de sua peça recém-concluída: *O homem e a mancha*, na casa do ator Carlos Moreno, para quem a escrevera de encomenda. Essa leitura ficou-me na memória como uma deliciosa e tocante performance de comicidade e lirismo. Performance que, fiquei sabendo, repetiu publicamente em duas ocasiões, e com enorme sucesso, quando, já doente, voltara a morar em Porto Alegre.

Caio e eu pisamos juntos o mesmo palco em 1976, no espetáculo *Sarau das 9 às 11*, realização do Grupo de Teatro Província, dirigida por mim. Então fomos parceiros não só "nas tábuas", como também "de pena". O *Sarau* era uma peça de esquetes, e nós os escrevemos a quatro mãos. O último deles, *A maldição do Vale Negro*, foi retomado e ampliado dez anos depois para ser montado como um espetáculo completo. Essa recriação, uma encomenda do Teatro Vivo de Irene Brietzke, foi feita novamente em colaboração, durante os feriados de Carnaval, no apartamento de Caio na Haddock Lobo em São Paulo. Foram quatro dias de gargalhadas, latinhas de cerveja e pizzas por telefone. E muito café, além dos milhares de cigarros que ele fumava...

Fabricar uma obra de arte a dois é em princípio algo dificílimo. Mas não para nós. Tinha sido fácil nos esquetes do *Sarau* e continuou sendo na segunda versão da *Maldição*. Via de regra, redigíamos juntos: a frase que um inventava puxava a frase do outro. Mas podia acontecer também de um escrever uma cena e o outro retocá-la. Interferíamos reciprocamente em nossas invenções sem nenhum constrangimento. Que sintonia era essa? Era como brincar juntos. Graças à montagem carioca de *A maldição do Vale Negro,* dividimos o Prêmio Molière de melhor autor de 1988.

Outra vez em que brincamos de teatro foi quando precisei de textos para um novo espetáculo de esquetes: *deColagem,* 1977. Caio produziu cinco diálogos curtos. O primeiro deles, o *Diálogo do companheiro,* uma pequena obra-prima, eu o refiz repetidas vezes e de variadas formas em outros espetáculos-colagem. Tamanha a minha "obsessão" por esse texto, que ele o dedicou a mim na abertura de seu livro de contos *Morangos mofados.* Uma outra dessas cenas avulsas, *O aborto,* acabou fundindo-se à peça de minha autoria, *Love, love, love,* montagem de 1981. "Fundiu-se" é a palavra, não fôssemos nós dramaturgos siameses. Todos esses diálogos, de uma página ou menos, serviram-me também de excelente material de exercício em minhas aulas de teatro.

A primeira investida independente de Caio na dramaturgia foi com *Pode ser que seja só o leiteiro lá fora.* Não saberia precisar a data em que foi escrita. Seguramente logo após os anos que ele viveu em Londres, nos inícios da década de 70, experiência que aparece transfigurada na peça. Só sei que a obra foi premiada num concurso do então SNT (Serviço Nacional de Teatro) e selecionada para leituras públicas em todo o Brasil. Participei como ator da leitura de Porto Alegre, no Teatro de Arena, dirigida por Nara Keiserman e musicada pelo também saudoso Carlinhos Hartlieb. Pouco tempo depois, a Censura Federal a interditou em todo o território nacional.

Após o *Leiteiro,* embora não regularmente, Caio Abreu seguiu escrevendo para o teatro. Vieram a já citada *Comunidade do Arco-Íris, Zona contaminada,* montada pela primeira vez no Rio de Janeiro por Gilberto Gawronski, e a admirável adaptação para a cena do romance *Reunião de família,* de Lya Luft, que Luciano Alabarse teve o privilégio de encenar em Porto Alegre. Esse trabalho é a melhor comprovação de que Caio foi dramaturgo de fato, e não um narrador, por diletantismo, pondo em diálogo suas histórias. Ele sabia e dominava a diferença de gêneros. Na operação por que passou em suas mãos o livro de Lya Luft, o épico vira dramático, o contar vira representar, a narração vira cena.

Curiosamente, não assisti a nenhuma dessas montagens. Por impedimentos normais, coisas da vida. Minha analista com certeza detectará algum ciúme meu vendo Caio fazer teatro com "outros". Não há motivo para ciúmes, porém, mesmo inconfessados. A parceria interrompida por um tempo já foi retomada. Sua última peça, *O homem e a mancha,* o Garoto Bombril não quis realizá-la, e ela terminou nas minhas mãos e nas do ator Marcos Breda, outro amigo seu do coração. Quando a recebemos de um Caio já debilitado, ele nos disse: "Façam logo para dar tempo de eu assistir."

Não faz um ano que Caio nos deixou. No momento em que ponho ponto final neste prefácio, estamos a uma semana da estréia de *O homem e a mancha.* Será no Theatro São Pedro. Certamente ele não vai perder.

Luís Artur Nunes
Porto Alegre, 14 de novembro de 1996.

PREFÁCIO À SEGUNDA EDIÇÃO

É com imensa satisfação que saudamos esta segunda edição do *Teatro completo* de Caio Fernando Abreu. A primeira, lançada há 12 anos, há muito estava esgotada. Não foram poucas as vezes que, em casa ou em andanças teatrais pelo país, vinham nos perguntar sobre um relançamento, pelo visto muito desejado por gente de teatro e por fãs da obra de Caio.

Finalmente chegou o projeto da Agir e, com ele, a oportunidade de melhorarmos o volume que reúne a dramaturgia do nosso amigo. Em primeiro lugar, houve uma revisão rigorosa para sanar os muitos erros de digitação da publicação original. E quem melhor para fazer esse trabalho senão aqueles que conviveram intimamente com os textos em suas montagens de estréia? Foi com essa idéia que convidamos Luciano Alabarse, Gilberto Gawronski e Suzana Saldanha, responsáveis pelas encenações de *Reunião de família*, *Pode ser que seja só o leiteiro lá fora*, *Zona contaminada* e *A Comunidade do Arco-Íris*. Marcos Breda, que representou 103 vezes *O homem e a mancha* pelo Brasil afora, encarregou-se do mesmo, e para mim tocaram os *Diálogos* e as nossas parcerias: *Sarau das 9 às 11* e *A maldição do Vale Negro*.

Diálogos vinha, na primeira publicação, com o título geral de *Cenas avulsas*. Achamos melhor a troca, pois foi dessa forma que o próprio Caio os intitulara.

No caso da paródia de melodrama, houve uma correção importante. Os personagens do cigano Vassili e da cigana Jezebel devem expressar-se em espanhol correto. Nunca foi intenção dos autores que falassem portunhol. Mas cometemos - Caio e eu - alguns atentados ao idioma ao escrever essas falas. Por ocasião da segunda montagem carioca, a atriz que interpretava Jezebel - Carolina Virgüez, colombiana de nascimento - prestou preciosa colaboração, corrigindo os erros; correções que foram incorporadas nesta reedição. A Carol, nosso agradecimento.

O texto de *Sarau das 9 às 11* também sofreu modificações. O *Sarau* foi idealizado como uma colagem de textos de diferentes autores. Desses, quatro foram escritos em parceria por mim e Caio. O último era a primeira versão, curta, de *A maldição do Vale Negro*, que dez anos mais tarde seria por nós reelaborada como uma peça completa, a qual aparece separadamente no volume. Por essa razão, deixamos fora do *Sarau* o seu primeiro tratamento. Por motivos óbvios, permaneceram de fora também as passagens de outros escritores, e foi retirado o quadro "Eles", presente na primeira edição. "Eles" já tinha sido cortado pelos próprios autores por ocasião da montagem de estréia. Portanto, nunca fez parte da versão definitiva da peça.

Além disso, tive a felicidade de descobrir nos baús da vida o manuscrito original utilizado nos ensaios do *Sarau das 9 às 11*. Como se sabe, muitas alterações são feitas no processo de ensaio, ainda mais nesse caso em que os próprios autores eram responsáveis pela montagem do espetáculo. Tais alterações foram aqui incorporadas.

As peças estão agora reordenadas na ordem cronológica de suas montagens de estréia e vêm acompanhadas de suas respectivas fichas técnicas.

Esperamos assim termos contribuído para uma edição muito mais cuidada e rigorosa do *Teatro completo* de Caio Fernando Abreu.

Como ele merece.

Luís Artur Nunes
Rio de Janeiro, 3 de dezembro de 2008

SARAU DAS 9 ÀS 11

(Em colaboração com Luís Artur Nunes)

1º QUADRO: OUVERTURE

PERSONAGENS

Madame de Alencastro

Monge do Restelo

Baby

Deborah

Bóris, um homem-tronco

Ego

Este é um quadro de monólogos entrecruzados. As falas dos personagens repercutem umas nas outras sem que haja qualquer diálogo ou contracenação explícita entre eles. Habitam áreas estanques do palco. Ao fundo, uma figura de altura desmesurada, vestindo um manto negro que só deixa de fora o rosto de alvaiade. É o EGO, que a tudo preside, mas só se manifesta no final como um oráculo de nonsense. MADAME DE ALENCASTRO, velha dama de negro e sotaque português, traz numa coleira um homem-tronco, BÓRIS, que geme sons inarticulados. O MONGE DO RESTELO é uma figura visionária de capa vermelha, a imprecar vaticínios apocalípticos. BABY e DEBORAH são representantes da juventude da época. Ele, jeans e discurso de protesto. Ela, sex, drugs & rock-'n-roll.

MADAME – Suavemente plantada entre os rochedos da harmoniosa Costa do Sol, Taormina foi o cenário onde transcorreu aprazível a minha infância. Reis destronados, ditadores depostos, envelhecidas estrelas de cinema conviviam com magnatas do jet set internacional e com a antiqüíssima aristocracia local. Nesse ambiente eu me criei. Isolados da turbulência do mundo, vivíamos em mansões cercadas de jardins, bosques e fontes, por onde ninfas e sátiros se perseguiam amorosamente. Éramos servidos por exércitos de empregados, que nos amavam e respeitavam, e eram capazes de dar a vida por nós. Recepções, jantares, bailes de máscaras, festas à beira da piscina, piqueniques no campo, partidas de críquete, era uma festa sem fim. Hoje tudo mudou. Os rebeldes venceram, tomaram conta, ocuparam tudo, e tivemos todos que fugir às pressas. Mas naquele tempo não havia rebeldes.

MONGE (*Para Baby.*) – Tu continuas fazendo parte daquele balão colorido que subiu embalado por música, política, drogas, e que explodiu.

BABY – Quem é você para colocar um epitáfio sobre mim? Quem é você para dizer que não dei certo? Por acaso você deu? Olhe dentro do meu olho e me responda: você se sente feliz? Você tem esperança? Eu não. Eu, cruamente, não.

DEBORAH – E pensar que eu passei todo esse tempo investindo no meu know-how...*

MADAME – À tardinha, quando fazia calor, passeávamos pela alameda da quinta de Don Juan do Franco-Condado, ou tomávamos chá sob o caramanchão nos jardins de Humberto de Bourbon, ex-rei de Sabóia. Éramos visitados pelo rei de Roma, pelo arcebispo da Cantuária, pelo ex-ditador Simeon da Lituânia e pelo regente Von Koseritz, de Sarajevo. E em noites de lua cheia desfilávamos todos a nossa beleza, a nossa graça e o nosso charme à beira-mar.

DEBORAH – E pensar que eu quase me danei apostando no meu background...

MONGE – Ao romper do sétimo selo, far-se-á silêncio no céu. Então os anjos com suas trombetas preparar-se-ão para tocar.

BABY – Quando olho para mim mesmo, não gosto do que vejo. Mas quando olho para você, gosto muito menos. Os amigos desapare-

* As falas de Deborah são os versos de uma canção de Rita Lee

cem no momento exato em que você precisa deles. O mundo te machuca. As pessoas te empurram nas filas, dentro dos ônibus, nas esquinas. Tudo grita na sua cara que você não vale absolutamente nada. Quando olho para você, quando olho para mim, não posso evitar de pensar que o homem é apenas um animal que não deu muito certo.

MADAME – Lembro-me ainda de uma grande festa a que fui aos 15 anos de idade, no palacete de Otto Mariño, o rei do manganês, em que a princesa do Shiraz representou o nascimento de Vênus, emergindo de uma fonte de champanha coberta apenas por um manto de asas de borboleta. Não, nunca mais voltei a Taormina desde que os rebeldes venceram. Não suportaria ver aquelas casas vazias, fechadas, silenciosas, ou então transformadas em casernas e hospitais. Acabou tudo.

MONGE – O primeiro anjo tocará a trombeta - e cairá uma saraivada de fogo misturada com sangue, que será atirada sobre a terra. Queimar-se-á a terça parte da terra, a terça parte das árvores, e toda a grama verde perecerá no fogo.

DEBORAH – Ando jururu. *I know not what to do.*

BABY – Quem se importa com o meu olho escancarado e cheio de desencanto? Quem, entre todos vocês, estenderá a mão para passar no meu cabelo? Quem cantará um acalanto para a minha insônia?

DEBORAH – Quero encontrar pelo caminho um cogumelo de zebu.

MADAME – Fiquei sabendo outro dia que minha madrinha, a poetisa Florbela Ortigão, tem agora que cozinhar a sua própria comida. Não, eu não suportaria presenciar uma coisa dessas. Nunca mais retornarei a Taormina. Não quero ver as paredes brancas de suas casas cobertas de inscrições em vermelho e negro: “Abaixo a tirania”, “Morram os opressores”.

MONGE – O segundo anjo tocará a trombeta – e como um monte de fogo lançar-se-á ao mar, e a terça parte do mar mudar-se-á em sangue, e perecerá um terço das criaturas que vivem no mar, e um terço dos navios irá a pique.

DEBORAH – E descansar os meus olhos no pasto, descarregar esse mundo das costas.

BABY – Não espero nenhum olhar, não espero nenhum gesto, não espero nenhuma cantiga de ninar. Por isso estou vivo. Pela minha absoluta desesperança, meu coração bate ainda mais forte. Quando não se tem mais nada a perder, só se tem a ganhar. Quando se pára de pedir, a gente está pronto para começar a receber. O futuro é um abismo escuro, mas pouco importa onde terminará a minha queda. De qualquer forma, um dia seremos poeira. Quem é você? Quem sou eu? Sei apenas que navegamos no mesmo barco furado, e nosso porto é desconhecido. Você tem seus jeitos de tentar. Eu tenho os meus. Não acredito nos seus, talvez também não acredite nos meus próprios. Não lhe peço que acredite em mim.

MADAME – Tivemos todos que fugir em debandada. Muitos, na pressa, deixaram para trás uma avozinha cega, um irmão entrevado, uma tia louca. Tivemos que vender nossos automóveis de luxo, nossos iates e palacetes. Os industriais de Santa Lucia tiveram todos os seus bens confiscados e as contas bancárias bloqueadas pelo governo rebelde. Soube também que faliu a revista *Grand-Monde*, especializada na crônica da vida mundana. E a famosa confeitaria Garcez & Bernard, cuja mais famosa especialidade eram os docinhos conhecidos como "ossinhos de Santa Catarina" – a confeitaria, dizia, teve as suas instalações transformadas num depósito de armamentos.

MONGE – O terceiro anjo tocará a trombeta – e cairá do céu um grande astro, luminoso como um archote, e virá tombar sobre a terça parte dos rios e das fontes d'água. Chamar-se-á "absinto", esse astro. Converterá em absinto a terça parte das águas, e muitos homens morrerão dessas águas, porque se tornarão amargas.

BABY – Quanto a mim, acredito nas plantas, nos animais. Acredito nos astros, nas águas. Acredito no vento que sopra da banda do rio quando o sol acaba de se pôr. Acredito na pedra bruta, na areia seca.

DEBORAH – Eu só quero fazer parte do backing vocal, e cantar o tempo todo: shoobedoo-down-down, shoobedoo-down-down.

MADAME – Tudo mudou. Não me iludo. Tudo acabou.

MONGE – O quarto anjo tocará a trombeta.

MADAME – E o que foi não voltará mais a ser. Ainda hoje tive a compreensão final.

MONGE – E será ferida a terça parte do Sol, a terça parte da Lua e a terça parte das estrelas.

MADAME – Li no jornal que os imortais da Academia de Letras, Ciências e Artes foram todos mortos.

MONGE – De maneira que se lhes escurecerá a terça parte do céu, e deixará de resplandecer a terça parte do dia e da noite.

MADAME – Fuzilados.

MONGE – Quem tiver ouvidos, ouça.

MADAME – Ainda na semana passada, a única figura daqueles tempos que se mantinha em pé era o velho Cônsul de Pasca, que foi visto sexta-feira no restaurante La Tour d'Ivoire, outrora um dos mais luxuosos da cidade, hoje submetido ao regime de autogestão.

MONGE – Quem reduzir o outro ao cativeiro será cativo ele mesmo.

MADAME – Tomou dois cálices de vinho do Porto e encomendou o jantar: "Yo quiero un poco de caviar, un paté trufado de Estrasburgo, un buen tinto y nada más", disse.

MONGE – Quem ferir pela espada, pela espada morrerá.

MADAME – Terminada a refeição, ninguém mais o viu.

A partir desse momento, os personagens fazem perguntas ao EGO, que lhes responde com enigmas, como um oráculo. O primeiro é BÓRIS, o homem-tronco, que apenas lança um gemido.

EGO – Trás ahora viene lo que fue antes; y antes fue lo que será ahora.

BABY (*Para Ego.*) – Como posso acreditar outra vez no humano?

EGO – Muitas gerações passaram. E muitas passarão.

DEBORAH (*Para Ego.*) – Cadê a minha banda? Cadê o meu rock?

EGO – Solicite intercâmbio. Ask for interchange. Demandez de l'interchange.

MADAME (*Para Ego.*) – Onde estão meus andores? Onde estão meus ouropéis? Onde estão meus cristais?

EGO – Mantenha seu equilíbrio sobre o fio da navalha.

MONGE (*Para Ego.*) – Quando será finalmente aberto o último seio?

EGO – Bevete più latte.

2º QUADRO: COMO ERA VERDE MEU VALE

Monólogo auto-explanatório.
Cena: um hospital para doentes mentais.

Como era bonito lá. A gente sentava embaixo da figueira e ficava vendo o sol se pôr atrás dos morros. A casa era branca e fresca. A gente via o rio dum lado e os morros do outro. Mas a gente via mesmo só à tardinha, porque de dia era tanto trabalho que a gente nem tinha tempo de olhar pros lados. E mesmo quando tinha muito trabalho – tirar leite das vacas, recolher os ovos no galinheiro, arar a terra, plantar o milho –, mesmo assim, era sempre bonito lá.

Foi numa dessas tardes que a gente viu o trem. Lembro que a Zefa vinha descendo os degraus da casa com o mate numa das mãos e a chaleira na outra. De repente ela parou e apontou pro lado do morro. Fazia tempo que uns homens do governo trabalhavam na estrada de ferro. Todo dia a gente podia ver os caminhões passando lá embaixo na estrada, carregados de trilhos e umas máquinas que eu não conhecia. A Zefa ficou tão nervosa que derrubou a cuia no chão e virou a água quente da chaleira. A gente pensou que ela tivesse se queimado. Mas ela riu e disse que não era nada. Ficou apontando e olhando. Aí a gente parou de conversar e ficou todo mundo olhando o trem. De longe parecia pequenininho, quase como uma cobra na encosta daquele morro grande. E o sol se deitando por trás.

Um tempo depois vieram as casas. A minha propriedade não era muito grande. Então as cercas das outras casas começaram a se aproximar e a gente foi ficando espremido ali, em cima daquele morro onde ficava a nossa casa. Veio também a fábrica de cimento. O povo da vila dizia que era bom, que era o progresso que tava chegando, e agora todo mundo ia ter trabalho e ganhar bastante dinheiro. Mas a fábrica largava uma fumaça branca que caía em cima das árvores e das verduras. Depois dum tempo as plantas começavam a murchar, os peixes do rio foram morrendo todos, as árvores perdiam as folhas e a terra não dava mais nada.

A terra foi ficando tão imprestável, e as cercas se aproximaram tanto, que o Clodomiro, meu filho mais velho, resolveu vender tudo e mudar pra Canoas. A terra tava no nome deles, eu tenho cinco filhos e os cinco tavam casados e precisavam de dinheiro. O Clodomiro falou que as crianças precisavam de escola, que ele não queria que eles crescessem uns ignorantes que nem eu, que não sei ler nem escrever. Eu não queria vender, eu achava muito bonito lá. Quem sabe se a velha ainda tivesse viva o Clodomiro não tivesse vendido. Ela era uma mulher mais braba, quando entesava de querer uma coisa não tinha ninguém no mundo capaz de fazer ela mudar de idéia. Mas ela tinha morrido já faz muito tempo, e eu não podia fazer nada. Quando a gente fica velho os filhos não ligam mais pros palpites da gente. Então o Clodomiro vendeu a terra e a gente se mudou pra Canoas.

Ele tinha dito que a gente ia morar numa casinha que nem a outra, e que eu podia plantar no pátio. Mas era um pátio tão cheio de pedra que nem urtiga nascia lá. Eu fui ficando triste. Eu não conseguia mais dormir e de noite ficava andando pela casa, falando comigo mesmo. Eu sempre repetia: "Como era bonito lá, como era bonito lá." E ficava andando da cozinha pra sala, da sala pro banheiro, do banheiro pro quarto, pensando na figueira e nas coisas que a gente conversava embaixo dela. As crianças acordavam com os meus passos, choravam e tinham medo de mim. A minha nora reclamava todo dia, dizia que não era bom pras crianças. Os vizinhos cochichavam quando eu saía no portão. Eu tinha um pouco de medo de sair pra fora, por causa do barulho dos caminhões na feira perto de casa.

Eu fui ficando cada vez mais triste. Eu já não conseguia nem comer nem dormir direito. A minha nora reclamava cada vez mais, não queria lavar as minhas camisas, dizia que eu parecia um bicho numa jaula. Eu não brigava. Eu só suspirava e repetia: "Como era bonito lá, como era bonito lá."

Aí um dia eles disseram que eu tava louco, me botaram numa camisa-de-força e me trouxeram pro hospício.

3º QUADRO: BONECOS CHINESES*

PERSONAGENS

A (uma dona de casa) e B (seu cunhado)

B – Os pássaros são livres.

A – Ah, você está aí.

B – Sim, estou aqui.

A – O que é que você falou?

B – Eu disse que os pássaros são livres.

* O quadro recebeu o título de "Bonecos Chineses" porque, no espetáculo, sua encenação inspirou-se no exercício de mesmo nome desenvolvido pelo grupo americano Performance Group, em que atores manipulam outros atores como se fossem bonecos.

A – E o que é que me importa isso?

B – É preciso agradecer.

A – Muito bem, então agradeça.

B – E você? Não vai fazer o mesmo?

A – Fazer o quê?

B – Simplesmente agradecer.

A (*Ri.*) – Você acha que eu tenho tempo pra essas bobagens?

B – Você já fez sua saudação ao dia?

A – Ora, escute aqui, eu tenho mais o que fazer do que ficar ouvindo essas besteiras. E tome o seu café de uma vez, se não você vai terminar chegando atrasado no seu emprego.

B – Sabe, hoje, com a minha ajuda, você vai se visitar.

A – Escute, você acordou hoje com o quê, hein?

B – Com a luz do sol.

A – Eu tenho mais coisas a pensar do que na luz do sol.

B – Por exemplo?

A – Por exemplo? Eu já vou lhe dizer, meu querido cunhado. Tenho que lavar a sua roupa e a do seu irmão. Tenho que limpar a casa, arrumar as camas, fazer comida pra vocês. Você acha pouco tudo isso?

B – Acho que falta mais alguma coisa.

A – Eu sei que eu tenho muitas outras coisas a fazer. E pra isso eu preciso de tempo. E você está me fazendo perder tempo, sabia? E você também está perdendo tempo. Há muito que já devia ter ido trabalhar.

B – Não se preocupe, eu não tenho esses problemas de tempo. O tempo não existe pra mim.

A – É claro que você não tem esses problemas. Não é você quem paga o aluguel. Você tem casa, comida, roupa lavada. O salário que traz pra casa não paga nem o papel higiênico que você gasta. E mesmo que você perca o emprego de tanto chegar atrasado e não contribua com dinheiro algum pra casa, tem aí o trouxa do teu irmão que te sustenta. Eu já estou é farta de você!

B – Não há tempo a perder. Não é assim que você pensa?

A – Claro. É assim que eu penso. Vá trabalhar logo e me deixe trabalhar também.

B – E onde está o seu outro lado?

A – O que é que você está dizendo?

B – Aquele lado que não faz você escrava, mas senhora de si mesma.

A – O que eu sei é que eu sou senhora do teu irmão.

B – Ah, e isso é tudo pra você?

A – Eu não me casei com ele? Se eu fosse senhora de mim, eu não estaria aturando você todo esse tempo aqui dentro da minha casa. Se dependesse de mim, a situação seria bem diferente.

B – Depende de você. Se você quiser, eu posso ajudá-la a mudar a situação agora. Quer?

A – Bom, pelo menos você parece disposto a colaborar.

B – Estou mais disposto a colaborar do que você pensa. Escute, vou lhe revelar um segredo. Chegue um pouco mais perto.

A – Muito bem, revele esse segredo logo e vá andando.

B – Eu quero brincar com a sua cabeça.

A – Escute uma coisa. A minha paciência tem limites. Isto é uma falta de respeito! Onde já se viu uma coisa dessas? Debochar de mim na minha cara! Eu não admito, ouviu! Não admito essas brincadeiras de mau gosto! Seu vagabundo! Parasita! Explorador!

B – Sabe de uma coisa? Você fala demais, se mexe demais, faz coisas demais, tudo demais!

A – Pare com isso! Pare com isso!

B – Pare você. Experimente parar um pouco. Pare. De qualquer jeito você vai morrer um dia.

A – O que é que você está pretendendo?

B – Cale-se.

A – O que é isso?

B – Cale-se. Escute o silêncio.

A – Você está é louco.

B – Escute.

A – Escutar? Mas eu não estou ouvindo nada.

B – Você não é a única pessoa do mundo. Esta não é a única casa. Este não é o único país do mundo. Este não é o único planeta. Nem o único sistema solar. Você não passa de uma poeira. Mas, sendo uma poeira, você é tudo também: uma pessoa, a casa, o país, o planeta, o sistema solar, o universo...

A – O que está acontecendo? O que foi que deu em você?

B – Estou cansado. Cansado da sua infinita burrice. Cansado da sua mesquinharia!

A – Eu é que estou cansada de você!

B – E do seu medo, da sua mediocridade, da sua falta de sentido!

A – O que você quer dizer com tudo isso? Eu acho melhor você ir embora da minha casa já e já!

B – Está bem. Eu vou. Adeus.

A – Vá, vá! É melhor mesmo que você vá de uma vez. (*Pausa.*) Espera!

B – Ah, me chamou? Você não queria que eu fosse embora?

A – Não... não desta maneira, pelo menos. Desculpe. Vamos conversar com calma.

B – Você não estava cansada de mim?

A – Estou cansada, simplesmente. Deixa eu buscar uma cadeira.

B – Bunda mole. Você deve ter varizes, não é?

A – O quê?

B – E hemorróidas.

A – Tenho. No rabo.

B – E problemas digestivos!

A – Também!

B – E caspa!

A – Também!

B – Conheço todos os seus males.

A – Claro! Você é um deles!

B – São típicos. Tudo em você é típico. Característico.

A – Eu acho melhor você acabar com essas agressões, que eu não vou agüentar. E pare de andar ao meu redor que eu fico tonta.

B – Você não chega a ser uma pessoa.

A – O que é isso? Eu não entendo essa conversa! Você está me deixando louca!

B – Você é mais um conjunto de reações do que propriamente um ser humano.

A – Que conjunto de reações, coisa nenhuma! O que é isso, meu Deus? Pare com isso! Pare de falar difícil! Você está louco, está fora da realidade! Está no mundo da lua! Desça, desça, é aqui a realidade!

B – Esta é a *sua* realidade. A minha é outra.

A – A *nossa,* querido cunhado. Você está aqui dentro comigo.

B – *Você* está aqui dentro. Eu não.

A – E onde é que você está?

B – Eu? Eu estou no ar, no fogo, na terra, na água, no éter... dentro de mim... e dentro de você...

A – Meu Deus, isto está cheirando a bruxaria! Umbanda! Espiritismo! Eu sou católica praticante, está ouvindo? Eu não admito isso na minha casa! Pare com isso imediatamente!

B – Parei.

A – Eu me sinto insultada, humilhada.

B – Mas eu já disse que posso te ajudar.

A – Não acredito em você. Você só sabe me explorar, me irritar, me torturar. Me ajudar! Tem graça! Em que você poderia me ajudar?

B – Eu podia te ajudar a encontrar.

A – Encontrar o quê?

B – Você mesma.

A – Eu?

B – Sim, você se perdeu a si mesma.

A – Mas como me perdi? Eu me acho todos os dias. No tanque, na cozinha, no supermercado... Eu estou sempre me achando.

B – Você se engana. Você não se acha nunca. Pra você se achar, é preciso começar pensando.

A – Em quê?

B – Pense.

A – Mas concretamente, me diga, concretamente em quê? Na minha vida? Mas a minha vida é tão feia. Eu não gosto de pensar nela.

B – Pense em você mesma.

A – Em que parte de mim? Eu sou composta de muitas partes: cabeça, tronco e membros.

B – No seu interior.

A – No meu interior? No meu interior eu tenho vísceras, eu tenho pulmões, eu tenho coração, útero..

B – Na sua cabeça.

A – Na minha cabeça? A minha cabeça dói. O que é que eu faço com ela?

B – Pense.

A – Mas eu penso. Penso no banho das crianças.

B – Detalhes!

A – Nas cortinas que eu tenho que mandar lavar!

B – Detalhes, já disse. Pense!

A – Na pilha de roupas pra passar.

B – Frescura! Pense!

A – Em levar as crianças pro colégio. Em buscar as crianças no colégio.

B – Insignificâncias! Continue pensando!

A – Mas em quê, meu Deus, em quê? Me explique, pelo amor de Deus!

B – Eu já disse. Em você. Em você.

A – Há muito tempo que eu não penso em mim. Acho até que me esqueci de mim.

B – Quando foi que você se esqueceu de si mesma?

A – Não sei, só sei que faz muito tempo.

B – Tente se lembrar. Eu vou virar de costas. Faz de conta que eu não estou aqui.

A – A última coisa que eu me lembro de mim é quando eu tinha sete anos. Eu gostava de brincar no jardim, debaixo de uma bergamoteira, frondosa, colorida, cheia de bergamotas. Eu gostava de ficar olhando para ela. Eu conversava com ela. O vento soprava e ela abanava as folhinhas pra mim como se me respondesse. Tão bonito. Eu ficava tão calma, tão tranqüila, que até adormecia ao pé da árvore, e acordava com os gritos da minha mãe mandando eu tomar banho, lavar as mãos e os joelhos, que estavam pretos. Eu não via nada de errado nisso. Era até bonito. As mãos ficavam coloridas e os joelhos também, como se fossem umas máscaras pintadas. Faz tanto tempo isso, eu já nem me lembro direito. Às vezes eu penso nisso tudo e chego a sentir um pouquinho daquela alegria. Mas aí tudo desaparece. E estou cansada. Eu acho que não consigo mais nem pensar. É tão difícil pensar. As coisas fogem da minha cabeça quando eu me esforço. E só fica o cansaço, o corpo doído, vontade de me atirar na cama e chorar. Eu não quero pensar mais nisso aqui. Diga alguma coisa. Você acha ridículo tudo o que eu contei?

B – Não, não acho. E digo mais. Acho que você pode voltar a falar com a sua bergamoteira.

A – Ora, isso não é coisa pra uma mulher da minha idade. E, além disso, ela não existe mais.

B – Existe, sim. Olhe, eu sou a bergamoteira. Venha, aproxime-se. Fale comigo.

A – Você acha que vai dar certo?

B – Tente.

A – Eu tenho vergonha.

B – Vem cá, vem falar comigo.

A (*Ri, envergonhada.*) – Eu não posso. (*Hesita, aproxima-se lentamente.*) Oi.

B – Oi. Há quanto tempo você não vinha aqui.

A – Desde anteontem.

B – Eu já estava com saudades de você.

A – Eu também estava. Mamãe não deixou eu vir ao jardim ontem. Eu tinha sabatina e tive que ficar no meu quarto estudando.

B – Que pena.

A – Esta bergamota é nova. Eu não conhecia ela. Esta eu já tinha visto. Esta outra aqui também. E aquela ali. Mas esta aqui é nova.

B – Quantas bergamotas eu tenho hoje?

A (*Conta.*) – Sete.

B – Já pensou no que isso significa?

A – Não.

B – Sete é número cabalístico.

A – Eu sei, de bruxaria.

B – Não, ele representa força, coragem.

A – E daí?

B – E daí, você tem uma chave em suas mãos.

A – Acho que entendi. Se eu comer as sete bergamotinhas eu encontro... eu encontro... O que é que eu encontro?

B – Não sei. Isso só você é que vai saber.

A – Mas você não vai sentir dor quando eu arrancar elas do galho?

B – Não. Pode colhê-las. A natureza é livre. E você é parte dela.

A – Então eu vou colher. Tem certeza que não vai doer?

B – Não tenha medo. Vá em frente.

A – Uma... duas...

B – Não pare. Continue.

A – Aquela bonitinha... Três...

B – Vamos, não recue. Acredite.

A – Quatro... cinco... aquela gordona... Seis...

B – Só mais uma, vamos.

A – Sete... Me encontrei... e me perdi.

DIÁLOGOS

DIÁLOGO 1

A – Você é meu companheiro.

B – Hein?

A – Você é meu companheiro, eu disse.

B – O quê?

A – Eu disse que você é meu companheiro.

B – O que é que você quer dizer com isso?

A – Eu quero dizer que você é meu companheiro. Só isso.

B – Tem alguma coisa atrás, eu sinto.

A – Não. Não tem nada. Deixa de ser paranóico.

B – Não é disso que estou falando.

A – Você está falando do quê, então?

B – Eu estou falando disso que você falou agora.

A – Ah, sei. Que eu sou teu companheiro.

B – Não, não foi assim: que eu sou teu companheiro.

A – Você também sente?

B – O quê?

A – Que você é meu companheiro?

B – Não me confunda. Tem alguma coisa atrás, eu sei.

A – Atrás do companheiro?

B – É.

A – Não.

B – Você não sente?

A – Que você é meu companheiro? Sinto, sim. Claro que eu sinto. E você, não?

B – Não. Não é isso. Não é assim.

A – Você não quer que seja isso assim?

B – Não é que eu não queira: é que não é.

A – Não me confunda, por favor, não me confunda. No começo era claro.

B – Agora não?

A – Agora sim. Você quer?

B – O quê?

A – Ser meu companheiro.

B – Ser teu companheiro?

A – É

B – Companheiro?

A – Sim.

B – Eu não sei. Por favor, não me confunda. No começo era claro. Tem alguma coisa atrás, você não vê?

A – Eu vejo. Eu quero.

B – O quê?

A – Que você seja meu companheiro.

B – Hein?

A – Eu quero que você seja meu companheiro, eu disse.

B – O quê?

A – Eu disse que eu quero que você seja meu companheiro.

B – Você disse?

A – Eu disse?

B – Não. Não foi assim: eu disse.

A – O quê?

B – Você é meu companheiro.

A – Hein?

(*ad infinitum*)

DIÁLOGO 2

A – Sinto-me tão nítido que quase posso tocar em mim.

B – A ração básica custa setenta por cento do salário mínimo.

A – Maduro como um fruto. Sazonado, não é assim? Pronto para ser colhido.

B – O índice de mortalidade infantil aumentou em trinta por cento.

A – Broto para fora, para longe. O que definitiva e realmente sou ameaça rebentar as janelas.

B – A temperatura ambiente é de 20 graus centígrados e dois décimos.

DIÁLOGO 3

A – Uma vez, bem no meio da ponte do Guaíba, você falou que a gente podia alugar um apartamento em Moinhos de Vento.

B – A gente?

A – É. Nós dois. Eu e você.

B – Ah. Mas já faz tempo.

A – Muito tempo, você acha?

B – Isso é uma questão real ou simbólica?

A – Como assim?

B – Quero dizer: Você quer uma resposta alegórica ou realista?

A – *Realista*?! Como?

B – Realista no sentido de não ter subtexto, entende? Quero dizer: eu dizer que acho que faz muito tempo porque se passou, suponhamos, um mês. E, a partir disso, eu...

A (*Cortando.*) – Mas você lembra?

B – Suponhamos que sim.

A – Esse "suponhamos" é *real* ou (*irônico*) *alegórico*?

B – "Entre les deux, mon coeur vomit."

A – O quê?

B – Quero dizer que...

A (*Cortando.*) – Você acha que um mês é um tempo significativo?

B – Significativo em que termos?

A – Me passa o vinho.

DIÁLOGO 4

O aborto

A – Mas, afinal, por que é que você não me disse que tava grávida?

B – Eu tentei, porra.

A – Acontece que você não tinha o direito de fazer este maldito aborto sem me consultar antes. Afinal de contas, cinqüenta por cento da cria era minha, não era?

B – Mas eu já disse que tentei te dizer, porra.

A – Tentou! Tentou como? Aquela vez que você me disse que tava grávida menos de um dia depois que a gente tinha trepado?

B – Você não acreditou...

A – Mas eu podia acreditar? Menos de um dia, porra. É completamente impossível alguém saber tão rápido. É *humanamente* impossível qualquer pessoa saber. Nem que fosse médium....

B – Não fica agressivo comigo, cara...

A – Agressivo? Ah, meu bem, nem que você tivesse superpoderes... Nem que fosse a Mulher Maravilha...

B – Uma mulher sempre sabe...

A – Sabe merda nenhuma. Não me venha com esses superpoderes feminóides.

B – Sabe na hora, cara. Sabe sempre. Sabe o tempo todo. No minuto exato em que você põe o pau lá dentro, tá sabendo? Na hora de baixar a calcinha. No segundo em que eu botei o olho em ti, cara.

A – Não força.

B – Como, não força? E já que a gente tá falando nessas coisas tão *íntimas*, meu querido, tem uma pergunta que há horas eu tou querendo te fazer. Me responde uma coisa: por que é que você sempre trepa de olhos fechados?

A (*Lento.*) – Você quer saber? Você quer saber mesmo?

B – Quero saber *tudo*. (*Articulando as palavras.*) Por que é que você sempre trepa de olhos fechados?

A (*Lento.*) – Porque é o único jeito de imaginar que eu tou fodendo com um homem.

Pausa longa.

B (*Acendendo um cigarro, lentissimamente.*) – E... isso te dói?

A – Absolutamente. Eu acho que.

DIÁLOGO 5

A – Não consigo aceitar essa mudança. Para mim, ele continuará sendo sempre aquele menino recém-chegado de Florença.

B – "Life is a tale told by an idiot, full of sound and fury." (Shakespeare)

A – Não consigo. Aceitar essa mudança... Para mim, ele continuará sendo – *sempre* – aquele menino recém-chegado de Florença.

B – "There will be time. There will be time. Time for me and time for you. Time for visions and revisions. Time for one hundred decisions and indecisions." (T.S. Eliot)

A – Eu não consigo, não consigo – não consigo aceitar essa... essa... *mudança.* Para mim... não sei... para mim, ele continuará sendo aquele menino recém-chegado de Florença...

B – "I am too pure for you or anyone. Your body hurts me as the world hurts God." (Sylvia Plath)

A – Estou tentando... estou tentando, mas não consigo... eu não consigo... essa mudança... Florença... para mim... eu não consigo... aquele menino...

B – "Amor de mis entrañas: viva muerte." (*Pausa.*) "Amor de mis entranas: viva muerte." (*Pausa.*) "Amor de mis entrañas: viva..." (García Lorca)

A (*Cortando.*) – Estou tentando... estou tateando... estou tonteando... estou turvando... estou torvelinhando... estou atordoando...

B – "Something between Macondo and Venice."

Nota – *A continua fazendo variações (que podem ser improvisadas ao infinito) em torno de tentar-tatear-tontear-etc., enquanto B repete sempre a última frase.*

A COMUNIDADE DO ARCO-ÍRIS

Peça em um ato

PERSONAGENS

Sereia

Bruxa de pano

Mágico

Roque

Soldadinho

Bailarina

Tião

Bastião

3 macacos

Simão

CENÁRIO

Um grande arco-íris ao fundo e um lago; um cartaz com letras coloridas com os dizeres “Comunidade do Arco-Íris”. A cena está toda enfeitada de balões e bandeirinhas de papel, como para uma festa. A Sereia está dormindo, recostada em uma das pedras do lago.

CENA 1

SEREIA (*Despertando e espreguiçando-se lentamente.*) – Hmmmm, que sono gostoso! Sonhei umas coisas tão bonitas... (*Apanha um espelho e um pente.*) Meu Deus, mas estou horrorosa, toda descabelada. Daqui a pouco a festa vai começar e eu ainda nem estou pronta. (*Penteia-se, muito vaidosa.*) As crianças já devem estar chegando por aí. (*Olha para o público.*) Mas vocês já estão todas aqui dentro. (*Para o público.*) Desculpem, eu não tinha me dado conta, pensei que era bem mais cedo. Boa tarde, como vão vocês? Sabem, é que a gente trabalhou tanto para deixar tudo bonito que eu fiquei muito cansada e acabei pegando no sono sem querer. Já vou chamar os outros. (*Para dentro.*) Máááááááágico! As crianças já chegaram, está na hora de começar a festa!

CENA 2

BRUXA (*Entra correndo, muito estabanada.*) – Tá na hora de começar a festa, é? (*Olha em volta.*) Ei, mas onde é que estão os doces e o guaraná? Ah, já sei, comeram tudo, não é? Comeram tudo e nem me avisaram... Só lembraram de me chamar depois que a festa tinha acabado. Eu sei, conheço vocês, é preconceito racial, só porque eu *sou* de pano e vocês de carne e osso. (*Para a Sereia.*) Racista!

SEREIA (*Muito envergonhada por causa das crianças.*) – Calma, Bruxa, não é nada disso... eu...

BRUXA – Como que não é? Você sabe que eu adoro guaraná. Onde é que estão todas aquelas garrafas? Foi você que tomou tudo, é? Bem feito, vai ficar gorda como uma baleia e o Roque não vai querer mais namorar você!

SEREIA (*Ofendida.*) – Gorda vai ficar a sua avó. Que desaforo! (*Olhando-se no espelho.*) Imagine eu, gorda. Você está é com inveja dos meus cabelos verdes...

BRUXA – Inveja, eeeeeeu? Mas logo eu? Pois olhe, pra mim você não passa mesmo é duma sardinha enlatada, ouviu bem? E não fale mal da minha avó, fique sabendo que ela era uma saia de veludo muito fina. E quer saber duma coisa? Não me importo nem um pouco que a tal festa tenha acabado.

SEREIA – Acabado? Mas a festa ainda nem começou. E pare de me ofender. As crianças devem estar pensando que você é completamente louca. (*Para as crianças.*) Desculpem, às vezes ela fica um pouco atacada.

BRUXA – Atacada, eeeeeu? Escuta aqui, sua baleia... (*Vai começar a discutir novamente, mas de repente olha para o público e muda de atitude.*) Meu Deus, as crianças já chegaram e eu estou toda desarrumada, pareço mesmo uma bruxa. (*Para a Sereia.*) Por que você não disse logo, hein? Já sei, já sei, quer que todo mundo me ache horrorosa, não é? Conheço todos os seus truques, não é de hoje que você...

SEREIA – Você quer parar de dar vexame? Pelo menos respeite os nossos convidados.

BRUXA – Vexame, eeeeeu? Ora...

SEREIA (*Conciliadora.*) – Olhe, vá se enfeitar enquanto eu converso um pouco com as crianças...

BRUXA – Tá bem, tá bem (*saindo*). Mas não tome todo o guaraná, ouviu? (*Sai.*)

SEREIA – Que coisa mais louca, parece um furacão. E anda tão agressiva comigo, me chamando de baleia, de sardinha enlatada, um horror. Antes era tão minha amiga. (*Pensa um pouco.*) Vai ver que... Claro, só pode ser isso... Acho que ela está apaixonada pelo Roque! Afinal, foi depois que ele começou a me namorar que ela ficou assim agressiva... Será que... Melhor perguntar a ela. (*Para dentro.*) Bruxa, você está apaixonada pelo Roque?

CENA 3

BRUXA (*Entrando toda faceira, com um enorme chapéu de flores e um xale coloridíssimo.*) Apaixonada pelo Roque, eeeeeu? Imagina, Sereia, claro que não...

SEREIA (*Aliviada.*) – Que bom, Bruxinha, eu cheguei a pensar que...

BRUXA (*Maliciosa.*) – Ele é que está apaixonado por mim...

SEREIA (*Furiosa.*) – Mentira, ele é meu namorado. Você está dizendo isso só pra me irritar.

BRUXA – Controle-se, querida, olhe as crianças! O que não vão pensar de você? (*A Sereia cruza os braços, zangada, enquanto a Bruxa dá voltas pelo palco como um manequim.*) Então, vocês gostam da roupa que mandei fazer especialmente para hoje?

SEREIA – Eu acho horrorosa.

BRUXA – Pois eu não acredito. Você está é com ciúmes. Eu acho que estou maravilhosa. Posso até sair numa lista de dez mais elegantes. Ou virar estrela de cinema. E você, menina? Por que está com essa cara de bacalhau em dia de Sexta-Feira Santa?

SEREIA (*Chorosa.*) – Você disse que o Roque está apaixonado por você.

BRUXA – E você acreditou, sua boba? Não vê que é só pra implicar com você? Acha que o Roque vai olhar pra mim, uma bruxa de pano, sem a metade da sua classe, da sua elegância, da sua... como diz mesmo? Finesse, é isso aí, sem a metade da sua finesse. Não sei bem o que é isso, mas eu tinha uma tia de tafetá francês que vivia repetindo que a tal de finesse era tudo na vida.

SEREIA (*Mais animada.*) – Você acha então que ele gosta de mim?

BRUXA – Ele adora você. Está apaixonadíssimo. Não pensa noutra coisa. Acho que até sonetos anda escrevendo. Cadê o Mágico? (*Para as crianças.*) Deve estar terminando o tal discurso! Imaginem que ele inventou de fazer um discurso para vocês. Vocês gostam de discurso? Pois eu não. Acho chatíssimo, sempre durmo na metade, não agüento aquelas coisas de "neste momento solene e tal". Me dá um sono...

SEREIA – Mas o discurso do Mágico não é assim, Bruxa. Ele só quer contar para as crianças como nós viemos morar aqui.

BRUXA E SEREIA (*Juntas.*) – Mágico! Mááááááááágico! (*Esperam, tornam a chamar.*)

CENA 4

MÁGICO (*Entrando, muito nervoso, a cartola na mão.*) – Quem me chamou? O que é? (*Olhando o público.*) Ai, meu Deus, as crianças já estão todas aqui dentro. (*Para a Sereia e a Bruxa.*) E vocês aí, paradas como duas patetas... alguém precisa fazer alguma coisa. Onde é que está o meu discurso? (*Revirando todos os bolsos.*) Passei a noite inteira escrevendo... Será que perdi? Ah, já sei. (*Remexendo na cartola.*) Está aqui dentro. (*Começa a tirar um lenço enorme, que não pára de sair.*)

SEREIA – Puxa, que vergonha. As crianças já estão quase todas dormindo.

BRUXA (*Ajudando* o *Mágico a puxar* o *lenço.*) – Nossa, que coisa mais atrapalhada. Esse lenço não tem fim, é?

SEREIA – Achou o discurso?

MÁGICO – Ainda não. Acho que está embaixo do segundo lenço. (*Começa a puxar outro lenço.*)

BRUXA – Escute, me diga uma coisa, como é que começa esse discurso?

MÁGICO – Bem, começa de uma maneira muito bonita. Quer ver? É assim: "Neste momento solene, com a voz embargada de emoção..."

BRUXA – "... entre as radiosas flores deste dia primaveril."

MÁGICO (*Espantado.*) – Como é que você sabe?

BRUXA (*Irônica.*) – Porque é muito original. Nunca ninguém começou um discurso assim.

MÁGICO (*Voltando a remexer na cartola.*) – E é mesmo. Originalíssimo.

BRUXA – Escuta, você não quer falar de improviso? Acho que é muito melhor.

SEREIA – As crianças já estão caindo de sono.

MÁGICO – Vocês acham, é? Mas um discurso tão bonito... (*Puxando mais um pedaço do lenço.*) Uma pena...

SEREIA (*Para as crianças, impaciente.*) – Bem, o que o Mágico queria dizer é que hoje está fazendo justamente um ano que estamos morando aqui na Comunidade do Arco-Íris.

MÁGICO – É. Faz exatamente um ano que nós cansamos de morar no Reino dos Homens e resolvemos mudar para cá. Eu, a Bruxa de Pano, a Sereia, o Roque, o Soldadinho e a Bailarina. (*À medida que vai falando, os outros personagens vão entrando: Roque, com sua guitarra elétrica; o Soldadinho, com seu regador, e a Bailarina, com a música de caixinha, que toca sempre que ela se move ou fala. Os três carregam uma faixa onde está escrito:* Feliz aniversário.)

CENA 5

SEREIA – Eu estava cansada da poluição. Vocês sabem, essas indústrias e fábricas que vivem derramando porcarias nos rios e nos mares. Os meus primos peixes, coitados, estavam morrendo todos. Eu vivia suja de óleo. Até o meu cabelo verde já estava ficando meio preto de tanta sujeira. Agora, aqui, moro numa lagoa limpinha e sem poluição nenhuma.

BRUXA – Eu estava cansada de ser mandada. A minha dona vivia me dando comidinha e me mandando dormir numas horas completamente loucas. Algumas crianças não sabem, mas as bonecas também sentem igualzinho a elas. Depois a minha dona ganhou de Natal um videogame e me deixaram atirada num canto. Até que um dia a minha paciência esgotou. Então eu convidei a Bailarina, que morava na mesma casa, para fugirmos para cá, não foi, Bailarina?

BAILARINA – Foi sim. Nossa história até é meio parecida. No começo, eu morava em cima duma caixinha de música. Toda vez que abriam a caixinha eu dançava. O que mais gosto é de dançar. Parece que estou voando quando danço. Quando a caixinha era nova, abriam toda hora, e eu dançava sempre. Depois a minha dona comprou uma vitrola eletrônica com dez caixas de som e uma TV colorida. Ninguém ligava mais pra mim. Fiquei jogada num canto, embolorando. Nunca mais dancei. Até que a Bruxa de Pano me convidou para mudar para cá. Eu estou muito feliz por ter vindo. Aqui posso dançar à vontade.

MÁGICO – Eu nunca fui um mágico muito bom. Nunca consegui parar de tirar coisas da cartola. (*Puxando mais um pedaço do lenço.*) Vocês vêem, até hoje não aprendi direito. No circo onde eu trabalhava, às vezes até jogavam tomates, couve-flor, cenoura...

BRUXA – Ué, você podia montar uma tendinha...

MÁGICO – Poder, podia, não é? Mas é que a minha vocação é mesmo pra mágico. E aqui ninguém se importa se os meus lenços não acabam nunca.

SEREIA (*Para Roque.*) – E você, querido, por que você veio pra cá?

ROQUE – Porque aqui tem natureza, não é, bicho? Tem árvore, lago, tem pedra, passarinho. Não tem a poluição que você falou. No mundo dos homens tem muito edifício, cimento, túnel, viaduto. As pessoas moram numas caixinhas apertadas chamadas apartamentos. Eu nem podia tocar minha guitarra em paz. Logo vinham uns trezentos vizinhos reclamar do barulho. Aqui não (*tira um acorde bem estridente*), posso tocar à vontade que ninguém reclama.

SEREIA – E eu acho que você toca muito bem.

BRUXA – Eu acho um barato.

ROQUE – Podes crer.

SEREIA (*Para* o *Soldadinho.*) – E você, por que você abandonou o Reino dos Homens?

SOLDADINHO – Porque eu não tinha vocação nenhuma pra guerra. E lá tem guerra o tempo todo. Bombas, tanques, as pessoas se matando, um horror. O meu sonho era ser jardineiro. Aqui eu posso ter o meu regador e molhar as flores todos os dias. Melhor do que ficar matando gente por aí, não é?

ROQUE – Podes crer.

MÁGICO – Muito bem, muito bem. Agora vamos cantar o nosso hino.

TODOS (*Cantam e dançam.*)

Passarinho, flor do campo, borboleta
nuvem clara, céu azul e sol brilhante
nada disso tem lá na cidade
nada disso tem lá na cidade.

Se você quer conhecer a felicidade
venha morar na nossa comunidade
venha, venha, venha logo, não duvides
venha morar na Comunidade do Arco-Íris.

BRUXA (*Interrompendo.*) – Ai, uma coisa peluda tocou no meu braço!

MÁGICO – Psssssiu, que falta de respeito com o nosso hino.

BRUXA – Mas estou dizendo que uma coisa peluda tocou no meu braço!

SEREIA (*Para Roque.*) – Isso é só pra prestarem atenção nela. Não liga não.

BRUXA – De novo! E foi daqui de trás dessa pedra, agora eu vi. (*Vai espiar atrás de uma pedra. Solta um grito.*)

TODOS (*Agitados.*) – Que foi?

BRUXA (*Gritando.*) – Tem três coisas peludas aí atrás dessa pedra!

CENA 6

TIÃO, SIMÃO e BASTIÃO (*Pulando de trás da pedra e fazendo muita bagunça. Os três carregam gravadores, máquinas fotográficas, um estetoscópio, e o tempo todo gravam, fotografam e auscultam as pedras e as árvores enquanto tomam anotações.*)

MÁGICO – Esperem aí, silêncio! Vamos parar com essa bagunça. Quem são vocês?

OS TRÊS – Nós somos Tião, Simão e Bastião! Queremos entrar nessa curtição!

TIÃO (*Pegando no cabelo da Sereia.*) – Seu cabelo é natural ou é peruca?

SIMÃO (*Para Roque.*) – Você sabe tocar *Quero que vá tudo pro inferno?*

BRUXA – Meu Deus, que coisa mais antiga!

BASTIÃO (*Para o Mágico.*) – Você não quer tirar um cacho de bananas dessa cartola?

MÁGICO – Silêncio, silêncio! Que é que vocês querem aqui?

OS TRÊS – Queremos ficar morando com vocês. Estamos cansados daquele horrível Reino dos Homens.

TIÃO – Lá só tem poluição.

SIMÃO – E apartamentos.

BASTIÃO – E filas.

TIÃO – E automóveis.

SIMÃO – Engarrafamentos.

BASTIÃO – E guerras.

TIÃO – E novelas de televisão.

SIMÃO – E gente apressada.

BASTIÃO – E acidentes.

TIÃO – É horrível.

SIMÃO – É terrível.

BASTIÃO – É medonho.

TIÃO – É tétrico.

SIMÃO – É pavoroso.

BASTIÃO – É assustador.

OS TRÊS – É catastrófico! (*Ajoelham-se, muito dramáticos.*) – Pelo amor de Deus, não nos obriguem a voltar para lá! Nós não resistiríamos muito tempo!

TIÃO – Eu teria que consultar um psiquiatra.

SIMÃO – Eu tentaria o suicídio.

BASTIÃO – Eu ia virar um criminoso.

OS TRÊS – Nós enlouqueceríamos! Tenham piedade de nós!

TIÃO – Eu sei cozinhar feijão, arroz e guisadinho.

SIMÃO – Eu sei varrer, lavar prato e pôr a mesa.

BASTIÃO – Eu sei costurar, pintar e bordar.

OS TRÊS – Nós sabemos fazer muitíssimas coisas. Por favor, deixem-nos ficar!

TIÃO – Aqui é tudo tão bonito. Eu fico doente só de pensar em ver um edifício de novo na minha frente. (*Atira-se ao chão, gemendo escandalosamente.*) Não me obriguem a voltar!

SIMÃO – Bastião, traga os sais do Tião! Meu Deus, está tendo outra crise! Bem que o médico avisou que ele não podia ser contrariado. (*Bastião traz os sais. Tião aspira e melhora um pouco.*)

SIMÃO (*Para os outros personagens, que estão muito espantados.*) – Por favor, digam alguma coisa. (*Todos se entreolham, confusos.*)

BRUXA (*Muito agressiva.*) – Olhem, por mim vocês podem pegar todas as suas trouxas e ir já embora. Não acredito numa única palavra de toda essa macaquice. (*Tião começa a ter outro ataque. Grande agitação.*)

MÁGICO – Que crueldade, Bruxa. Você não tem o direito de não acreditar neles.

BASTIÃO – É isso mesmo. Ela não tem o direito.

BRUXA – Tenho, sim senhor. E não acredito mesmo. Vocês não me enganam com toda essa choradeira. Sinto de longe quando há malandragem. Vocês vão indo e eu já venho voltando. Por mim vocês podem dar o fora agora mesmo.

SEREIA – Você não é prefeita daqui para dar ordens assim.

BRUXA – Não sou, mas devia ser. Então vocês não estão vendo que essa macacada aí está é fazendo fita?

ROQUE – Calma, bicho, você está muito louca.

BRUXA – Bicho é a sua namorada, que é peixe. E não estou louca coisíssima nenhuma. Vocês é que são loucos se deixarem essas coisas ficarem aqui.

MÁGICO (*Muito polido.*) – Mas em que é que você se baseia para ter essas suspeitas todas sobre a honra dos nossos amigos?

BRUXA – Amigos seus. Eu não sou amiga de macaco nenhum, fique sabendo. E eu me baseio sabe em quê? No meu sétimo sentido. É uma coisa que só as bruxas de pano têm. Quem é de carne e osso como vocês não entende nada disso.

SOLDADINHO – Desculpe, mas eu tenho uma solução democrática.

BRUXA – Demo o quê?

SOLDADINHO – De-mo-crá-ti-ca. Todo mundo tem o direito de dar sua opinião. A maioria vence. Vamos votar?

OS TRÊS – Isso mesmo! Democracia, queremos a democracia!

MÁGICO – Acho que é a solução mais honesta.

BRUXA – Pois eu me recuso.

SEREIA (*Escandalizada.*) – Que horror, Bruxa! Então você não é democrática?

BRUXA – Sou, claro que sou. Mas não com essa macacada.

MÁGICO – Então, quem achar que eles podem ficar vivendo entre nós, por favor, levante a mão. (*Todos se entreolham. Os macacos estão muito tensos. Depois de algum tempo, a Sereia bota a língua para a Bruxa e levanta a mão, decidida. Um a um os outros levantam a mão. Menos a Bruxa.*)

OS TRÊS – Então quer dizer que podemos ficar?

TODOS – Podem! (*Os macacos pulam, gritam e beijam todo mundo, tiram fotos, dançam, fazem uma grande algazarra.*)

BRUXA (*Saindo, furiosa.*) – Não se esqueçam de que eu avisei. Essa macacada não vale nada. O meu sétimo sentido nunca me enganou. Vocês vão se arrepender amargamente. (*Sai.*)

MÁGICO – Muito bem. Agora vamos todos lá para dentro. Preciso dar algumas instruções a vocês antes da festa começar.

SEREIA – Eu não posso. Preciso dar um jeito no meu cabelo.

TIÃO (*Para a Sereia.*) – Mas está tão lindo assim, gentil donzela.

SEREIA (*Muito faceira.*) – Você acha mesmo? Eu estava me achando tão horrorosa... (*Apanha o pente e o espelho.*)

SIMÃO – Horrorosa é aquela bruxa de pano. Você está belíssima.

BASTIÃO – Deslumbrante. (*Saem todos. Os macacos vão fazendo grandes reverências à Sereia.*)

CENA 7

SEREIA (*Escovando o cabelo.*) – Uns rapazes tão gentis, tão bem-educados, tão finos. Um deles até me chamou de gentil donzela... disseram que eu estava belíssima, deslumbrante... Não sei o que a Bruxa foi achar neles para implicar tanto... Às vezes ela parece meio louca... (*Para o espelho.*) Gentil donzela, que lindo! O Roque nunca me disse nada assim... Gentil donzela... que lindo...

A luz vai enfraquecendo aos poucos, até apagar completamente. Música suave. No escuro ouvem-se alguns ruídos abafados, como se alguém estivesse lutando. Depois volta o silêncio. A Sereia adormeceu.

CENA 8

SEREIA (*Despertando.*) – Parece que todo mundo enlouqueceu por aqui. (*Para a platéia.*) Com licença, vou dar um jeitinho no meu cabelo. (*Procura o espelho e o pente.*) Ué, onde estão o meu espelho e o meu pente? Gozado, tinha certeza que estavam aqui. (*Procura mais.*) Será que alguém pegou? Vocês não viram nada? (*Nervosíssima.*) Será que alguém pegou? Não posso ficar assim descabelada. Daqui a pouco começa a festa e o que o meu namorado Roque vai dizer? Que coisa mais estranha... Estavam bem aqui, em cima desta pedra. Um pente de ouro e um espelho com moldura também de ouro... Será que foi a Bruxa que pegou? Ela vive pegando as minhas coisas. Não posso perder aquele espelho, foram presentes de minha madrinha, a Fada dos Sete Mares, no dia em que fiz 15 anos. É o único pente no mundo capaz de pentear cabelos verdes como os meus.

CENA 9

MÁGICO (*Entra correndo, muito agitado.*) – Sereia, aconteceu uma coisa muito estranha. Sumiu a minha cartola. Já procurei por tudo e não consigo encontrar.

SEREIA – Sua cartola, Mágico, mas que coisa triste. Eu estou justamente procurando o meu pente e o meu espelho de ouro. Tinha deixado aqui em cima desta pedra, dormi um pouquinho e agora fui procurar e não achei.

MÁGICO (*Procurando pelo palco.*) – Que estranho. Logo a minha cartola... (*Vai andando de costas e dá um encontrão em Roque, que vem entrando, também procurando alguma coisa.*) Nossos objetos não podem desaparecer assim.

CENA 10

MÁGICO – Ei, Roque, você não viu minha cartola por aí?

ROQUE (*Ao mesmo tempo.*) – E você não viu minha guitarra por aí?

SEREIA – Roque, não me diga que a sua guitarra também desapareceu...

ROQUE (*Procurando.*) – Pois é, bicho. Você por acaso não a viu por aí? Que grilo! Logo agora, na hora da festa. Não tô sacando qual é. A guitarra tá sempre comigo... (*Os três podem improvisar, procurar pela platéia, chamar as crianças para ajudar.*)

MÁGICO (*Desanimado.*) – Essa não. Vocês já viram um mágico sem cartola?

SEREIA – Isso não é nada. Pior é uma sereia sem pente nem espelho. Sabe o que a Fada dos Sete Mares me disse no dia em que me deu o presente? Que quando eu perdesse o pente e o espelho o meu cabelo ia começar a ficar preto. (*Leva as mãos à cabeça, apavorada.*) Ih, acho que já está ficando... Sinto qualquer coisa preta na minha cabeça... Ai, que horror! Vou ser a única sereia do mundo com o cabelo preto! (*Começa a chorar.*)

ROQUE (*Consolando-a.*) – Calma, calma, bicho. Daqui a pouco pinta o pente e o teu espelho.

SOLDADINHO (*Entra correndo com a Bailarina pela mão.*) – Gente, vocês não sabem o que aconteceu!

MÁGICO – Claro que sei: nossos objetos de estimação desapareceram.

SOLDADINHO – O meu regador também! (*Todos olham para ele e a Bailarina, que faz gestos como se tentasse expressar-se por mímica.*) E desapareceu também a chave de dar corda na Bailarina. Ela só fala quando aquela musiquinha toca. Agora ficou muda. (*A Bailarina corre a abraçar-se à Sereia, soluçando.*) Ela não vai mais poder dançar nem falar.

SEREIA (*Consolando a Bailarina.*) – Não chore, meu bem. Que bela comunidade vai ficar a nossa: uma sereia morena, uma bailarina muda que não pode dançar, um soldadinho sem regador, um mágico sem cartola e um roqueiro sem guitarra...

SOLDADINHO – Mas isso não é possível! Precisamos fazer alguma coisa.

MÁGICO – (*Subindo numa pedra.*) Em vista da gravidade dos últimos acontecimentos, fica decretado o estado de sítio na Comunidade do Arco-Íris: ninguém entra, ninguém sai. Vamos fazer uma reunião geral imediatamente. Está todo mundo aqui?

ROQUE – Faltam os macacos, bicho!

SEREIA – E a Bruxa de Pano! Aposto como ela está metida nisso...

MÁGICO – Onde é que andam aqueles macacos? (*Chamando.*) Tião, Bastião, Simão!

TIÃO – Aconteceu alguma coisa?

SEREIA – Ei, vocês estavam comendo os doces antes da festa!

TIÃO (*Disfarçando.*) – Eu não.

SEREIA – Estavam, sim. Eu vi.

ROQUE – Deixa pra lá, bicho.

MÁGICO – É, isso agora não tem importância. (*Em tom discursivo.*) Senhores macacos: aconteceu uma coisa muito séria. Uma coisa que nunca havia acontecido antes na nossa comunidade. Uma coisa terrível, horrível, inconcebível, que nos desgosta pro-fun-da-men-te...

SIMÃO – Já sei! Subiu o preço da banana! (*Os três têm uma crise histérica e se jogam ao chão, gritando.*)

BASTIÃO – Que desgraça! Vamos morrer de fome!

ROQUE – Não é nada disso, bicho.

MÁGICO – Calma, calma. Não subiu o preço nem da banana, nem do abacate, nem do abacaxi.

TIÃO – Bem, então se não foi isso... Não consigo imaginar nada mais terrível, horripilante e inconcebível.

SOLDADINHO (*Com voz cavernosa.*) – Roubo!

TIÃO – Roubo?

BASTIÃO – Furto?

SIMÃO – Afanação?

MÁGICO – Sim, senhores. Enquanto nós nos preparávamos para a festa, uma criatura desnaturada, vil e infame cometeu um nefasto crime: roubou a minha cartola.

SOLDADINHO – E o meu regador.

ROQUE – E a minha guitarra, bicho.

SEREIA – E o meu pente e o meu espelho de ouro. E a chave de dar corda à Bailarina. Agora ela não pode mais falar nem dançar. (*Todos se lamentam. Os macacos cochicham entre si por um instante.*)

TIÃO – Um momento. Nós sabemos quem foi.

SIMÃO – Foi uma pessoa que não está presente...

BASTIÃO – Uma criatura desnaturada.

TIÃO – Vil.

SIMÃO – E infame.

BASTIÃO – Uma criatura de pano.

TIÃO – Com um chapéu de flores.

SIMÃO – E um xale muito colorido.

SEREIA – A Bruxa de Pano?

MACACOS – Ela mesma! Ela mesma!

MÁGICO – Não acredito. A Bruxa sempre foi uma criatura de bons sentimentos. Um pouco... bem, um pouco atacada de vez em quando, mas jamais seria capaz de fazer uma coisa dessas...

TIÃO – Então por que é que ela não está aqui, agora?

ROQUE – Ela saiu daqui trigrilada!

SIMÃO – E antes de sair disse que vocês todos iam se arrepender amargamente.

BASTIÃO – Está tudo muito claro: ela ficou zangada porque não queria que nós ficássemos aqui e resolveu se vingar.

MACACOS – Está na cara que foi ela.

MÁGICO – Não posso acreditar.

SEREIA – Mas todas as provas são contra ela.

MÁGICO – Isso é muito grave. Eu não sei o que fazer. (*Grande agitação. Todos se consultam e falam ao mesmo tempo.*)

SOLDADINHO – Tenho uma idéia: acho que a gente deve fazer uma expedição de busca.

SEREIA – Uma o quê?

SOLDADINHO – Uma expedição de busca: dividimos as pessoas em dois grupos e saímos a procurar a Bruxa.

TIÃO (*Muito nervoso.*) – Não! Isso não!

SIMÃO e BASTIÃO (*Em coro.*) – Não, não!

MÁGICO – Mas por que não? Acho que é o único jeito de encontrarmos as nossas coisas.

SEREIA – Também acho. Não entendo por que é que vocês não querem.

MACACOS (*Cochichando, muito nervosos.*) – Está bem, já que vocês insistem.

TIÃO – Eu, Simão e Bastião vamos aqui pela esquerda.

MÁGICO – Está certo. Eu, o Soldadinho e o Roque vamos pela direita.

SEREIA – E nós?

TIÃO (*Com uma reverência.*) – As damas ficam esperando. (*Saem.*)

SOLDADINHO – Cuide bem da bailarina. (*Saem.*)

CENA 11

SEREIA – E agora, meu Deus? Às vezes me dá uma raiva de ser mulher. Nos momentos difíceis os homens é que saem por aí. As mulheres sempre ficam em casa esperando, choramingando e torcendo as mãos. (*Olha para a Bailarina. Ambas choram e torcem as mãos.*) Veja só, Bailarina, como as pessoas podem nos enganar. Quem diria... a Bruxa de Pano, que parecia tão nossa amiga, uma ladra... E logo no dia de nosso aniversário... Que papelão! Uma ladra...

BRUXA (*Aparecendo de repente com uma bolsa cheia de coisas.*) – Ladra? Ladra é a excelentíssima senhora sua avó, fique sabendo.

SEREIA – Você? Como é que você tem coragem de voltar aqui depois do que fez? (*Gritando.*) Bailarina, faça alguma coisa. Segure ela, não está vendo que eu não posso sair do lago? (*Bailarina corre e segura a Bruxa.*)

BRUXA – Então vocês estão pensando que fui eu quem roubou todos aqueles cacarecos? Deixem de frescura, suas bobalhonas. (*Abrindo a bolsa – a musiquinha da Bailarina pode ser um cinto em forma de pauta musical, com uma clave de sol como fivela.*) Aqui está a chave de sua musiquinha, dona Bailarina; e aqui estão o seu pente e o seu espelho de ouro, dona Sereia.

BAILARINA (*Dançando, muito contente.*) – Eu sabia, Bruxinha, eu sabia que você não faria uma coisa dessas.

SEREIA (*Penteando-se, felicíssima.*) – Mas... mas se não foi você, então quem foi?

BRUXA – Adivinhe...

BAILARINA – Se não foi você, nem eu, nem a Sereia...

SEREIA – Nem o Mágico, nem o Roque, nem o Soldadinho, então...

BRUXA – Então?

SEREIA E BAILARINA – Os macacos!

BRUXA – Claro, suas tontas. Não sei como não perceberam desde o início. Bem que eu avisei. O meu sétimo sentido nunca me enganou.

BAILARINA – Mas não entendo por que eles fariam uma coisa dessas...

BRUXA – Pois eu vou contar direitinho pra vocês. Foi assim (*barulho fora de cena*)... Mas acho que vem gente por aí. É melhor eu me esconder no meio das crianças. Vocês façam de conta que não sabem de nada. Vamos desmascarar aqueles três. (*Desce para a platéia.*)

CENA 12

TIÃO (*Entrando.*) – Foi inútil. Não conseguimos encontrar a criminosa.

BASTIÃO – A essa hora ela deve andar longe.

SIMÃO – Deve ter tomado o primeiro trem para bem longe daqui.

TIÃO (*Fazendo uma reverência para a Bailarina.*) – Mas a senhorita está tão corada, dona Bailarina, com um ar tão satisfeito. O que foi que houve com Vossa Balerinência? Nem parece uma Bailarina sem música... (*A Bailarina começa a dançar, lentamente.*)

BASTIÃO (*Cutucando Simão.*) – Simão, veja, ela está dançando novamente!

SIMÃO – E o que tem isso? Ela não é uma bailarina?

TIÃO (*Muito nervoso.*) – Sim, mas nós... quero dizer, a Bruxa de Pano tinha roubado a musiquinha dela. Se ela está dançando de novo é porque...

SIMÃO (*Gritando.*) – A Sereia está penteando o cabelo!

BASTIÃO – Companheiros, acho que está na hora de darmos o fora. Meia-volta, volver! (*Preparam-se para fugir.*)

BRUXA (*Da platéia.*) – Segura a macacada! Ladrões, mentirosos!

TIÃO – A ladra voltou! Segurem a Bruxa!

BRUXA (*Subindo ao palco.*) – Ladra, eeeeu? Ladrão é você, sua fera peluda!

BASTIÃO – Fera peluda é a sua avó, sua... sua... colcha de retalhos.

BRUXA – Vocês vão ficar aí parados enquanto esse monstro me ofende? Crianças, vamos pegar a macacada. (*Pode improvisar uma correria com as crianças atrás dos três macacos, até apanhá-los.*)

CENA 13

MÁGICO (*Entrando, com Soldadinho e Roque.*) – Mas o que é que está acontecendo por aqui?

BRUXA – O que está acontecendo, senhoras e senhores, é que nós acabamos de prender os ladrões. E tenho uma surpresa para vocês. (*Avança para Tião, que resiste até que a Bruxa consiga abrir um zíper na roupa de macaco. Surge um homem de terno e gravata. Bastião e Simão se esgueiram de mansinho.*)

SEREIA – Meu Deus, é um homem!

BRUXA – É, sim. E um homem mau-caráter, ainda por cima. E os outros dois também. Roque, eles estão fugindo! (*Roque e Soldadinho conseguem apanhar Bastião e Simão. Para a Sereia, para a Bailarina:*)

Senhoritas, querem ter a honra de desmascarar esses malandros? (*Elas puxam os fechos e aparecem mais dois homens.*) Fiquem sabendo que com a Bruxa de Pano ninguém brinca.

MÁGICO – Bruxa, ninguém está entendendo nada. Você quer fazer o favor de explicar?

BRUXA – E muito simples. Depois que vocês decidiram que eles podiam ficar morando aqui, com a tal de democracia, eu resolvi ir atrás deles para ver se descobria alguma coisa. Fiquei em cima duma árvore espiando. Eles foram para a beira do rio, tiraram os disfarces de macacos e começaram a planejar o roubo das coisas de vocês. Eu fiquei tão nervosa que escorreguei da árvore e caí bem em cima de um deles. Aí eles me deixaram lá, amarrada. Mas estavam com tanta pressa que não amarraram direito, eu consegui me desamarrar e vim correndo para cá. E sabem quem eles são? São espiões! Isso mesmo: três espiões do Reino dos Homens! Foram enviados para acabar com a nossa comunidade.

MÁGICO (*Para Tião.*) – Isso é verdade?

TIÃO (*Muito humilde.*) – É.

MÁGICO – Mas por que os homens querem acabar com a nossa comunidade? Nós não estamos fazendo mal para ninguém.

TIÃO – É que todo mundo anda falando que vocês vivem de um modo diferente.

BASTIÃO – Que aqui o trabalho é dividido entre todos, todos constroem as suas casas, fazem as suas roupas, comem o que plantam.

SIMÃO – E as pessoas vivem bem e são felizes. Tem gente com medo de que esse modo de vida chegue à cidade.

TIÃO – Fomos enviados para impedir que isso aconteça. Nos deram ordem de fotografar e gravar tudo.

BASTIÃO – Nós queríamos que vocês começassem a brigar entre vocês mesmos, até todo mundo voltar para a cidade.

SIMÃO – Mas agora nós gostamos daqui. Por favor, não nos obriguem a voltar para lá.

TIÃO – Para os ônibus.

BASTIÃO – Os automóveis.

SIMÃO – O barulho dos automóveis.

TIÃO – A televisão.

BASTIÃO – O barulho da televisão.

SIMÃO – As ruas cheias de gente.

TIÃO – Os apartamentos.

BASTIÃO – As guerras.

SIMÃO – O custo de vida.

OS TRÊS – Por favor, deixem-nos ficar!

SIMÃO – Eu quero ouvir os passarinhos cantarem livremente. Lá os passarinhos estão quase todos engaiolados.

BASTIÃO – Eu quero tomar banho de rio. Lá todos os rios estão poluídos.

TIÃO – Eu quero pisar descalço na grama. Lá é proibido pisar na grama.

OS TRÊS – Por favor, por favor!

MÁGICO – Mas o que vocês fizeram não foi legal! O que é que você acha, Bruxa?

TIÃO – Bruxinha, por favor, nós estamos arrependidos.

BRUXA (*Indecisa.*) – Não sei. Acho que o melhor seria mandá-los de volta para lá.

SEREIA – Coitados. É horrível lá na cidade.

ROQUE – É, mas não pensem que aqui tudo é fácil. Nós estamos batalhando e mesmo assim pintam grilos!

BAILARINA – Afinal, estamos buscando, procurando juntos um modo de viver melhor.

SOLDADINHO – Quem sabe a gente usa outra vez a democracia?

BAILARINA – Como assim?

SOLDADINHO – Vamos fazer uma votação com as crianças. A maioria vence. Quem acha que eles devem ficar levanta a mão.

MÁGICO – Eu acho que eles devem ser perdoados. Parecem mesmo arrependidos. E perdoar é uma coisa muito bonita. (*Aqui os atores improvisam uma pequena votação com a platéia, que decide se os macacos ficam ou não.*)

BRUXA (*Abrindo a bolsa.*) – Acho que agora podemos começar a festa. (*Vai entregando a guitarra, a cartola e o regador.*)

SEREIA – Bruxa, querida, quero lhe pedir desculpas por ter pensado tão mal de você.

BRUXA – É pra você ver. Não falei que tinha um sétimo sentido?

SOLDADINHO – Viva a Comunidade do Arco-Íris!

TODOS (*Cantam.*)

Passarinho, flor do campo, borboleta
nuvem clara, céu azul e sol brilhante
nada disso tem lá na cidade
nada disso tem lá na cidade.

Se você quer conhecer a felicidade
venha morar na nossa comunidade
venha, venha, venha logo, não duvides,
morar na Comunidade do Arco-Íris.

(*O final deveria ser uma festa, com as crianças subindo ao palco e os atores oferecendo doces, bebidas, balões. Na impossibilidade disso, basta a canção para finalizar* A Comunidade do Arco-Íris.)

PODE SER QUE SEJA SÓ O LEITEIRO LÁ FORA

Peça em um ato

Prêmio Serviço Nacional do Teatro
*Texto selecionado para leitura**

PERSONAGENS

João

Leo

Baby

Mona (Carlinha baixo-astral)

Rosinha

Alice Cooper

Angel

São todos muito jovens. Entre 20 e 30 anos.

* A primeira montagem desta peça, dirigida por Luciano Alabarse, foi em Porto Alegre em 1983. *Pode ser que seja só o leiteiro lá fora*, porém, foi escrita bem antes. Em 1976, foi um dos textos premiados num concurso de dramaturgia do Serviço Nacional de Teatro. O SNT patrocinou leituras dramatizadas das peças vencedoras em várias capitais do país. Em Porto Alegre, a leitura do *Leiteiro* foi apresentada no Teatro de Arena, sob a direção de Nara Keiserman, com Luís Artur Nunes e José de Abreu no elenco e música de Carlinhos Hartlieb. Logo depois, a peça foi proibida em todo o território nacional pela Censura Federal.

CENÁRIO

Sala de uma casa abandonada. Na verdade, parece mais um quarto de despejo, atulhado de objetos fora de uso: colchões furados, guarda-roupas, espelhos quebrados, cadeiras rasgadas, lixo, enfim, e até mesmo objetos absurdos que ficam ao gosto do diretor.

CENA 1

Quando a ação começa, a cena está completamente às escuras. A luz de uma lanterna vai revelando alguns objetos. Tão lentamente que chegue a ficar monótono e angustiante. A lanterna pertence a João.

LEO – João, onde é que você está?

JOÃO – Aqui, vem cá. Tem uma porrada de coisas. (*Esbarra num móvel.*) Merda!

LEO – Que foi, cara? Que barulho é esse? Tem alguém aí?

JOÃO – Não. Só uma porra no meio do caminho.

BABY – Tinha uma porra no meio do caminho. No meio do caminho tinha uma porra... Yeah! Everybody now: tinha uma porra no meio do caminho...

LEO – Fala baixo, cara. Pode ter gente aí.

JOÃO – Melhor, se tiver alguém morando a gente fica logo sabendo. Ei, tem alguém aí?

BABY – Anybody here?

LEO (*Baixo.*) – Mania de falar inglês...

BABY – Língua internacional, meu santo. Quando você está no mundo, falando inglês as possibilidades de comunicação são muito maiores.

JOÃO – Cala boca, Baby!

BABY – Do fundo das trevas só o silêncio nos responde, irmãos. Acho que podemos instalar aqui os nossos domínios. (*Tira uma vela do bolso. Acende e deposita em cima de um móvel. A luz aumenta.*) Aqui, por exemplo, podemos colocar uma cortina de veludo cor de vinho. Com franjas douradas, é claro, igual àquela que tinha na casa da tia Nenê. Aqui no canto acho que ficará de extremo bom gosto um aparador com tampo de mármore, igual àquele que tinha na casa da vó Marica. E claro que teremos sempre flores. Rosas. Não, rosas não, muito vulgar. Melhor tulipas. Importadas diretamente dos Países Baixos. Tulipas da Antuérpia. Ou papoulas. Assim poderemos fabricar nosso próprio ópio. Hmmmm, I like so much. What you think about, my fellow?

LEO – Você acha que não vai ter problema?

BABY – O quê? Importar tulipas ou plantar papoulas?

LEO – Não, cara. A gente ficar aqui. Sei lá, polícia, vizinho, o dono da casa, essas coisas.

JOÃO (*Acende outra vela e deposita sobre outro móvel.*) – Olha, eu acho que gente pode ficar pelo menos até amanhecer. Qualquer jeito não temos mesmo para onde ir.

LEO – E ainda por cima tem aquela chuva lá fora...

BABY – Eu por mim fico aqui mesmo. Depois, de manhã sempre acontece alguma coisa. Às dez pras sete.

LEO – Por que dez pras sete e não vinte pras oito?

BABY – Porque eu gosto. Acho sonoro. Estético. As coisas mais importantes da minha vida sempre aconteceram às dez pras sete. Sempre acontece alguma coisa.

JOÃO – E também pode não acontecer nada. Já viu lá em cima? Tem três quartos, banheiro, cozinha com fogão, um monte de coisas. Por mim fico morando aqui o resto da vida. Até nem tá muito estragado. A gente pode dar um jeito.

BABY – Basta chamar Mona e sua varinha de condão.

JOÃO – Falar nisso, tenho que chamar as outras pessoas. Fico preocupado com a Rosinha naquela chuva. Que é que vocês acham?

LEO – Eu não sei... E se tiver alguém morando?

BABY – Ué, a gente chamou e ninguém se manifestou.

LEO – Mas pode ser que... sei lá, as pessoas tenham saído... Pode ser que voltem daqui a pouco.

JOÃO – Deixa de ser besta, Leo. Você acha que alguém pode viver no meio desse lixo todo?

BABY – Ué, e nós não vamos viver?

JOÃO – Sim, mas é diferente. Amanhã a gente arruma umas vassouras e, sei lá, dá um jeito. Fica com medo não, Leo. Não vai acontecer nada. No máximo, amanhã pinta a polícia e manda a gente embora.

Leo concorda em silêncio, tira uma vela do bolso, acende, coloca ao lado das outras duas e senta num canto, um pouco assustado.

JOÃO – Bem, eu vou lá fora chamar os outros. Não tenha medo, volto já. Afinal, parece que tudo vai terminar bem, não é? Tudo está bem quando termina bem, não é assim? Pelo menos a gente já tem onde dormir esta noite. (*Sai.*)

CENA 2

Silêncio. Leo rói as unhas e olha em volta lentamente. Baby começa a dedilhar o violão.

LEO – Não sei, não. Não gosto nada disso. Tudo tão velho, tão rebentado, tão sujo. Parece um depósito de lixo. Sabe, eu me sinto como se tivesse acabado. Parece que nada mais vai ser bonito outra vez.

BABY – Olha, cara, se você der uma voltinha na cidade ou olhar pela janela vai ver que o depósito de lixo lá de fora é muito maior! Quando a gente está se sentindo assim é só olhar em volta – dar o tal do look-around –, aí você vai ver que não está tão mal assim. A gente dá o tal look-around e canta. Assim, quer ver? (*Cantando.*) Eu quero mesmo muito pouco / eu quase não quero nada / de tão pouco que eu quero. / Talvez eu seja muito louco/ mas basta um canto e um teto / – mesmo furado. / Um canto e um papo-furado, também. / Não tem importância./ Ninguém entende nada de nada / e enquanto tudo cai / eu canto por quase nada./ Um vintém, um tostão / faz de conta, um pobre cego / mas com o olho bem aberto: / uma canoa furada / um barco sem fundo / tudo é mundo e o céu é perto / tudo é mundo e eu navego / tudo é mundo e eu navego / tudo é mundo, vasto mundo / e eu nem me chamo Raimundo.

LEO – Que música mais doida, Baby. De onde foi que você tirou esse negócio?

BABY – Da minha cuca, ué. Acabei de compor. Ladies and gentlemen, my last song: *Se eu me chamasse Raimundo.* Ei, como é que se diz isso em inglês?

LEO – Eu não entendo nada de inglês.

BABY – Pois devia. Sem saber inglês você nunca vai subir na vida. Deixe ver... If I called myself Raimundo... Thing like that... (*Enrolando a língua.*) RRRaimundooo... Que sarro esta pronúncia... (*Pega o violão e cantarola mais um pouco.*)

LEO (*Interrompendo.*) – Me diz uma coisa: você acredita nisso? Você tem certeza absoluta que acredita mesmo nisso?

BABY – Nisso o quê?

LEO – Nisso que você acaba de cantar. Sei lá, quero dizer... Você acha que basta mesmo um papo-furado, um teto furado?

BABY – Olha, meu santo, certeza eu não tenho mesmo de nada. Nem sequer de que estou realmente vivo. Eu sei de agora, me entende? Agora basta um teto, é melhor do que ficar naquela chuva fria lá de fora. Amanhã não sei. Pode ser que... (*Fica quase sério, mas muda logo de atitude.*) Olha, quer saber duma coisa? É melhor não aprofundar muito, não. Quando a gente aprofunda demais acaba caindo sabe onde? No inconsciente coletivo...

LEO – O quê?

BABY – In-cons-ci-en-te co-le-ti-vo. Vê, ó, vê. Já ouviu falar num cara chamado Jung? Mais ou menos isso. Os arquétipos, sacou? Papo-furado. Não tá com nada. Não aprofunda não. Me dá um cigarro.

CENA 3

Os dois estão fumando quando entra Mona. Sua entrada deve ser triunfal, ao som de – suponhamos – "Aquarius". Traz uma bolsa enorme, uma vela acesa e duas varinhas de incenso na mão.

MONA – Hare krishna, Hare krishna / Krishna Krishna, Hare Rama / Hare Rama, Hare Rama / Rama Rama, Hare Rama, / Forças do Baixo-Astral / fora daqui. / Chegou Mona, inimiga do mal. / Chegou Mona, Rainha do Alto-Astral. / Más vibrações, go home! / Más vibrações, go home! (*Incensa um pouco a sala, depois entrega uma varinha para cada um, distribuindo beijinhos.*) Pra espantar os maus fluidos.

Nossa, Leo, você está com uma cara péssima! O que foi agora? Não está gostando do nosso novo lar?

BABY (*Irônico.*) – Não é nada, não. O tal do inconsciente coletivo...

MONA (*Incisiva.*) – Corta! Lá vem você de novo com esse papo xaropento. Já não falei pra você que intelectualismo não é comigo, Baby? Abaixo a razão e o pensamento! O negócio é só sentir, meu irmão, só sentir. Pensar já era. Pensar acabou, não se usa mais. Desde que parei de ler fiquei muito menos neurótica...

BABY – Imagine como você não era antes.

MONA – Sabe com eu era antes? Um monstrinho de óculos cheio de problemas gênero "será que vale a pena viver? – ninguém me ama, ninguém me quer – o que vou fazer do meu futuro?", essas porcarias. Agora chega. Sou Mona, a Rainha do Alto-astral, não quero nem saber. (*Depositando a vela ao lado das outras.*) Mas deixa eu dar uma olhada no nosso novo lar. (*Dá umas voltas enquanto Baby dedilha no violão* Ninguém me ama *ou qualquer coisa do gênero.*) Não tá mau, não. Já vi coisa pior.

LEO – Onde? Na lata de lixo?

MONA – Quer dizer então que a sua bad-trip continua a mesma? Puxa, cara, você sempre acha tudo um lixo. Corta essa. Olha, sabe duma coisa que eu aprendi? O segredo do belo está aqui, ó. (*Bate na testa.*) Na sua cuca, no seu olho que realmente vê, dentro de você. Se você souber olhar as coisas dum jeito mágico, tudo fica mais bonito.

LEO – Mágico? Nem que eu fosse o Merlin conseguiria achar bonita essa merda toda.

MONA – Corta, corta, corta! (*Acende mais uma varinha de incenso.*) Três, para fechar o triângulo. Ah, Baby, me diz uma coisa: você olhou o número da casa?

LEO – Eu olhei. É 58. Mas o que tem isso?

MONA – Como o que tem isso? Esotericamente é um dado importantíssimo. O número sempre diz como vai ser toda a transação da coisa... Cinqüenta e oito? Cinqüenta e oito... deixa ver... Cinco mais oito, quanto dá?

BABY – Dá 13. E se você está querendo saber qual é a carta do Tarô que tem o número 13, eu sei, é a morte.

LEO – Ei, que papo é esse?

MONA (*Sem prestar atenção.*) – É. Treze é morte mesmo. Mas Morte pode ter muitos sentidos. Não necessariamente morte física ou espiritual mas, sei lá, renovação, renascimento, fim de um ciclo, começo de outro, transmutação. Além disso, tem também o 58. Deve ter um significado positivo. Deixa ver. (*Abre a bolsa e tira um livro enorme, consulta-o.*) Ih, meu Deus, melhor esquecer essas coisas... (*Faz menção de guardar o livro.*)

BABY – O que foi?

MONA (*Tentando disfarçar.*) – Nada não. O que é mesmo que eu estava dizendo? Ah, a transmutação. Pois é, a trans...

BABY – Qual é Mona? Escondendo a jogada? (*Tomando-lhe o livro.*) Aqui. Cinqüenta e oito, quatro de espadas: "Perigo iminente. Perigo por todas as partes. Remorsos. Arrependimentos estéreis e acerbos." O que é acerbos?

MONA – Não sei, mas deve ser qualquer coisa bodiante.

BABY (*Continua lendo.*) – "Sofrimentos morais. Ações repreensíveis. Decepções nos projetos. Mudanças desfav..."

MONA – Chega. Não vale a pena ficar se grilando à toa.

BABY – Ué, você é que acredita nisso.

MONA – Acredito, sim. Mas até onde não me enche a cuca de grilos idiotas. E por falar nisso, qual é o seu signo? Não, não diga. Pode deixar que eu adivinho. (*Observa Baby atentamente.*) Essa transação de música pode ser... pode ser Libra... mas não sei não... Você é sarcástico demais para ser Libra. Claro, não tanto quanto um Escorpião. Talvez Gêmeos, não você não é tão inteligente assim... O seu olho tem qualquer coisa de... esse fogo... de Sagitário.

BABY – Libra, Escorpião, Gêmeos ou Sagitário?

MONA – Ah, quer dizer que é um dos quatro, é? Deixa ver... muito irônico para Libra, muito doce para Escorpião, muito calmo para Gêmeos. E essa transação do inconsciente coletivo... deve ser Sagitário, o centauro com os pés na terra. Querendo voar junto com a seta. Só pode ser Sagitário.

BABY – Tem certeza?

MONA – Não, não, ainda não. Afinal, minha reputação está em jogo. Tenho direito a uma pergunta?

BABY – Vai firme.

MONA – Você gosta de vermelho?

BABY – A-do-ro!

MONA (*Triunfante.*) – Então é Sagitário mesmo!

BABY (*Tirando um acorde do violão.*) – Errou. Sou Leão.

MONA (*Desconcertada.*) – O quê? Leão? Ah, não pode ser, é a primeira vez em toda a minha vida que erro. Mas você deve pelo menos ter um ascendente em Sagitário, você não tem?

BABY – Não. Meu ascendente é Touro.

MONA – Mas é fogo, claro. Foi por isso que eu me confundi um pouco. Tanto Leão como Sagitário são signos do fogo, sabia? Está na cara que você é fogo.

BABY – Pode ser. (*Tirando um acorde do violão.*) De vez em quando até solto umas fumacinhas pelo nariz.

(*Leo ri baixinho.*)

MONA – Do que é que você está rindo, baixo-astral? Tomem muito cuidado vocês dois, hein? Vocês precisam despertar o quanto antes o ser aquariano que dorme no fundo de vocês, os seus poderes ocultos. O quanto antes, meus irmãos, o quanto antes – eu sei o que digo. Daqui a pouco vem o fim dos tempos e quem não for mágico não vai escapar.

LEO – Mas escapar do quê, meu Deus?

MONA – Das inundações, terremotos, maremotos, fogo caindo dos céus – tudo de bodiento que você possa imaginar. Vão acontecer coisas medonhas a quem não estiver desperto, a quem não for mágico. (*Observando Leo.*) Mas você não tem cara de mágico, não. Nem de fogo. Para dizer a verdade, com essa cara você deve ser mesmo é Peixes: um bode só.

LEO (*Interessado.*) – Ei, como é que você sabe que eu sou Peixes?

BABY (*Levantando e começando a empurrar alguns objetos.*) – Chutando, meu irmão, chutando.

MONA (*Incensando a cara de Baby.*) – Vade-retro, Baixo-Astral, recolha-se às suas trevas sagitarianas. (*Para Leo, misteriosa.*) Sei porque sou um espírito muito velho. Tive três encarnações no Tibet, duas no Egito e uma em Atlântida – para falar só neste planeta. Estou em contato direto com forças paranormais, já abri as sete portas, sete moradas da minha mente, e a minha Kundalini já subiu no mínimo até o quinto chacra.

BABY (*Empurrando móveis com estrondo.*) – Passado, presente e futuro. Tudo com Madame Mona Yonara, a sacerdotisa oriental, por apenas dez cruzeiros. Vinte com mais detalhes. Cada consulta dá direito a um brinde: uma bola de cristal inteiramente grátis. Papo-furado. Onde é que estão as pessoas? Alice, João, Rosinha.

MONA – Baby, meu amor, parece que a tua vibração não está harmonizando com a minha. Você está a fim de me irritar. Vai ser difícil: tenho Vênus na décima primeira casa astral, em Libra. (*Canta.*) Ser eu sou, eu sou, eu sou/ eu sou amor da cabeça aos pés. (*Fala.*) Pode agredir, quando chegar o Apocalipse é que a gente vai ver...

BABY – Apocalipse... Apocalipse é esse lixo todo aqui. Por que é que você não corta esse papo-furado e vem me dar uma força aqui?

Leo e Mona começam a ajudar.

MONA – A Rosinha não está nada bem. Eles foram comprar alguma coisa para comer.

LEO – O que é que tem a Rosinha?

MONA – Gravidez, não é, cara? Mulher é isso aí. Um bode. Acho que estou pagando todo o meu Karma nesta encarnação. Se caprichar nesta, na próxima vou para o espaço, desencarno de vez. Ou então venho homem.

BABY (*Malicioso.*) – Claro que você prefere a segunda hipótese...

MONA – Sem essa, Baby. Você sabe muito bem que eu sou andrógina. Mutante da Era de Aquário. (*Arrumam alguns colchões como sofás. Mona remexe no meio de algumas coisas e encontra um vaso com flores.*) Olhem só que bom presságio: flores!

LEO – De plástico.

MONA – No escuro ninguém nota. (*Ajeita o vaso num canto.*) Você acha que aqui fica bem?

(*Nesse momento ouvem-se alguns passos e um gemido em off.*)

LEO (*Assustado.*) – Silêncio! Vocês também ouviram? Tem alguém lá fora.

(*Ouvem por alguns segundos. Os ruídos se aproximam.*)

MONA (*Benzendo-se.*) – Ai, meus guias do Oriente. Será que é fantasma? Essa casa é tão velha, deve estar cheia de más vibrações.

LEO (*Apanhando um objeto como para defender-se.*) – É a polícia, tenho certeza que é a polícia!

BABY – Historinha, historinha, tudo historinha. Inconsciente coletivo outra vez. Devem ser só as pessoas chegando. (*Grita.*) João, é você?

JOÃO (*Off.*) – Sou eu. Me ajuda aqui. A Rosinha está passando mal.

(Baby sai para ajudar João. Mona corre a acender mais uma varinha de incenso. Entra Rosinha, amparada por Baby e João. Ela geme sempre.)

MONA (*Para Rosinha.*) – Que é isso, menina? Está tudo bem agora. Não tem mais essa de se sentir mal. Pode desamarrar o bode. (*Mostra a sala.*) Olhe só em volta: já temos uma casa. Você não gosta?

ROSINHA (*Deitando num dos colchões.*) – Ah, não sei, não consigo nem olhar para fora de mim, Mona. Sinto uma dor horrível aqui. (*Leva a mão ao ventre.*) Mas não tem nada. Já vai passar. Aqui está bom, quentinho. Lá fora estava chovendo, fazia frio. Daqui a pouco eu fico boa.

JOÃO – Alice foi ver se conseguia algum remédio contra a dor.

LEO – Eu estou com uma puta fome. Só tomei café hoje.

JOÃO – Alice foi batalhar pão, também. (*Olhando em volta.*) Como é, não apareceu ninguém?

LEO – Ainda não.

BABY – Não apareceu nem vai aparecer. Nós até tentamos arrumar um pouco isso aqui.

JOÃO – Ficou bonito. Já está quase parecendo uma casa.

MONA – Está maravilhoso. Tem até flores.

LEO – De plástico.

MONA (*Irritada.*) – Baixo-astral. Tenho certeza que vou encontrar coisas ainda mais maravilhosas. (*Começa a remexer num canto, talvez um baú.*)

LEO (*Para João.*) – Você demorou tanto.

JOÃO – Foi a Rosinha. Eu...

ROSINHA (*Interrompendo.*) – João, fica aqui comigo. Me dá tua mão...

MONA – Ei, vejam só o que eu achei: um monte de roupas. Puxa, parece que tem coisas incríveis. (*Vai retirando coisas de dentro de um baú.*) Baby, me ajuda a cobrir esses colchões. Vamos transformar isso aqui num castelo. (*Começam a cobrir tudo com panos.*) Olha, pessoal, tive uma idéia maravilhosa. Já que a gente vai ficar aqui a noite toda e ninguém vai dormir, claro, podemos fazer uma coisa ótima: uma festa à fantasia! O que é que vocês acham? (*Ninguém parece muito entusiasmado – exceto Baby.*) Meu Deus, qual é a de vocês, hein? Vão ficar a noite toda com essas caras de velório, sem dizer nada? Eu me renego a curtir bode, tá sabendo? Me re-ne-go. Na minha bolsa tenho batom, purpurina, sombra... Vamos fazer uma festa enquanto o dia não chega? Já pensou, quando Alice chegar, encontrar todo mundo colorido, numa boa, oferecendo o maior visual... Ela adora visual... Pode crer. Você, deixa ver... Pode ser loucura minha, mas sempre acho que você grávida assim parece a Virgem Maria.

ROSINHA – Ah, Mona, eu não tenho jeito pra essas coisas.

MONA (*Começando a vestir Rosinha.*) – Tem sim, senhora. Já pensou? O seu filho pode ser até o próprio Cristo da Era de Aquário? Você precisa corresponder à nobreza do seu futuro filho. Isso aqui é o seu manto virginal. Um pouco de ruge, você está muito pálida, menina. Batom... (*Afasta-se para olhar. Rosinha tenta sorrir.*) Levante um pouco a cabeça. Assim. Agora faça um ar de... de absoluta pureza... Olhe por cima de todo mundo, para bem longe. Você foi tocada por forças mágicas enquanto dormia. (*Acende uma varinha de incenso e vai incensando Rosinha enquanto fala.*) Um ser todo feito de luz entrou no seu corpo e plantou essa semente em seu ventre. Desde então você sabe que no seu interior está crescendo a única coisa capaz de salvar o mundo da loucura, das máquinas, do desamor, do medo, da sujeira, da violência, da hipocrisia. A cada dia você sente que chega mais perto o momento em que o seu ventre explodirá, jogando para fora toda essa luz, todo esse amor. Então nós todos estaremos salvos. (*Coloca um cesto de palha aos pés de Rosinha.*) Pronto: aqui está a manjedoura. (*Para João.*) Agora você. João, o que é que você quer ser?

JOÃO – Ser? Eu... eu não sei...

MONA – Pois eu sei. Um pirata. Sabe que é assim que eu vejo você? Às vezes até penso que você deve mesmo ter sido um pirata numa outra encarnação. Uma pirata bom. (*Começa a vesti-lo.*) Você assaltava navios armados até os dentes, incendiava, matava aqueles fidalgos gordos cobertos de seda, violava todas as mulheres, roubava todo o ouro e depois – sabe o que você fazia, João? Você distribuía todo o ouro roubado entre os pretos de uma aldeia na costa de Madagascar. Eles adoravam você, uma vez o feiticeiro da tribo fez uma tatuagem no seu peito, o ritual durou sete luas novas. (*Vai desenhando com batom no peito de João.*) Um círculo mágico fechou todo o seu corpo, menos esse círculo. Você só poderia ser morto no dia em que esse pedacinho do seu peito fosse atingido. E isso ainda não aconteceu, você ainda está vivo, você atravessou os séculos e continua sendo aquele mesmo pirata, um pirata um pouco perdido no meio das cidades, sempre com vontade de voltar para o mar. (*Dirige-se para Baby.*)

BABY – Eu quero ser um príncipe.

MONA – Você é um príncipe. Mas um príncipe solitário. (*Começa a vesti-lo.*) Você vive num castelo sobre a montanha mais alta e mais escarpada. Alguém lhe prometeu um reino certa vez, um reino de paz e amor, e você está esperando esse reino. Às vezes você desce a montanha e vai até a vila e tenta conversar com as pessoas. Você anda sempre disfarçado, elas não sabem que você é um príncipe. Mas você se sente sozinho no meio deles, porque você não pode se mostrar como realmente é. Então você tem sempre a sensação que ninguém o conhece, que ninguém o entende. Você está sempre esperando o reino que prometeram, esse, de paz e amor. Só nesse dia, quando o encantamento quebrar e o seu reino for revelado, só nesse dia todos vão saber que você sempre foi um príncipe. Só nesse dia você mostrará o seu verdadeiro rosto dourado e tocará seu alaúde para que todos fiquem contentes e sintam amor. (*Encaminha-se para Leo.*) E você...

LEO – Eu sou Leo.

MONA – Eu sei. Leo, signo Peixes. Do que é que você quer se fantasiar?

LEO – Eu não quero me fantasiar.

ROSINHA – Mas por que, Leo? Mona inventa estórias tão bonitas...

LEO – Mona inventa estórias. Eu não quero ouvir estórias. Eu sou Leo, isso é tudo. João não é um pirata, Baby não é um príncipe, Rosinha não é a Virgem Maria.

MONA – Faz de conta...

LEO – Eu já não tenho mais idade para fazer de conta. Eu não quero fingir. Eu não posso fingir que isso aqui é um castelo, que nós somos mágicos e encantados. Isso aqui é uma casa abandonada, cheia de lixo, não é um castelo: nós somos uns coitados mortos de fome, meio loucos e sem ter sequer onde dormir, não somos mágicos nem encantados.

MONA – Você não é. E vou lhe dizer por quê. Porque você não consegue ver além do chão, porque você acha que as coisas só têm um lado, esse que o seu olho sujo vê. Você é exatamente igual a esses cinzentos todos que estão lá fora. A gente só consegue ver o que está dentro da gente. E você só consegue ver o sujo, o feio e o doente das coisas. Tudo isso está dentro de você, na sua mente, na sua cuca. Aqui. (*Bate na testa.*) A sua cuca é que é feia, suja e doente. Nada é horrível, nada é maravilhoso. O seu olho daqui é que transforma tudo. O seu jeito de olhar. O que acontece é que você ainda não aprendeu a olhar.

LEO – Eu não consigo. Olho em volta e acho tudo nojento. O que é que você quer que eu faça?

MONA (*Mansa.*) – Tente. Sei lá, tem sempre um pôr do sol esperando para ser visto, uma árvore, um pássaro, um rio, uma nuvem. Pelo menos sorria, procure sentir amor. Imagine. Invente. Sonhe. Voe. Se a realidade te alimenta com merda, meu irmão, a mente pode te alimentar com flores. Eu não estou fazendo nada de errado. Só estou tentando deixar as coisas um pouco mais bonitas. Você acha que isso é mau?

LEO – Mas eu não posso fingir que não estou com fome. Eu não posso fingir que este lugar é bonito. Eu não posso fingir que viver é uma coisa boa. Olhe pra mim: faz mais de uma semana que não tomo banho nem faço a barba. Faz 15 dias que uso as mesmas meias. Elas já estão pegajosas, grudadas nos meus pés. Não suporto mais o meu próprio cheiro. Não suporto mais não ter banheiro, não ter casa, não ter nada. Olhe a minha boca: um lixo. Eu não posso sorrir mais. Faz dois meses que quebrei um dente e não tenho dinheiro para ir ao dentista. Olhe bem pra mim e me diga: você acha que alguém seria capaz de me amar com esta roupa imunda, com esta boca podre? Você... você mesma que fala de espírito, paz, amor e o caralho: você seria capaz de esquecer toda a sujeira do meu corpo e me dar um beijo?

Silêncio. Mona hesita um pouco, depois beija-o.

LEO (*Empurrando com violência.*) – É mentira! Você me beija porque os outros estão olhando, porque você acha que isso é bonito, porque ficaria muito feio para você não me beijar agora. Paz e amor... paz e amor não são coisa nenhuma quando o que cerca você é lixo. Eu não acredito em você. Eu estou cansado desse seu esoterismo de bolso, dessas suas normas de bem viver à la *Seleções do Reader's Digest*... (*Irônico.*) Se você vem e me diz: agora nós vamos viver juntos e ser felizes para sempre. Vamos ter girassóis no terraço, passarinhos na varanda, almofadas macias, vinhos e queijos todas as noites. Eu vou te amar muito, você vai me amar muito. Tudo bem, meu anjo. Mas eu pergunto: e quem é que vai lavar os pratos, quem vai varrer o chão, quem vai limpar a privada? Quem vai batalhar a maldita grana? Ou vamos estar tão ocupados em nos amar profundamente que não teremos de pensar nessas coisas? Não, não diga nada. Eu já sei: é baixo-astral pensar nessas coisas, não é? (gritando) Pois para mim baixo-astral é o banheiro imundo, baixo-astral é o lixo, a pobreza, a fome. Amor para mim inclui lençóis limpos, banho tomado e barriga cheia. E isso eu não tenho. Nenhum de nós tem. Para mim, o mundo é uma grande lata de lixo e nós somos apenas as moscas esvoaçando sobre essa merda toda.

CENA 4

Um rock pesadíssimo de Alice Cooper – talvez "Killer" – irrompe logo após as últimas palavras de Leo e serve como música para a entrada de Alice. É um rapaz muito maquiado e vestido de maneira ostensivamente andrógina.

ALICE (*Cantando.*) – Cetim, purpurina e tafetá / brocado, seda e montes de strass / veludo, tules, miçangas – ah! / meu negócio é ofuscar / meu negócio é rebrilhar / meu negócio é cintilar. / Chá, chá, chá, chá, chá, chá / eu sou Alice dos mil plás / eu sou Alice dos boás / eu sou Alice superstar! (*Falando.*) Cruz credo, que loucura é essa, people? Quem é que estava berrando feito louco aqui dentro? Estão currando alguém, é? Se estiverem digam logo: quero participar.

BABY – Alice Cooper, você nunca foi tão bem-vindo em toda a sua vida! Imagine que estas pessoas ainda estão discutindo o tal do Inconsciente Coletivo.

ALICE – Inconsciente coletivo – eu hein? Pra mim é piração. Pois enquanto vocês ficam aqui de bobeira eu descolo coisas incríveis. Vejam só. (*Abre a bolsa e joga vários pães para cima. Leo apanha um e começa a comer vorazmente.*) E trouxe também um hóspede. (*Entra Angel com uma mochila nas costas.*)

ANGEL – Buenas noches para todos. Yo soy Angel, estoy venindo de la Argentina para el Peru. Estoy encantado en conocerlos.

ALICE – Não é uma gracinha? Tem 20 aninhos e é Capricórnio. (*Para Mona.*) Capricórnio combina com Escorpião, minha bruxinha tropical?

MONA – Só combina. Água e terra sempre se completam.

ALICE – Viu só, Angelito? Nós nos complementamos. Falou a Rainha do Alto-Astral. E se ela falou, tá falado.

ANGEL (*Prestando atenção em Mona.*) – Perdón, señorita, pero creo que te conozco de otro sitio. ¿No eres Carlinha Bajo-Astral?

MONA (*Surpresa e meio ofendida.*) – Quem? Carlinha Baixo-Astral? Muito antes pelo contrário, chiquito, eu sou Mona, altíssimo astral!

ANGEL (*Intrigado.*) – Pero yo podría jurar por mi perra madre que eres Carlinha Bajo-Astral... Lo mismo tipo físico, el mismo pelo, la misma...

ALICE (*Para Mona.*) – Será que ele descobriu sua identidade secreta, minha fadinha underground? A sua face oculta, minha pitonisa dos pampas?

MONA (*Ofendida.*) – Nem morta. Está se vendo que ele não me conhece.

ALICE (*Interessado.*) – Espera aí, Angelito, como é que era essa tal Carlinha Baixo-Astral?

ANGEL – Bueno, era una chica muy... muy extravagante, ¿cómo decir?, muy peligrosa. Tenía exactamente lo mismo tipo físico de esta otra, pero era, bien... una barra un poquito pesada demás. A la noche todos nosotros temíamos encontrar-la por las calles. Tenía trajes de chico, siempre de la color negra, y le gustaba la violencia.

MONA – Pois eu me visto de mulher, detesto a cor negra e tenho horror de violência. Além disso, no conozco Cochabamba.

ANGEL (*Intrigado.*) – ¿Cómo sabés que Carlinha vivía en Cochabamba?

ALICE (*Cortando, aborrecido.*) – Ah, sem essa, Anjo, vai ficar obsessivo agora, é? Forças! Esta daqui é Mona, a Rainha do Alto-Astral, e eu sou Alice Cooper, a barra mais bissexual da paróquia.

ANGEL – Encantado en conocerlos. (*Indeciso.*) Bien, sí, puede ser que yo estea equivocado. He viajado mucho todo el día, ¿sabés? Estoy muy, muy fatigado. (*Olhando Mona atentamente.*) No, esta chica no puede ser Carlinha, es demasiado simpática.

MONA (*Irônica.*) – Gracias, cariño.

ALICE (*Olhando em volta.*) – Mas que loucura é essa? Agora que estou reparando. Todo mundo colorido, maquiado, parece uma festa. Quem foi que teve essa idéia má-ravilhosa?

MONA – Fui eu. Já que a gente vai mesmo ficar aqui a noite toda, achei que era melhor fazer uma festa à fantasia. De feia basta aquela cidade lá fora, não é?

ALICE – Pode crer. Dou a maior força. Rosinha, meu amor, não encontrei nenhuma farmácia aberta, um milhão de sorrys mas acho que você nem precisa mais de remédio. Você tá uma verdadeira glória.

ROSINHA – Mona me diz que *sou* a Virgem da Era de Aquário.

ALICE – Cruzes, Mona, quer dizer que você continua curtindo essa de meninos de Deus, é? Chocante, minha nega, chó-cante. Misticismo não tá com nada. O negócio é pesar a barra. Descaralhar, tá sabendo? (*Para João.*) Meu Deus, João, que coisa mais macha! João, você sabe que sempre tive uma tesão secreta por você? Que pena você ser tão limitado sexualmente... A gente podia escandalizar o mundo com nossas lascívias. (*Para Rosinha.*) Little Rose, você tem sorte, honey... (*Para Baby.*) Você também tá uma gracinha. Inconsciente Coletivo.

BABY (*Fingindo afetação.*) – Você acha mesmo, bem? (*Mudando de tom.*) Êi, Alice, o que é que você acha da gente fazer um som na praça, domingo? Eu toco e você canta, dança rumba, tango, tira a roupa, se masturba, faz o que você quiser. Depois a gente passa o chapéu e levanta uma grana.

ALICE (*Superior.*) – Eu hein? Tá pensando que eu *sou* o quê? Muito vulgar, Inconsciente Coletivo, muito proleta pro meu gabarito. Fique sabendo que *sou* gente fina demais pra cantar numa mísera praça. Meu som vai ser é no Carnegie Hall, meu santo, com Mick Jagger no coro e Ney Matogrosso no platéia, aplaudindo e dando força, mas se você rastejar a meus pés sou até capaz de cantar uma dessas suas musiquinhas subdesenvolvidas.

MONA (*Para Angel, tirando de um baú um par de asas e uma longa camisola.*) – Cariño, creo que tengo la fantasia ideal para usted.

ANGEL – ¡Qué hermoso! Pero puedes hablar portugués, yo entiendo todo.

MONA – Que ótimo, meu espanhol é um lixo. Você não quer tirar essa mochila? Senão vai ficar um anjo meio corcunda de Notre Dame. Espera aí que eu ajudo.

ALICE (*Interferindo e arrancando-lhe a mochila.*) – Queridíssima, um momento! Adoro você, respeito toda essa sua transação de astral e tudo – acho que não tá com nada, mas respeito. Só quero que você me respeite também. Então vamos deixar algumas coisas bem claras, tá? Primeiro: esse menino que aqui vês foi caçado por mim e vai ficar é comigo, tá legal? Segundo: você pode fantasiar ele à vontade, tirar a mochilinha, botar as asinhas, a camisolinha e tudo. Mas não se esqueça que ele vai ficar é comigo, entendeu bem? (*Para* os *outros.*) Isso vale para todos vocês também, suas piranhas enrustidas. Não sei se fui suficientemente explícito...

BABY (*Tirando um acorde do violão.*) – Cris-ta-li-no como sempre.

MONA (*Ofendida.*) – Qual é, Alice? Botando o escorpião pra funcionar é? Até parece que você não me conhece. (*Conciliadora.*) Eu sou assexuada, meu bem. Além disso, só estou fantasiando o menino.

ALICE (*Seco.*) – Acho bom.

MONA – Além do mais, você sabe muitíssimo bem que mando todas as minhas energias sexuais pra cima, pra cuca. Quero voar, você sabe.

ALICE (*Entediado.*) – Tá legal, tá legal, dou a maior força. Jogue a sua energia sexual pra onde você quiser – desde que não seja pra cima do meu angelito. E você, Leo, não vai jogar uns panos por cima dessa caretice horrorosa?

LEO (*Seco.*) – Não.

ALICE (*Espantado.*) – E por que não, cara? Forças! Colorido fica tudo muito mais bonito! Sabe uma coisa que eu descobri depois de muita porrada? As pessoas têm a obrigação de oferecer, no mínimo, um certo visual. Você não acha que tudo ficaria mais bonito se as pessoas jogassem uns panos e umas cores por cima?

LEO – Eu acho que tem coisa mais importante que isso.

ALICE – Tem nada, meu amor. Existe coisa melhor do que você curtir seu próprio material? Eu me curto adoidado. Quando entro num lugar, fica todo mundo em silêncio, olhando pra mim, na maior perplexidade. Uma vez um careta, depois de me olhar milênios, veio me perguntar se eu era homem ou mulher. Ora, vê se pode. Eu respondi: "Sei lá, queridinho, acho que sou apenas um fenômeno contemporâneo." Tenho certeza que ele ficou encucado uns três dias. Sou uma força para todos esses urbanóides. Pelo menos faço eles pensar um pouco. Tratamento de choque, meu amor. Olha, meu filho, te dou um conselho Alice Cooper sabe o que diz: você tem que ser má-ravilhoso, senão ninguém vai te olhar nunca. Curte, cara, curte adoidado! Sabe, pra mim a vida é um punhado de lantejoulas e purpurina que o vento sopra. Daqui a pouco tudo vai ser passado mesmo – deixe o vento soprar, filhinho, let it be, fique pelo menos com o gostinho de ter brilhado um pouco.

MONA (*Terminando de vestir Angel.*) – Pronto, não ficou lindo?

ALICE – Não sei, não faz muito meu gênero. Angelical demais pro meu gosto. Pra falar a verdade meu gênero mesmo são aqueles motoqueiros da pesada. Blusão de couro, botas, muita corrente, jeans manchados de graxa, mãos cheias de calos – rude, viril e agreste. (*Suspirando.*) Forças! Prefiro ele de mochila e calça Lee mesmo, se aproxima um pouco mais de meu ideal. Mas que se há de fazer? Deus também não é perfeito. Como é mesmo aquela frase do seu Tarô?, Mona?

MONA – Qual?

ALICE – "El contentamento nel poco abre las puertas de lo mucho." É isso aí. (*Para Angel.*) Pero si te gusta, Angelito, para mi está muy bien.

ANGEL – Sí, sí, a mí me gusta mucho. Me encantan todas estas cosas celestiales.

ALICE – Coisas celestiais eu vou te mostrar daqui a pouco. (*Para Mona.*) E eu, Mona, você não vai me vestir?

MONA (*Depois de olhar bem para Alice.*) – Pensando bem, eu acho que você não precisa de fantasia nenhuma.

ALICE (*Olhando bem para Mona.*) – É. Falou. Você também não precisa. Nós já oferecemos visual sem necessidade de panos.

MONA (*Pensativa.*) – É. Nós não precisamos. Estou cansada. Vocês querem um chá? (*Exclamações entusiásticas.*) Tenho uma garrafa térmica na minha bolsa.

ROSINHA – Chá de quê, Mona?

MONA (*Misteriosa.*) – Adivinhe... Chá de ervas orientais. Todo dia sete de cada mês uma fadinha boa traz um pacotinho do Nepal. Custa muito barato lá. (*Remexe na bolsa, tira uma garrafa térmica, todos sentam em semicírculo enquanto ela serve. Existe apenas um copo – a tampa da garrafa térmica, que deve passar de mão em mão como na cerimônia japonesa do chá. Enquanto dura a ação, Mona canta.*) "No Nepal tudo é barato / No Nepal tudo é muito barato/ No Nepal existe uma praça / bem redonda e cheia de dinheiro./ Quem precisa tira o que precisa / quem não precisa bota lá de novo. / No Nepal tudo é barato / No Nepal tudo é muito barato." (*Zé Rodrix: "Som imaginário."*)

ALICE – Ei, acabo de ter uma idéia sensacional: cada um que beber faz um pedido em voz alta. Primeiro nosso hóspede: Angel.

ANGEL (*Bebendo.*) – Yo quiero sólo llegar a Peru. Y quiero también que sea todo muy hermoso. Las llamas blanquitas, las yerbas mágicas y las vibraciones de Machu Picchu.

ALICE – Eu quero ir para Nova Iorque, virar o maior mito pop do século e morrer no auge da fama da juventude e da beleza nos braços de um motoqueiro.

BABY – Eu? Eu quero um canto pra mim. Onde eu possa tocar minha viola e ter minhas coisas.

ROSINHA (*Gemendo.*) – Eu só queria parar de sentir esta dor...

ALICE – Que desejo mais besta, Little Rose.

ROSINHA – Mas é só o que eu quero agora, Alice. E você, João?

JOÃO (*Cantarola.*) – "Eu quero uma casa no campo"... Não, no campo não. Na beira do mar, construir uma casinha de madeira branca e ficar morando lá, pescando e plantando, longe dessa civilização.

MONA – Eu só quero uma coisa: que baixe um disco voador e me leve para longe desta mesma ci-vi-li-za-ção de pessoas cinzentas.

LEO (*Hesitando.*) – Eu... eu acho que eu queria conseguir ver as coisas um pouco mais...

MONA (*Tentando ajudar.*) – Bonitas?

LEO (*Com um suspiro.*) – É. Bonitas. (*Bebe.*)

CENA 5

BABY (*Cantando.*) – Eu agora quero ver as coisas mais bonitas / que o meu olho nem sempre quer ver / As coisas mais bonitas e mais incríveis / que o meu olho nem sempre quer ver.

TODOS – Colorido-colorido / atrás da vidraça/ colorido-colorido / no fio da fumaça / dolorido-colorido / no fundo da taça.

BABY – Quem nunca andou no fio da navalha / não sabe o que é rasgar a própria mortalha./ Quem nunca voou além do cascalho / quando olha no espelho só vê um espantalho.

TODOS – Colorido-colorido / no banco da praça / colorido-dolorido / não transo cachaça.

BABY – Quem nunca dançou / não vai poder dançar agora/ Lamento dizer, senhor e senhora,/ se você não decolou/ talvez seja melhor que vá embora.

TODOS – Talvez seja melhor que vá embora / talvez seja melhor que vá embora / no seu fuscão, assistir televisão / no seu fuscão, assistir televisão.

Voltam todos a seus lugares – exceto Mona, que senta-se imóvel, na postura de lótus. O autor acha importante esclarecer que, a partir de agora, nada mais tem explicação.

JOÃO – Você vem comigo, Rosinha?

ROSINHA – Pra onde, João?

JOÃO (*Lentamente, sonhador.*) – O campo, a terra, um lugar perto do mar, onde a gente possa ser inteiro, longe da cidade. Eu não suporto mais a cidade, Rosinha. Às vezes eu acho que vou enlouquecer no meio de toda essa correria, de todo esse barulho, essa ansiedade nas pessoas. Sabe, eu fico imaginando você fazendo pão, tirando leite, cuidando dos jardins, dos gerânios. Você gosta tanto de gerânios.

ROSINHA – Eu vou com você, João, claro que vou. Mas agora... agora eu não posso. Tem essa dor cravada aqui (*Leva a mão ao ventre, acaricia-o lentamente.*), dentro de mim. Será que eu vou morrer, João?

JOÃO (*Sorrindo.*) – Morrer? Que idéia é essa, menina? Você está tão bonita. Nunca te vi tão bonita como agora, com essa roupa de Virgem Maria. Fico te vendo exatamente assim como você está agora na beira do mar caminhando na grama cuidando dos gerânios, sendo verdadeira. Lá, tudo vai ser verdade, Rosinha, e o que é verdade sempre é bonito. Na cidade as coisas são feias porque é tudo mentira. O que a gente faz, o que a gente diz, até mesmo o que a gente sente – é tudo mentira.

ROSINHA – Pega na minha mão, João.

LEO (*Irônico, interrompe.*) – Já ouvi esse papo antes. O mar, o campo, a volta à natureza. Faz cinco anos que eu conheço você, João. Faz cinco anos que você fala a mesma coisa. A mesma coisa. Sempre. Que idade você tem? Eu sei: 25, 26, 27 – não importa. Você já não é tão jovem. Eu já não sou tão jovem. Não falta muito pra você ter 30 anos. O seu cabelo já começou a cair, você já não acredita tanto nas pessoas, os seus dentes estão ficando estragados. As coisas vão ficar cada vez mais duras. O seu corpo vai se decompor lentamente e você vai criar barriga e acreditar cada vez menos em todas as coisas, em você mesmo. O campo, a terra, o mar, a natureza – vão ficar cada vez mais distantes. E um dia tudo não vai ter passado de um sonho. Um dia você vai lembrar de tudo e pensar com tristeza: "loucuras da juventude." E todo esse tempo de agora não será mais que um longo tempo perdido, inútil, jogado fora. Quanto mais você ficar aqui, mais poluído você fica, mais envolvido com a cidade. Cada vez é mais difícil você se libertar. Por que é que você não vai de uma vez? O que é que você está esperando? O que é que você está fazendo para realizar o seu sonho?

ALICE (*Interrompendo.*) – Pois eu vou realizar o meu sonho agora mesmo. Não agüento mais a caretice desse cara. (*Para João.*) Tem outra peça lá em cima?

JOÃO – Tem três quartos.

ALICE – Uau! Que exagero. Um só basta. (*Para Angel.*) Vamos, Angelito?

ANGEL (*Distraído.*) – ¿Por que mi nombre es Angel? Hay un oscuro sentido por detrás de mi nombre. ¿Qué hacen los ángeles?

MONA (*Imóvel.*) – O ofício dos anjos é voar.

ANGEL – Volar... volar... Yo nunca seré un ángel... Yo tendría que volar para que fuera un ángel... Me gustaría tanto, ¿sabes? Yo quiero volar hasta los sitios encantados... por entre las nubes... perderme en el cielo... yo quiero ser como un pájaro... volar... volar... hasta los sitios encantados...

Alice sai empurrando Angel em direção à porta, enquanto este repete que quer voar.

CENA 6

BABY (*Para Leo, muito manso.*) – Será que você não entende que as coisas mudaram?

LEO – Eu tenho medo.

BABY (*Aproximando-se.*) – Eu poderia te ajudar se você não tivesse medo de mim. Olhe firme nos meus olhos e me responda: você tem medo de mim?

LEO – Eu não te entendo.

BABY (*Muito próximo.*) – Você não me entende porque você nos divide em dois: eu e você. Não existe divisão. Eu não sou só eu. Eu sou também você e todos os outros, e todas as coisas que eu vejo. Você não me entende porque você nunca me olhou. Olhe firme no meu olho, me encara fundo. A gente só consegue conhecer alguém ou alguma coisa quando olha para ela bem de frente, cara a cara. Me diz o que é que você está vendo no fundo das minhas pupilas?

LEO – No fundo das tuas pupilas eu vejo meu próprio rosto.

BABY – E no fundo das suas pupilas eu vejo o meu próprio rosto. Quando eu olho no seu olho eu sou você e você é eu. Se você tiver medo de mim é porque você tem medo de você. Me diga agora, outra vez: você tem medo de mim?

LEO (*Hesitando.*) – Não... eu acho que eu não tenho medo de você...

BABY – Então vou te contar uma estória que é o meu segredo. No dia em que visitei o fim do mundo nasceu uma mancha branca dentro da minha cabeça. Depois eu fui saber que eu tinha envelhecido. Que aquela mancha branca era a velhice. Naquele dia, havia várias pessoas à minha volta. Para eles podia ser uma praia, um apartamento ou uma rua qualquer. Mas para mim, para mim era o fim do mundo. O fim do mundo estava dentro de mim. E sabe como era o fim do mundo? Ele era branco e liso. Não tinha nada lá. Nenhuma cor, nenhuma forma. Eu sabia que se contasse aos outros do que estava vendo, ninguém entenderia. Diriam talvez que eu estava louco. E tomariam as providências que se costuma tomar com os loucos: clínicas, choques elétricos, grades na janela. Eu não podia pedir socorro. Eu estava sozinho no fim do mundo e não podia ter medo. Se eu tivesse medo ficaria lá para sempre, com todo aquele branco-liso dentro de mim. E nunca mais ninguém me entenderia. O fim do mundo era o silêncio e o vazio. Era a solidão absoluta. Eu não queria ficar lá, eu não queria ficar sozinho, eu não estava preparado, Leo. Eu precisava dar um passo além do fim do mundo. Foi então que eu descobri o jeito de dar esse passo. A maneira de vencer o fim do mundo era enchê-lo de sons e de cores. Então uma canção brotou do fim de mim, e eu cantei: "Eu sou assim / eu tenho um arco-íris / dentro de mim." (*Volta a falar.*) E eu venci, Leo, eu dei aquele passo, eu venci o fim do mundo. Agora, cada vez que eu volto lá eu canto essa musiquinha. Você não quer cantar comigo, Leo? (*Apanha um vidrinho de purpurina e começa a salpicar o rosto de Leo.*) É tão fácil. Canta comigo. Basta cantar: "Eu sou assim / eu tenho um arco-íris / dentro de mim."

LEO (*Recuando.*) – Eu não posso... não posso... Talvez bastasse qualquer coisa como chegar muito perto de você, passar a mão no teu cabelo e te chamar de amigo. Ou sorrir, só sorrir. Qualquer coisa assim. Seria simples, eu sei. Seria fácil, mas eu tenho medo. (*Olha em volta.*) Vocês, tudo isso aqui, para mim é tão desconhecido e tão estranho como um sonho que ainda não tive. Se eu pudesse cantar junto com você... Se eu pudesse sentir bonito... Quando você canta, fica tudo lindo e eu não tenho medo... Canta, canta mais. Não pare de cantar, Baby. Quem sabe daqui a pouco eu consigo cantar junto também.

Baby canta – até ser interrompido por um grito de Rosinha.

JOÃO – O que foi?

ROSINHA – É ele... ele está querendo sair de dentro de mim...

MONA (*Imóvel, muito serena.*) – Não tenho medo. Tudo acontece no momento certo. (*Rosinha geme.*) Silêncio! Vocês não estão ouvindo?

Todos escutam.

LEO (*Estremecendo e afastando-se de Baby.*) – É a polícia! Eu sei que é a polícia!

ROSINHA – Não, não... é ele querendo sair de dentro de mim...

MONA – Não tenham medo. Eu reconheço esse barulho de máquina sobrevoando a casa. São eles.

JOÃO – Do que é que você está falando, Mona?

ROSINHA (*Sempre gemendo.*) – Eu estou cheia de dor.

MONA (*Sorrindo.*) – Eu estou cheia de luz.

ROSINHA – João, está ficando escuro dentro de mim. Eu tenho medo. Ele está querendo ir embora... É muito cedo, João, ele não vai conseguir... Leo, me dá tua mão... Baby, canta para embalar o menino.

Todos se aproximam, exceto Mona, que continua imóvel.

BABY (*Cantando.*) – Bicho-papão, sai de cima do telhado/ deixa meu menino dormir sossegado. / Boi, boi, boi, boi da cara preta / leva esse menino que tem medo de careta. / Dorme neném que a cuca já lá vem / papai tá na roça, mamãe em Belém.

ROSINHA (*Enquanto ela fala, Mona levanta-se e começa a andar lentamente pela sala, olhando para cima – como se acompanhasse rumores e movimentos no andar superior.*) – João, você está ouvindo, João? Você deixou o menino sozinho? Eu te disse para não deixar o menino sozinho. Tem o poço, João, o poço fundo, escuro. O menino vai cair lá dentro, João. Nós precisamos chegar a tempo. Aonde eu fui, João? Por onde eu tenho andado, João? Nós não íamos para o campo, você não ia me levar para o mar? Será que é muito longe, João? Eu não podia deixar o menino assim sozinho perto daquele poço. A minha mãe me avisou. Não se deve deixar os meninos pequenos como ele perto do poço. Ele é muito pequeno. Ele é tão pequeno que ainda não tem pernas como os outros meninos. Ele não pode correr, e não pode fugir do bicho-papão, do boi da cara preta, da cuca. A cuca é má, é feia, é suja. Leo, eu não sou suja. Leo, eu não sou feia... O único jeito de vencer a cuca é pingar uma gota d'água na testa dela até furar... até furar... Baby, manda a cuca sair de cima do telhado...

MONA (*No meio da cena.*) – Agora eles estão bem em cima do telhado. Exatamente sobre minha cabeça. Eles são altos, louros, cheios de luz. Dizem que eles não se aproximam de quem come carne e de quem fuma, dizem que essas pessoas exalam mau cheiro. Faz três anos que eu não fumo nem como carne. Eu não tenho mau cheiro. Eu estou preparada para entrar na nave. É uma nave enorme, dourada.

JOÃO – Do que você está falando, Mona?

MONA – Deles. Dos extraterrestres. Dos discos voadores. Eles vieram me buscar porque eu estou preparada. Estão bem aqui em cima agora, exatamente sobre o meu sétimo chacra, sobre o lótus de mil pétalas. Vocês não estão sentindo a vibração? Essa luz dourada baixando devagar sobre as coisas. São eles, eu sei. Esperei tanto tempo. Como é que eu podia saber que aconteceria agora, justamente agora, aqui, nesta casa, nesta noite? Tudo faz sentido. Agora eu entendo. Nada é gratuito. Eu preciso deixar vocês. Antes de ir embora vou deixar uma lembrança, o último presente de Mona, a Rainha do Alto-Astral. (*Apanha a bolsa e vai tirando de dentro alguns instrumentos musicais: flauta, bongô, pandeiro etc.*) Foi Baby quem me ensinou: quando tudo fica difícil a gente canta e toca. Não se esqueçam disso. É o único jeito de vencer o fim do mundo. Eu preciso ir. Eles vão me levar para lá, para o outro lado, para depois do Sol, para o alto-astral, onde tudo é dourado. Já cumpri minha missão aqui. Vocês ouvem como eles me chamam? Parece o vento, a chuva, mas eu consigo ouvir nitidamente a voz deles chamando pelo meu nome. Eu já estou indo. Esperei tanto tempo, tanto...

JOÃO (*Gritando.*) – Mona, volte aqui, disco voador não existe! Você está louca, Mona, volte aqui!

ROSINHA – Deixa ela ir, João. Canta mais, Baby. Dói tanto. Quando você canta é como se parasse de doer. Me ajuda, João. Não deixa ele ir embora. Mona disse que ele era a única coisa capaz de salvar o mundo. Se ele for embora o mundo acaba, João.

Baby continua cantando canções de ninar. Black-out. Ao mesmo tempo. Ouve-se um grito de Rosinha, misturado a rumor de máquina – qualquer coisa como um automóvel em alta velocidade, um som eletrônico ou uma explosão. Quando a luz volta, há um silêncio. Rosinha está deitada. Muito pálida. Seu manto branco está manchado de sangue. Leo e Baby estão ajoelhados em atitude de adoração. João está em pé, imóvel, os braços estendidos acima da cabeça. Um vidro nas mãos. Dentro do vidro uma matéria sangrenta. A cena permanece estática até o momento em que Alice entra correndo.

CENA 7

ALICE (*Muito agitado.*) – Forças, gente, eu preciso de forças! O anjinho pirou completamente!

JOÃO (*Muito calmo, baixa os braços lentamente e deposita o vidro sobre a manjedoura.*) – O que foi que aconteceu?

ALICE – O angelito portenho. Primeiro entrou numa que queria voar, tive que fazer uma força incrível para botar ele noutra. Quase que se jogou pela janela. Quando pensei que ele estava numa boa, entrou numa que eu era um vampiro, começou a correr atrás de mim com uma estaca e um martelo, dizendo coisas...

ANGEL (*Off.*) – ¿Dónde estás, príncipe de las tinieblas? No te ocultes de mí. Tengo que exterminarte.

ALICE – Tão ouvindo? Tá completamente pirado, eu... (*Detém-se e observa os outros.*) Êi, mas o que foi que aconteceu aqui? Little Rose, você está toda suja de sangue! Esse vidro... meu Deus, será que todo mundo enlouqueceu aqui dentro desta casa? Isso aqui está parecendo um filme de terror. Onde é que está Mona? (*Chama.*) Mona, Mona, onde é que você tá?

JOÃO (*Muito calmo.*) – Ela foi raptada por um disco voador.

ALICE – O quê?

ANGEL (*Entrando, avança para Alice, com uma estaca de madeira e um martelo nas mãos.*) – Finalmente te encuentro, ¡maldito! ¡Ahora te voy a matar con mis própias manos!

ALICE – Segurem esse tarado! Ele quer me cravar esse negócio no coração! (*Ninguém se move.*)

ANGEL (*Declama García Lorca.*) – "Maricas de todo el mundo, asesinos de palomas / Esclavos de la mujer, perros de sus tocadores, / abiertos en la plaza con fiebre de abanico / o emboscados en yertos paisajes de cicuta." ¡Muerte a todos los vampiros maricones!

ALICE – Espera aí, Anjinho, não é nada disso. Calma. Olhe para mim. Sou Alice Cooper, encontrei você na praça. Você não tinha onde dormir, eu fui legal, convidei você pra dormir aqui...

ANGEL – ¡Callate, cabrón! ¡Perro de los infiernos! ¡No quiero escuchar tus sucias palabras!

ALICE – Espera aí, Anjinho, você está entrando numa errada comigo... Olha, vou te contar um segredo que nunca contei para ninguém:

sabe qual é o meu nome, o meu nome verdadeiro mesmo, o nome com que me batizaram? É Jaime Roberto, você é a primeira pessoa que eu conto isso. Eis o meu segredo mais vergonhoso. Forças, meu Deus! Que coisa mais bagaceira, já estou vendo as manchetes no jornal amanhã: Jaime Roberto, vulgo Alice Cooper, assassinado por mochileiro argentino. Olha, sabe o que há de errado com você? É que você viu muito filme de horror, só isso. Você ficou influenciado, Angelito!

ANGEL (*Gritando.*) – ¡Basta de comedias, demonio! ¡Es demasiado tarde!

Encosta a ponta da estaca no peito de Alice e ergue o martelo como se fosse desferir um golpe. Nesse momento, entra um rock pesado, talvez Lou Reed, e acende um spot sobre Carlinha Baixo-Astral, parada na porta está toda vestida de negro, calças compridas, botas. Traz um charuto aceso na mão.

CENA 8

ANGEL (*Detendo-se.*) – ¡Carlinha Bajo-Astral! (Derruba o martelo e a estaca.)

CARLINHA (Entrando.) – Em carne e osso.

TODOS (*Muito espantados.*) – Mona!

CARLINHA – Mona é a puta que os pariu. Eu sou Carlinha Baixo-Astral. (*Puxa a navalha.*) Há alguém aqui que duvide disso?

ALICE – Bem, seja você quem for, acaba de salvar a minha vida. Muito obrigado. Hmmmm, essa camiseta é maravilhosa. Fica muito bem em você. Deve ser importada, não é? Tem um cheiro de King's Road, de Bilbao, de Carnaby Street... Ou foi você mesma que bordou?

CARLINHA (*Agressiva.*) – Tira essas mãos nojentas de cima de mim, boneca. Não gosto que me toquem. Mantenha distância. (*Caminha olhando em volta.*) O que é andou acontecendo por aqui? Por que é que vocês estão vestidos desse jeito? Por que é que esta garota está toda manchada de sangue?

LEO – E por que você faz tantas perguntas, hein? Você é da polícia, por acaso?

CARLINHA (*Rindo debochada.*) – Polícia? Que polícia, meu santo? Não existe mais polícia. Vocês não ouviram a explosão? Explodiu tudo, acabou tudo, já não existe mais cidade, não existem mais edifícios, não existe mais nada. (*Joga o charuto no chão e apaga com o pé.*) Acabou, entendem? Só sobrou esta casa aqui, sei lá por quê. Eu ia passando bem na hora da explosão. Tive sorte, sorte... Talvez fosse melhor ter morrido também. Agora vou ter que passar o resto da minha vida aqui com este bando de cretinos.

ROSINHA – Do que é que você está falando?

BABY – Espere aí, Mona... desculpe, quero dizer, Carlinha Baixo-Astral: você está querendo dizer que... que o mundo terminou?

ALICE – Terminou mesmo? Acabou?

ANGEL – ¿Qué pasa? No estoy entendiendo nada.

JOÃO – Não é possível. Você está gozando com a nossa cara.

LEO – Quer dizer que aquela explosão foi... foi...

CARLINHA – Uma explosão atômica. Alguém finalmente apertou o botão. Puf! Acabou. Já era, como se dizia no meu tempo. Virou cinza. (*Para Alice.*) Me dá um cigarro, boneca. (*Silêncio enquanto Alice acende o cigarro de Carlinha.*)

ROSINHA – Quer dizer que nós vamos ficar aqui para sempre.

CARLINHA – Para sempríssimo. Forever.

LEO – Mas nós vamos morrer de fome.

ALICE – Tem aquele pão que eu trouxe.

JOÃO – Deixa de ser besta, Alice. Aquele pão não dá nem pra um dia.

BABY – Eu não posso acreditar, é muita loucura.

CARLINHA – Pois se você não acredita, saia e veja com seus próprios olhos. Mas não aconselho. Tem as tais radiações atômicas. Vão fazer a sua carne descolar dos ossos e cair todinha em feridas purulentas. Como em Hiroshima, lembra? Além disso, está horrível lá fora. Gente morta, vísceras por toda parte, sangue, tudo rebentado. Eu vejo e até curto em cima porque sou Carlinha Baixo-Astral, tenho nervos de aço, transo qualquer barra – de preferência as mais pesadas. Mas vocês, não sei não. Vocês me parecem todos tão débeis, tão sensíveis. Tão paz e amor...

ANGEL – Yo no entiendo lo que dice. (*Para Alice.*) ¿Por qué estan todos así? ¿Qué pasó?

ALICE – Lo que pasó, Angelito, es que el mundo se ha terminado.

ANGEL – No es posible... No lo puedo creer... No es verdad...

ALICE – Es lo que dice la chica. Una bombita, una bombita, no más.

ANGEL – No creo en esta chica. Carlinha Bajo-Astral, te conozco hace mucho tiempo, desde muy lejos, desde Cochabamba. Yo sé que tu especialidad es pirar la cuca de la gente. El mundo no puede terse acabado. Yo necesito irme hasta el Peru. ¿El Peru también se ha acabado?

CARLINHA – Se ha acabado todo. O Peru, o Nepal, a Nova Guiné e o Piauí. (*Olhando em volta, decepcionada.*) Mas vocês não parecem muito impressionados.

ALICE – Na verdade eu não me impressiono com mais nada. E quer saber duma coisa? Se acabou mesmo dou a maior força. Acho máravilhoso ter acabado. Do jeito que estava só podia mesmo era acabar. E falando bem claro: na minha opinião foi um asseio.

LEO – Eu concordo com você.

ALICE – Eu tinha certeza que um dia você ia acabar concordando comigo.

CARLINHA (*Mais decepcionada.*) – Quer dizer que vocês não estão apavorados?

JOÃO – Não. Nós não tínhamos mesmo nada a perder.

CARLINHA – Nem você?

BABY – Eu acho que agora a gente pode começar tudo de novo. Pode ser que desta vez dê certo.

CARLINHA – E você, gaveta?

ROSINHA – Eu...

CARLINHA (*Apontando a manjedoura.*) – O que é isso aí?

ROSINHA – É o Cristo da Era de Aquário. Era meu filho.

JOÃO – Ele nasceu no momento da explosão.

LEO – Ele foi assassinado pela bomba.

BABY – Ele nasceu morto. Se Mona estivesse aqui, diria que ele foi o último representante da Era de Peixes. E o primeiro da Era de Aquário. Será que a Era de Aquário começa agora?

CARLINHA – Esse pelo menos escolheu o momento certo para nascer. Ou para morrer, sei lá. Cristo morreu, viva Cristo! Sabem, esta é a quarta comunidade onde moro. Parece também que é a última, já que vamos ter que ficar aqui a vida toda. Sabem, nas outras comunidades onde morei, sempre tinha um lema. Na primeira era: “Passarinho que come pedrinha sabe o cu que tem.” Na segunda era: “Quem pariu Mateus que o embale.” E na terceira: “Já que estamos na merda, pelo menos vamos comer uma laranja.” Qual é o lema desta comunidade?

JOÃO – Nós não temos lema nenhum. Nós não somos uma comunidade. Nós só estamos aqui porque a casa estava abandonada, chovia muito e ninguém tinha para onde ir. Nós só estamos esperando o amanhecer.

CARLINHA – Mas não vai amanhecer mais.

ROSINHA (*Assustada.*) – O quê? Nunca mais?

CARLINHA (*Lentamente.*) – Nunca mais, gavetinha. As nuvens de radioatividade são tão densas que não vão deixar passar os raios de sol por um bom tempo. No mínimo uns dez anos.

ROSINHA (*Gritando.*) – Ela está mentindo, João! Eu não quero ficar no escuro! Mande ela embora. Não gosto dela. Chame Mona.

CARLINHA – Ela sempre sabe o que fazer pra gente ficar contente.

JOÃO – Mona foi embora com o disco voador.

ALICE – Bem, que o mundo tenha acabado, tudo bem. Mas ficar dez anos no escuro? Ah, vamos convir que é chó-cante! O que é que eu vou fazer sem um spot em cima de mim?

BABY – Pra mim não faz diferença. Para falar a verdade, faz 23 anos que estou no escuro.

ROSINHA – Mas o que é que a gente pode fazer?

ANGEL – Nada. Nosotros no podemos hacer nada. Solo esperar.

Silêncio. Todos se entreolham, confusos.

LEO – Esperem... Eu estou lembrando duma coisa. Antes de ir embora, Mona deixou uma lembrança, um presente. Ela disse assim: “Quando tudo fica difícil, a gente canta e toca.” É a única maneira de vencer o fim do Mundo. (*Apanha os instrumentos musicais e começa a distribuí-los entre as pessoas.*)

CARLINHA – Para mim não. Como é que eu posso tocar e cantar se o mundo acabou?

LEO – E o que é que você vai fazer? Não há mais nada a ser feito. Ficar desesperado e arrancar os cabelos não resolve nada. Nós estamos tranqüilos. Se o mundo acabou mesmo nós somos o novo mundo. E se não acabou, daqui a pouco amanhece e acontece alguma coisa. De qualquer maneira nós temos que ficar aqui esperando.

CARLINHA – Mas esperando o quê?

LEO – Sei lá. Que o dia amanheça. Que a noite acabe. Que tudo isso termine. Qualquer coisa.

CARLINHA (*Começando a ceder.*) – Mas eu não sei tocar nem cantar. Eu nunca fiz isso. O meu negócio sempre foi só pesar a barra.

LEO – Eu também não sei. Ninguém sabe. Você inventa. Não é difícil.

Carlinha hesita mas acaba aceitando o instrumento. Sentam-se todos lentamente em semicírculo em torno da manjedoura. Começam a tocar. Tocam por alguns momentos, até que vários spots começam a acender e fica tudo muito claro. Eles vão parando de tocar. Parecem todos muito cansados.

CENA 9

ROSINHA (*Sem emoção.*) – Amanheceu.

JOÃO – Então era mentira dela. Não há nuvens de radioatividade tapando o Sol. O mundo não acabou.

CARLINHA – Eu não menti. Ainda pouco havia nuvens.

BABY – Ainda pouco?

CARLINHA – É. Quando eu cheguei aqui.

ALICE – Mas isso já faz muito tempo.

CARLINHA – Não, não, faz pouco, eu sei. Foi agorinha mesmo.

ANGEL – Se han pasado siglos y siglos, Carlinha Bajo-Astral.

LEO (*Como se despertasse de repente.*) – O que aconteceu?

ROSINHA (*Sem emoção.*) – Amanheceu. Só isso.

LEO – Você tem certeza que são mesmo dez pras sete?

Nesse momento ouvem-se batidas muito fortes na porta. Ninguém se move. Um pequeno intervalo e as batidas se repetem, cada vez mais fortes.

JOÃO (*Sem emoção.*) – Estão batendo na porta.

ROSINHA – Devem ser os três reis magos que vêm visitar o menino, trazendo ouro, incenso e mirra. Ou os quatro cavaleiros do Apocalipse.

BABY – Ou Mona. Quem sabe é Mona com os extraterrestres? Eles vêm nos buscar também.

LEO – É a polícia. Tenho certeza que é a polícia.

ANGEL – Puede ser algún vecino.

CARLINHA – Eu acho que são os sobreviventes da explosão. Os monstros, com aquela pele toda verde, apodrecendo e caindo... Eles vêm nos matar porque nós sobrevivemos. Nós tínhamos o direito de sobreviver ao fim do mundo.

ALICE – Piração, piração, tudo piração: pode ser que seja só o leiteiro lá fora.

Silêncio. As batidas aumentam. Ninguém se move.

JOÃO – Seja quem for, continua batendo.

CARLINHA – Alguém precisa abrir logo essa maldita porta.

LEO – Eu tenho medo.

ALICE – Quem abrir a porta precisa dizer alguma coisa.

ROSINHA – Eu não sei o que dizer.

ANGEL – Bueno, hay que abrir la puerta y decir algo, ¿no?

As batidas aumentam, a luz também. O ideal seria uma lâmpada de mercúrio.

BABY (*Lentamente.*) – Eu acho... eu acho que a gente só pode dizer uma coisa.

As batidas aumentam mais.

BABY – Eu acho que a gente só pode dizer que nós não temos culpa. Que nenhum de nós tem culpa de nada. A única coisa que nós estamos tentando fazer é encontrar o jeito de dar um passo além do fim do mundo.

Baby começa a tocar. As batidas aumentam cada vez mais. Os outros hesitam, mas aos poucos, um por um, começam também a tocar e a cantar. O som e as palavras – o autor sugere – deveriam ser totalmente improvisados pelos atores. As batidas só cessam quando o som estiver mais ou menos definido. E a peça só termina quando os atores e/ou a platéia estiverem cansados. Ou quando alguém bater na porta avisando que amanheceu e o teatro precisa ser fechado – Por que não?

REUNIÃO DE FAMÍLIA

De Lya Luft
Adaptação teatral de Caio Fernando Abreu

*Peça em dois atos**

PERSONAGENS

Alice	Alice menina
Aretusa	Aretusa menina
Evelyn	Evelyn menina
Renato	Renato menino
Bruno	Marido de Alice
Professor	Filho de Alice
Berta	Padre
Enfermeiro de Corália	
Mãe de Alice	
Corália	

Nos flashbacks, podem ou não ser usados atores mais jovens para os mesmos personagens. De qualquer maneira, o PROFESSOR e BERTA serão sempre representados pelos mesmos atores – eles sempre foram velhos –, talvez com pequenas mudanças de postura. As figuras do PADRE e do ENFERMEIRO podem ser vividas pelos mesmos atores que fazem o MARIDO e o FILHO DE ALICE. Para as rápidas aparições de CORÁLIA e da MÃE DE ALICE, podem ser usados bonecos ou, bem caracterizadas, outras atrizes.

CENOGRAFIA

Tudo se passa durante um fim de semana – tarde e noite de sábado, o dia todo de domingo e a manhã de segunda-feira –, quando ALICE vai visitar a família. Na casa da família, é indispensável uma grande mesa onde são feitas as refeições. O resto se passa em vários planos, no presente ou no passado, caracterizados por um ou outro elemento – como uma poltrona antiga (no quarto do PROFESSOR), uma penteadeira (no quarto de EVELYN), e assim por diante. Deve haver também um outro Plano – que chamaremos de Inconsciente/Memória –, onde acontecem certas alucinações ou lembranças do passado. A idéia é de que uma cena interpenetre *a outra – isto é, quando uma termina, a próxima já começou –, sem pausa, sendo a mudança indicada pela luz e a troca de planos.*

I ATO

CENA 1

ALICE, MARIDO e FILHO
Na casa de Alice. É sábado, por volta do meio-dia. Tudo é muito arrumado e limpo. A mesa está posta. O almoço, terminando.

ALICE – Deixei pronto o almoço de amanhã. Está na geladeira, é só esquentar. Acho que daria menos trabalho se vocês comessem num restaurante. (*Dá de ombros. Para o marido, com certo carinho coquete.*) Mas você só gosta da comida que eu faço... (*Para filho.*) E o seu irmão, onde anda?

FILHO – Está no clube. É sábado. Só vem de tardezinha.

ALICE (*Reprovadora e maternal.*) – E claro que só vai comer um sanduíche, não é? Sanduíche não alimenta. Sanduíche, refrigerante, essas porcarias que vocês comem por aí.

MARIDO (*Interrompendo.*) – Você tem mesmo que ir?

ALICE (*Um pouco brusca.*) – Tenho. Aretusa insistiu tanto.

MARIDO (*Com ironia, sacudindo a cabeça.*) – Aretusa... Essa sua cunhada...

ALICE (*Ignorando.*) – Faz tantos meses que não vejo meu pai. E agora apareceu esse problema com Evelyn.

FILHO – O que é que há com tia Evelyn?

ALICE (*Preocupada.*) – Ela está doente. Muito doente. Parece que é... qualquer coisa mental, não sei bem.

MARIDO – Evelyn com um problema mental? Sua irmã é a mulher mais sensata que conheço.

ALICE – Eu sei, eu sei. Mas depois que Cristiano morreu... Ela não se conforma.

FILHO – Mas será que nós temos o direito de querer que ela se cure?

ALICE (*Sem compreender.*) – O quê?

FILHO – Isso mesmo, mãe. Será que não seria pior para ela enfrentar a realidade de Cristiano ter morrido?

MARIDO (*Ignorando o espanto de Alice.*) – Passa a água?

FILHO (*Levantando-se.*) – Bom, eu já vou indo. Dá um beijo em todos lá. (*Beija Alice distraidamente, sem afeto.*) Boa viagem, velha. (*Sai. O Marido apanha os óculos e, sem sair da mesa, começa a ler o jornal. Alice fica em silêncio por um momento, meio confusa.*)

ALICE (*Pensativa.*) – O que será que ele quis dizer com isso?

MARIDO (*Distraído.*) – O quê?

ALICE – Que... que a realidade pode não ser o melhor? Pode não ser preferível à normalidade?

MARIDO – Não está na hora do seu ônibus?

ALICE (*Levantando-se.*) – É. É melhor eu ir indo também. (*Olha o relógio.*) Não vai dar nem tempo de lavar os pratos.

MARIDO – Pode deixar. Eu dou um jeito.

ALICE (*Apanha a bolsa e uma sacola de viagem a um canto. Remexe na bolsa, conferindo o dinheiro e a passagem de ônibus.*) – Será que não esqueci nada? (*Olha em volta devagar, como se refletisse.*) Você não acha que um dia a gente podia mandar colocar um espelho grande aqui na sala?

MARIDO (*Baixa o jornal e olha-a por cima dos óculos, admirado.*) – Espelho grande? Para quê?

ALICE (*Arrependida de ter falado.*) – Nada. É bobagem minha. Eu li numa revista que dá a impressão de mais espaço. A sala é pequena.

MARIDO (*Voltando a ler.*) – A sala é ótima assim.

ALICE (*Curvando-se para beijar o marido.*) – Claro, claro. Você tem razão. A sala é ótima. (*Encaminhando-se para a porta.*) Segunda, então, estou de volta.

MARIDO (*Sem levantar os olhos do jornal.*) – Boa viagem. Cuide-se direito. Você não está acostumada a viajar sozinha.

CENA 2

ALICE, BERTA, A MÃE e ALICE MENINA

Alice está parada num ponto que deve ser a parada de ônibus.

ALICE (*Dirige-se ao público, enquanto acende um foco no marido que lê* o *jornal.*) – Meu marido. Desde o começo a gente se acostumou a não ter grandes ardores, eu preferia assim. Achava meio esquisito aquele homem um pouco gordo, calvo, dizendo e fazendo coisas desajeitadas e brutais. Agora me procura raramente e sem emoção. E eu prefiro vê-lo ao meu lado, de chinelo, lendo jornal, sem imaginar sequer quem é a sua verdadeira mulher... (*Levando a mão aos cabelos.*) Esqueci de colocar o meu perfume. (*Olha o relógio, depois dá de ombros e tira da bolsa um pequeno espelho. Começa a examinar o rosto com ar crítico. Enquanto isso, acende-se a luz no Plano do Inconsciente/Memória, onde estão Alice Menina, Berta e, dentro de um caixão de defunto, uma figura de rosto disforme e barriga enorme, que pode ser uma atriz ou uma boneca.*)

ALICE MENINA (*Aproxima-se do caixão, distraída, talvez pulando corda, cantarolando. De repente pára e chama.*) – Mamãe? Mamãe, onde é que você está? Mamãe, não se esconda de mim. Sou eu, Alice. (*Acende-se a luz sobre o caixão. Ela recua, assustada. Depois torna a se aproximar e tenta colocar a figura no colo.*) Mamãe, o que é que você tem? Você está doente? Pode deixar que eu cuido de você. Fala comigo, mãezinha!

BERTA (*Imóvel.*) – Ela não vai responder. Ela não pode falar. Ela só pode chorar.

ALICE MENINA (*Gritando.*) – Não é verdade, Berta! Você está mentindo!

BERTA – Não estou mentindo. Você não vê como ela está inchada? Olha só a barriga dela, Alice.

ALICE MENINA – Eu não quero olhar. (*Para o caixão.*) Mãezinha, fala comigo.

BERTA – Todos os dias vem um médico e tira água da barriga dela com uma agulha enorme. Uma agulha deste tamanho.

ALICE MENINA (*Vai se afastando enquanto Berta repete as mesmas coisas. Apanha um espelho pequeno, igual ao de Alice Adulta, e olha-se. Fala para si mesma, como se estivesse hipnotizada*) – Alice, Alice você é má. Você é muito má. Você é louca, é suja. Você mente, Alice. Por isso está sempre de castigo. Por isso leva esses tapas. Por isso ninguém gosta de você. (*Começa a sorrir como uma mulher Adulta e repete.*) Ninguém gosta de você, Alice.

CENA 3

ALICE, ALICE MENINA e RENATO MENINO

No jardim de entrada da casa da família. Alice Adulta aproxima-se do lugar onde resta o tronco de uma grande árvore cortada. A luz acende-se sobre o tronco, perto do qual brincam Alice Menina e Renato Menino. Renato mexe com pedaços de madeira, barbantes,facas, latas velhas. Alice Adulta mergulha nas sombras.

ALICE MENINA – Renato, vem brincar comigo.

RENATO MENINO – Agora não posso. Estou ocupado.

ALICE MENINA – O que é que você está fazendo?

RENATO MENINO (*Com ódio.*) – É uma arma secreta.

ALICE MENINA – Uma arma? Pra quê?

RENATO MENINO (*Hesitando.*) – Para matar ele.

ALICE MENINA – Ele quem?

RENATO MENINO – O Professor.

ALICE MENINA – Não chama ele assim. Ele é seu pai. Você não pode matar seu pai.

RENATO MENINO (*Obstinado.*) – Ele é seu pai também. Mas ele não é meu pai. Ele é o Professor.

ALICE MENINA (*Assustada.*) – Você vai preso, Renato!

RENATO MENINO – Que me importa. (*Decidido.*) Eu vou matar o Professor com minha arma secreta. (*A gravação de uma gargalhada infantil, estridente, corta a cena. A luz apaga sobre Alice Menina e*

Renato Menino para acender-se novamente sobre Alice Adulta. Ela está parada, a bolsa nas mãos, olhando para cima.)

CENA 4

ALICE e ARETUSA
Na entrada da casa da família, junto ao tronco cortado da árvore.

ARETUSA (*Entrando, com um cigarro aceso, abraça Alice.*) – Alice, que bom que você veio! Há quanto tempo, não? (*Afasta-se para vê-la melhor. Com uma ponta de ironia.*) Mas você engordou, hein?

ALICE – (*Sem se ofender, tentando ser natural, com certo carinho.*) E você continua com cheiro de cigarro. De cigarro e de jasmim. E eu, saí tão apressada que esqueci meu perfume. (*Muda de tom, como se estivesse se justificando.*) Meu marido não pode vir. Coitado, ele trabalha demais. Chega a trazer serviço para casa no fim de semana.

ARETUSA (*Displicente.*) – Renato também não vem. Mas não é por trabalhar demais, você sabe... (*Rindo.*) Ah, Alice, você é tão eficiente, tão trabalhadeira. E o seu irmão me saiu um grande folgado!

ALICE (*Olhando com tristeza o tronco da árvore.*) – Acho uma pena Bruno ter mandado cortar esta árvore. Era um álamo tão bonito.

ARETUSA (*Sem dar importância.*) – Ele estava cheio de raízes. Imagine que para arrancar o tronco teriam que tirar todas as lajes e abrir um buraco enorme.

ALICE (*Triste.*) – Ele está cheio de brotos.

ARETUSA – Qualquer dia acaba rachando as paredes da casa. Mas por enquanto, você sabe, ninguém aqui tem cabeça para pensar nesse problema. Berta é que passa o dia todo arrancando os brotinhos.

ALICE (*Preocupada.*) – Aretusa, tem alguém dormindo no quarto do... do menino?

ARETUSA – Não. Não tem ninguém, não. Evelyn conserva tudo como quando ele estava vivo. Todo dia arruma as roupinhas dele sobre a cama. Depois guarda, mais tarde tira outra vez.

ALICE (*Intrigada.*) – Mas tinha uma pessoa lá quando eu cheguei, eu vi. Parecia uma criança, tinha um rosto pequeno. E me examinava.

ARETUSA (*Um pouco irritada.*) – Só pode ter sido aquele boneco horroroso, lembra? Aquele palhaço que o Cristiano não largava nunca. Sua irmã agora vive agarrada com ele. Às vezes senta o palhaço na janela, diz que ele fica espiando a rua e conta tudo o que acontece por lá. Aonde vai, leva o boneco. (*Preocupada.*) Alice, temos que conseguir que ela ponha essa coisa no lixo. Não sei, tudo aqui ficou esquisito demais desde que o menino morreu.

CENA 5

EVELYN
No quarto de Evelyn. A luz sobre ela acendeu-se lentamente, enquanto Aretusa ainda fala. Ela está parada, sozinha, com o boneco nos braços.

EVELYN (*Dirigindo-se para* o *público.*) – Evelyn levava Cristiano de carro para a escola quando o acidente aconteceu. Chovia muito; talvez tenham derrapado; o carro bateu num poste e ficou destruído. Evelyn não se machucou muito, mas Cristiano teve as duas pernas esmagadas. Depois de alguns dias precisaram amputá-las, uma depois da outra, logo abaixo do quadril. Restou apenas um pedaço de menino. Viveu ainda algumas semanas, mas não resistiu. Ainda bem que na hora de encomendar o caixão calcularam o tamanho dele como se as pernas ainda existissem. (*Após a fala, a atriz, já como a personagem, apanha* o *Palhaço e começa a niná-lo, como se fosse Cristiano.*)

CENA 6

ALICE e *ARETUSA*
No quarto que pertencia a Cristiano. Alguns elementos – talvez um móbile bem colorido, uma bicicleta, etc. – que caracterizem bem um quarto de criança.

ALICE (*Arrumando uma das camas.*) – Morte é uma coisa muito triste. Ainda mais morte de criança. (*Cansada.*) Até o cheiro da casa mudou. Agora tem cheiro de umidade, mofo. Tudo fechado, tudo escuro. Evelyn era tão caprichosa.

ARETUSA (*Penalizada.*) – É que ela anda doente. Bem doente. Insistiu tanto no telefone para que eu viesse. Bruno não ajuda muito. Ele é tão apaixonado pela mulher que só pensa num jeito dela não sofrer mais ainda. Dá até pena de ver. E agora, francamente, deixa que ela fale cada bobagem... (*Como se revelasse algo importante.*) Sabe, Alice, na verdade acho que sua irmã ainda não percebeu que o menino está morto.

ALICE (*Meio distraída.*) – É. Ela não aceita.

ARETUSA (*Dura.*) – Não é que ela não aceite. É diferente. Ela não percebe. É muito mais grave.

ALICE (*Abatida.*) – Isso não é nada saudável.

ARETUSA – Saudável? Isso não é *normal*, Alice!

ALICE (*Angustiada, mudando de assunto.*) – Eles deviam mudar para um apartamento, com papai e Berta. É menor, mais seguro, mais prático. Dá muito menos trabalho. O aluguel seria o mesmo. (*Suspirando.*) Casa só é bom quando tem criança.

ARETUSA (*Mostrando uma mancha na perna.*) – Está vendo isso aqui? De manhã, quando cheguei, levei um tombo. Tropecei num carrinho de plástico na sala. Faz meses que o menino morreu e as coisas dele continuam aparecendo em todos os cantos da casa.

ALICE (*Impressionada.*) – Que coisa, Aretusa.

ARETUSA (*Um pouco cruel.*) – O pior não é isso. Quando fui ver Evelyn hoje de manhã, ela estava com aquele boneco no colo. Sabe qual é? O Palhaço, aquele boneco que Cristiano adorava. Parece que nunca se separa dele. (*Em voz mais baixa.*) Bruno me contou que às vezes ela diz que Cristiano passou a noite com os pés gelados.

ALICE (*Abalada.*) – Os *pés*? (*Meio sem sentido, como se falasse para si mesma*) Logo os pés... Não pode ser. Cortaram os pés dele, junto com as pernas. Eu fiquei tão impressionada, não podia parar de pensar nisso. Mas ainda bem que no caixão não se notava nada. Com aquele monte de flores, nem se notava que o corpo terminava tão depressa. (*Noutro tom.*) O que é que nós vamos fazer agora, Aretusa?

ARETUSA (*Dolorida.*) – Não sei. Não sei lidar direito com as pessoas. Nunca sei ajudar, só atrapalho. (*Cúmplice.*) Você sabe muito bem disso.

ALICE (*Sonolenta, querendo mudar de assunto.*) – Você já viu meu pai?

ARETUSA (*Seca, numa espécie de censura.*) – Claro. Logo que cheguei, de manhã. E você sabe que venho vê-los *seguidamente*. Agora ele deu para pedir comida no quarto. Não quer mais descer. Berta reclama, se queixa, mas acaba levando. E ele fica lá, o tempo todo. Sozinho com seus bichos.

ALICE – Meu Deus, mas ele continua com essa história?

ARETUSA – Continua. E cada vez pior.

ALICE – Mas o médico disse que poderia ser um problema de circulação.

ARETUSA – O Professor diz que não. Que tem insetos no ouvido. Um ninho de insetos.

ALICE (*Ainda tentando mudar de assunto.*) – E Evelyn... Pelo menos come direito?

ARETUSA – Quase nada. Feito um passarinho. Logo ela vai acordar e você fala com ela. Mas não se assuste: Evelyn mudou muito. Envelheceu tanto, Alice. (*Caminha até a janela e espia para fora.*) Era tão bem-disposta. Nem parece a mesma.

ALICE – O que é que você está olhando?

ARETUSA – Berta. Berta não pára de arrancar os brotos do álamo. Crescem por toda parte. (*Voltando-se, brusca.*) Aquela árvore também não quer morrer.

CENA 7

ALICE MENINA e EVELYN MENINA
No Plano do Inconsciente/Memória.

EVELYN MENINA (*Aproximando-se.*) – Alice, vamos brincar de mãe e filha?

ALICE MENINA – Vamos. Vem que eu embalo você. (*Começa a cantar uma cantiga de ninar enquanto embala Evelyn. Interrompe-se de repente.*) E eu? Quem é que vai ser a minha mãe?

EVELYN MENINA – Pode ser Renato. Por que é que você não pede para ele?

ALICE MENINA – Renato não. Ele é menino. Menino não pode ser mãe.

EVELYN MENINA – Então posso ser eu.

ALICE MENINA (*Começando a chorar.*) – Você também não. Você é muito pequena.

EVELYN MENINA (*Com certa crueldade.*) – Então já sei. Pode ser Berta, ora!

ALICE MENINA (*Chorando.*) – Berta não quero. Ela tem cheiro de cebola!

EVELYN MENINA (*Começa a girar em torno de Alice, cantarolando e batendo palmas.*) – Alice é filha de Berta-tá-tá! Berta tem cheiro de cebola-lá-lá! Alice também tem! Cheiro de cebola-lá-lá!

CENA 8

BERTA e RENATO MENINO

No quarto de Berta. À medida que a luz apaga sobre a cena anterior, acende-se sobre Berta. Ela está sentada na cama, cercada de revistas coloridas, recortando figuras.

RENATO MENINO (*Na porta.*) – Berta, posso entrar?

BERTA (*Guardando apressada a tesoura, os recortes e as revistas.*) – O que é, menino? Será que não tenho um segundo de paz nesta casa?

RENATO MENINO (*Entrando.*) – O que é que você estava fazendo?

BERTA (*Brusca.*) – Nada. Não estava fazendo nada. Nada que te interesse. O que é que você quer?

RENATO MENINO (*Indeciso, encabulado.*) – Você... Você quer brincar comigo?

BERTA (*Ríspida.*) – E eu lá tenho tempo para brincadeiras? Vai procurar alguém da sua idade.

RENATO MENINO (*Persuasivo.*) – Mas é só um pouquinho, você deixa? (*Aproxima-se.*) Posso deitar a cabeça no seu colo? (*Berta não responde. Renato ajeita-se no colo dela.*) Agora você passa a mão na minha cabeça. Assim, bem devagarinho. Eu te mostro como é. (*Pega a mão de Berta e coloca sobre sua própria cabeça. Ela hesita, mas acaba fazendo* o *que ele pede.*) Faz eu dormir, Berta. Como se você fosse minha mãe. Você é minha mãe, Berta? Diz que é, diz.

BERTA (*Depois de hesitar, comovida.*) – Sou. Sou sua mãe, Renato. Pode dormir. Isso. Dorme, filhinho, a sua mãe está aqui. Pode dormir sem medo.

RENATO MENINO (*Quase dormindo.*) – Você não vai deixar o Professor me bater?

BERTA (*Continua a niná-lo.*) – Claro que não. Ninguém vai bater em você enquanto eu estiver aqui.

CENA 9

PROFESSOR, BERTA, RENATO MENINO, ALICE MENINA, EVELYN MENINA e ARETUSA MENINA

Na seqüência da cena anterior. Enquanto Renato adormece, acende-se a luz sobre o Professor. Ele está parado ao lado de um vaso sanitário. Berta abandona o menino dormindo e caminha em direção ao Professor.

BERTA (*Apontando o vaso.*) – Professor, o Renato urinou outra vez fora do vaso e sujou todo o banheiro.

PROFESSOR (*Chamando.*) – Renato, Renato! Onde é que se meteu esse diabo de menino?

RENATO MENINO (*Entrando, cabisbaixo, andando de lado.*) – O que foi, papai?

PROFESSOR (*Segurando-o pela gola da camisa.*) – Como o que foi? Ainda pergunta? Se fazendo de inocente, seu animal? Você sujou todo o banheiro de novo, seu porco sujo.

RENATO MENINO (*Com medo.*) – Foi sem querer, pai. Eu juro que não faço de novo.

PROFESSOR (*Empurrando-o para o vaso.*) – Te ajoelha. Não quero saber de promessas. Você é um porcalhão. Sujou? Pois agora vai limpar tudo com a língua.

RENATO MENINO (*Debatendo-se.*) – Não, não, papai! Eu não faço nunca mais!

PROFESSOR (*Empurrando a cabeça do menino contra o vaso.*) – Tudo, você vai limpar tudo com a língua. (*Dá-lhe um tapa e sai.*)

RENATO MENINO (*Soluçando, abraçado ao vaso.*) – Por que é que o pai tem tanta raiva da gente?

ALICE MENINA, EVELYN MENINA e ARETUSA MENINA (*Entram em fila indiana e circulam, saltitantes, em torno de Renato, cantarolando.*) – Renato é um porcalhão! Renato é um porcalhão! Renato lambe o mijo! Renato lambe o mijo!

CENA 10

ALICE e ARETUSA

No ex-quarto de Cristiano. Alice está sentada na cama quando Aretusa entra.

ARETUSA (*Irritada.*) – Não adianta. Cansei de telefonar, ninguém atende. Seu irmão não deve estar em casa. O idiota não vem mesmo.

ALICE (*Em tom de recriminação.*) – Não fale assim do seu marido, Aretusa. Você o conhece desde criança e sabe muito bem como ele era tímido e infeliz. Ele foi quem mais apanhou de papai. Uma pessoa como Renato precisa de carinho. De estímulo. Mas você só humilha ele o tempo todo. (*Aretusa parece magoada. Cobre o rosto com as mãos, como se fosse chorar. Alice aproxima-se.*) Desculpe, Aretusa, desculpe. Eu não quis. Você sabe, a culpa não é sua. Papai era muito severo. As vezes eu apanhava até por coisas que nem me lembrava mais que tinha feito. (*Aretusa vai responder, mas ouvem-se três batidas fortes: uma bengala batendo na madeira. Alice se assusta.*) O que é isso?

ARETUSA (*Cansada.*) – É o seu pai. Quando ele quer alguma coisa, bate com a bengala no assoalho e Berta tem que atender.

ALICE (*Quase sorrindo.*) – O velho Rasputin...

ARETUSA – O quê?

ALICE – Rasputin, o velho Rasputin. Era assim que Renato chamava ele. Uma vez viu uma figura num livro e achou muito parecido com papai. Eu também achei. Aqueles olhos que furavam a alma da gente. Tão frios. Pareciam uma faca.

As pancadas tornam a soar, três vezes. Aretusa e Alice ficam imóveis, enquanto acende a luz sobre o Professor.

CENA 11

ALICE e PROFESSOR
Quarto do Professor. Ele está sentado, um cobertor sobre os joelhos. Uma das mãos segura a bengala. De vez em quando, curva a cabeça sobre o ombro e a move devagar. A roupa está muito desalinhada.

ALICE (*Entrando devagar.*) – Dá licença, papai? O senhor está bem?

PROFESSOR (*Sacudindo afirmativamente a cabeça e fazendo um gesto para que Alice se aproxime.*) – Bem, bem. E os filhos, Alice?

ALICE (*Em tom de justificativa.*) – Não puderam vir, pai. O senhor sabe como é. Eles estudam, trabalham. Só nos fins de semana têm algum tempo para descansar, se divertir um pouco. Eu mesma não podia vir. Estava tão ocupada... Mas fiquei... fiquei muito preocupada com Evelyn.

PROFESSOR (*Cortando, brusco.*) – Evelyn? Ela não vai nem ao cemitério. Não foi nem uma vez, desde que o menino morreu. E não fica nada bem uma mãe não cuidar da sepultura do filho.

ALICE – Ela está doente, pai.

PROFESSOR (*Sem ouvir.*) – Bruno bem que podia obrigá-la a ir. (*Em tom de desprezo.*) Mas você sabe como ele é *condescendente.*

ALICE (*Tentando ser gentil.*) – O senhor melhorou daquele barulho no ouvido?

PROFESSOR (*Seco.*) – Não. Não melhorei nada. Ando até pior. Muito pior. E não é um barulho. São insetos. É um zumbido de insetos.

ALICE (*Paciente.*) – Mas, pai, se fossem insetos o médico conseguiria vê-los. E aí poderia... Não sei, abrir, retirar.

PROFESSOR (*Obstinado.*) – São insetos. Eu tenho certeza. Insetos *daninhos.* (*Entorta um pouco a cabeça. Presta atenção, como se pudesse ouvir alguma coisa.*) Você não ouve? Agora eles estão começando a se mexer... (*Bate com a bengala no chão, violentamente, três vezes. Alice estremece. O velho choraminga.*) Berta, vá chamar Berta.

CENA 12

ALICE, ALICE MENINA, PROFESSOR, BERTA e ARETUSA

ALICE (*Sozinha, o foco de luz apenas sobre ela.*) – Uma velha casa, um velho pai, uma velha empregada: que tem isso demais? É só uma velha casa. Mas essa velhice me deprime; sem sabedoria, sem paz. E por todos os cantos a lembrança de Cristiano. Perto da árvore ficava a gaiola grande com os dois porquinhos-da-índia que lhe dei. Iguais ao que eu tive na infância e que tratei com carinho de mãe.

Enquanto ela fala, no Plano do Inconsciente/Memória acendeu-se a luz sobre Alice Menina e Berta. Alice Menina tem uma caixa de sapatos nas mãos, dentro da qual está o porquinho-da-índia.

ALICE MENINA – Ele é tão bonzinho, não é, Berta? Olha a carinha dele, sempre franzindo o focinho. Será que o pai deixa eu ficar com ele?

BERTA – Você sabe muito bem que seu pai detesta bichos, Alice. Outro dia ele até bateu a janela quando o canário da vizinha começou a cantar. Bateu com força. Chegou a quebrar um vidro.

ALICE (*Insistindo.*) – Mas ele é tão bonitinho. E se a gente mentisse que ele é seu?

BERTA – Meu, menina? Mas o que é que eu vou fazer com um porquinho-da-índia?

ALICE MENINA – Nada, ué. Você tem nojo dele?

BERTA (*Curva-se para olhar o porquinho.*) – Não. Nojo não. Até gosto.

ALICE MENINA (*Animada.*) – Pois então? Você diz que ele é seu. É de mentirinha, Berta. Assim ele fica no seu quarto. Eu garanto que ele não vai dar trabalho nenhum.

BERTA (*Relutante.*) – Mas e se ele fugir? Se entrar dentro de casa? Esse bicho é que nem rato. Rói tudo que encontra pela frente.

ALICE MENINA (*Insistindo.*) – Ah, deixa, Berta. Ele não vai entrar nunca dentro de casa (*para a caixa*), não é, porquinho? E só vai comer restos de verduras velhas. (*Choramingando.*) Eu nunca tive um bichinho.

BERTA (*Cedendo, comovida, mas meio brusca.*) – Tá bem, tá bem, menina. Não precisa chorar. Que coisa. Eu digo que é meu. (*Vai saindo. Pára.*) Mas se der algum problema depois, não diga que eu não avisei.

ALICE MENINA (*Muito feliz.*) – Obrigada, Berta. (*Para a caixa.*) Acho que vou chamar ele de Horácio. Tem uma cara de Horácio. Só falta os óculos. (*Senta no chão.*) Primeiro vou contar uma história para você dormir, Horácio. Era uma vez um porquinho-da-índia que um dia foi bater numa casa bem igual a esta. Era um porquinho todo quentinho e fofinho, assim que nem você, com dois olhinhos vermelhos arregalados de medo porque ele achava que não tinha casa.

BERTA (*Saindo.*) – O Professor tem verdadeiro horror de bicho. Não suporta nem passarinho.

Alice continua brincando. Enquanto Berta sai, já está acesa a luz sobre o Professor.

PROFESSOR (*Apanha um jornal dobrado do chão, abre-o e examina. Está todo furado. Furioso, encaminha-se para Alice e joga-lhe o jornal na cara.*) – Alice, este jornal está todo roído. Um jornal novo. Eu ainda nem tinha lido.

ALICE (*Tentando esconder a caixa.*) – Roído, pai? Deve ter sido algum rato.

PROFESSOR – E desde quando tem rato nesta casa?

ALICE (*Assustada.*) – Uma barata, então. Outro dia vi uma barata na cozinha.

PROFESSOR (*Avançando para Alice.*) – Além de tudo é mentirosa. Me dá essa caixa. Faz dias que você anda escondendo alguma coisa dentro dela.

ALICE (*Apavorada.*) – Não, a caixa não!

PROFESSOR (*Fora de si.*) – Me dá esse bicho imundo, Alice. (*Começa a puxá-la pelos cabelos, violentamente. Arranca-lhe a caixa das mãos. Alice tenta alcançá-la, sem conseguir.*) Animal nojento.

Quantas vezes tenho de repetir que não quero nenhum bicho dentro desta casa?

ALICE (*Gritando.*) – Me dá ele, pai! Eu prometo que nunca mais ele vai roer o seu jornal, eu prometo!

PROFESSOR – Cala a boca, menina. (*Joga a caixa no chão.*) E isso é para você aprender a me respeitar. (*Começa a pisotear a caixa. Alice grita. Ele sai.*)

Alice Menina fica sozinha com os pedaços da caixa, chorando. Enquanto isso, volta a luz sobre Alice Adulta.

ALICE ADULTA – Como é que um corpo tão pequeno pode espirrar tanto sangue? Até hoje o guincho do animalzinho perfura meu cérebro quando penso nisso. Um único guincho, que morreu gorgolejante enquanto o Professor torcia o pé para esmagar melhor.

Acende-se a luz sobre Aretusa Adulta, sozinha em outro plano.

ARETUSA (*Irônica e divertida, fumando.*) – No mundo da lua, Alice? Evelyn acordou e quer ver você. Suba!

CENA 13

ALICE, ARETUSA e EVELYN
No quarto de Evelyn. Quando Alice entra, Evelyn está sentada com o boneco no colo, muito composta. Aretusa está ao lado dela, como se tivesse acabado de penteá-la e arrumá-la.

ALICE (*Beija Evelyn, fingindo ignorar o boneco e procurando ser natural.*) – Fiz uma viagem tão boa, Evelyn. Com esses ônibus modernos, agora ficou tudo mais rápido. Mesmo assim me cansei um pouco. Você vai bem?

EVELYN (*Sacudindo a cabeça, num tom monótono e automático, como se recitasse algo decorado.*) – Estou. Estou, sim. Estou bem. Estou muito bem.

ALICE (*Nervosa, depois de olhar um momento para Aretusa, que fuma em silêncio.*) – Olha, meu marido e os rapazes mandaram lembranças. Não puderam vir, sempre tão ocupados. Você sabe. Eu até ia trazer um bolo, mas acabei deixando. (*Ri, insegura.*) Saí correndo, esqueci até o perfume. E uns chinelos, eu ia comprar uns chinelos novos. O meu está tão velho, você reparou, Aretusa?

ARETUSA – Nem prestei atenção. (*Volta-se e fica olhando pela janela.*)

ALICE (*Pega uma escova e começa a escovar o cabelo de Evelyn, tensa.*) – Seu cabelo continua tão bonito, Evelyn. Tão louro. Seus colegas devem estar com saudades, querida. Garanto que você faz muita falta no escritório. Quando é que você volta?

EVELYN (*Remota.*) – Quando der. Um dia, não sei. Quando der, eu volto.

ALICE (*Maternal.*) – Você tem comido direitinho, querida?

EVELYN (*Falando como uma criança.*) – Sim. Eu como tudo e limpo o prato, Alice.

ARETUSA (*Da janela.*) – Bruno está chegando. Faz séculos que ele anda só do trabalho para casa, da casa para o trabalho. Tive que insistir para que saísse hoje e se distraísse um pouco. Já que Evelyn tem companhia. (*Aproxima-se e coloca a mão no ombro de Evelyn.*) Não é, querida? (*Evelyn não parece ouvir.*)

ALICE (*Um tanto apressada e aliviada, curva-se para beijar Evelyn.*) – Então eu vou lá embaixo receber o seu marido. Faz muito tempo que não vejo o Bruno. (*Vai saindo. Na porta, volta-se e sorri para Evelyn, que continua imóvel.*)

CENA 14

ALICE, BRUNO, RENATO MENINO e BERTA
Sala da casa. Bruno está jogado no sofá quando Alice entra. Levanta-se para beijá-la, depois cai de novo no sofá.

BRUNO – Como vai, Alice?

ALICE – Bem, graças a Deus. E você? (*Examinando-o.*) – Parece cansado, Bruno. E mais magro.

BRUNO (*Indiferente.*) – Pode ser. Faz tempo que não me peso.

ALICE (*Tentando parecer animada.*) – Então, passeando um pouco?

BRUNO – Aretusa insistiu tanto. Fui ao cinema.

ALICE – E gostou do filme?

BRUNO (*Distante, acendendo um cigarro.*) – O filme?

ALICE – É. O filme que você viu.

BRUNO (*Desinteressado.*) – Era... bom. O filme era bom.

ALICE (*Depois de uma pausa em que não sabe o que dizer, sentando-se no sofá.*) – Acabei de ver Evelyn. Ela não parece nada bem.

BRUNO – Eu sei. Concordei com Aretusa em chamar você porque não sabia mais o que fazer.

ALICE – Aretusa me disse que Evelyn parece não aceitar a morte de Cristiano.

BRUNO (*Como se não ouvisse.*) – Ela não quer mais falar com o médico. Não quis ir ao psiquiatra. E quase não come.

ALICE – Mas isso é perigoso, Bruno! E aquele boneco... o Palhaço? Você tem que tirar aquilo dela. Que coisa mais macabra!

BRUNO (*Paciente.*) – Mas é só assim que ela fica mais calma. Ela segura o boneco e fala como se... como se o menino estivesse vivo. No começo, tentei fazer com que aceitasse a realidade. (*Amargo.*) Mas realidade é uma coisa que ela não agüenta mais.

ALICE (*Meio distraída.*) – Engraçado, meu filho disse que...

BRUNO (*Interrompendo, em voz baixa.*) – Descobri que Evelyn anda com uma gilete embaixo do travesseiro.

ALICE (*Horrorizada.*) – Uma... uma o quê?

BRUNO (*Em voz muito baixa.*) – Uma gilete. Já botei fora duas ou três. Mas sempre quando vou ver, tem outra lá.

ALICE – Que horror, Bruno. Será que ela...

BRUNO (*Interrompendo.*) – Alice, o que é que você acha que devemos fazer?

ALICE (*Recostando-se para trás, no sofá, cansada, depois de pensar por um momento.*) – Não sei. Não consigo raciocinar direito.

BRUNO (*Angustiado.*) – Não quero que ela seja internada num... um hospício. Ela não está louca, só desesperada. Nós não temos dinheiro para uma boa clínica particular. E psiquiatra... Bem, ela tem de querer também. Ninguém pode forçar.

ALICE (*Para mudar de assunto.*) – Meu pai também está tão esquisito.

BRUNO – Péssimo. Fazia meses que você não o via, não?

ALICE – Fazia. Fazia tempo, sim.

BRUNO – Então deve ter se assustado. E ele agora deu para se queixar a toda hora dos tais bichos. Quando esquece, fica quase normal. Depois começa tudo outra vez.

ALICE – Que coisa horrível. E o médico, o que diz?

BRUNO (*Batendo de leve com* o *indicador na testa.*) – Que é a idade. Precisamos ter paciência. Essas coisas.

ALICE (*Pensativa.*) – Deus que me perdoe. Mas até parece castigo.

BRUNO (*Intrigado.*) – Castigo por quê?

ALICE – É uma história antiga. Quando a gente era criança, Renato sofria de infecções nos ouvidos. Berta pingava azeite morno, mas não adiantava. Uma noite ele não parava de chorar. Devia doer muito. Papai levantou umas duas vezes e mandou que ele calasse a boca. Que não fizesse fita. Na terceira vez, abriu a porta com um empurrão e deu um tapa na cabeça de Renato, com toda a força. (*Enquanto Alice fala, acende-se a luz sobre Renato Menino. Ele prepara a arma, no Plano do Inconsciente/Memória, como na Cena 3.*)

BRUNO – O Professor sempre foi muito violento.

ALICE (*Como se não ouvisse.*) – Quando entramos no quarto, tinha um líquido grosso, amarelo, escorrendo do ouvido de Renato. Era pus. No dia seguinte, Berta levou ele ao médico. O bofetão de papai tinha feito rebentar um abscesso no ouvido dele.

RENATO MENINO (*No outro plano.*) – Uma arma. Uma arma secreta. Para matar o Professor. (*Ouvem-se as três bengaladas do Professor. A luz se apaga no Plano do Inconsciente/Memória.*)

BERTA (*Entrando, acende a luz.*) – Está na hora de servir o jantar.

BRUNO (*Levantando-se.*) – Vou ver se Evelyn quer descer. (*Sai.*)

BERTA (*Pondo a mesa, para Alice.*) – O Professor também vai descer hoje. Porque você está aqui.

ALICE (*Distraída, meio para si mesma.*) – Será que na cama, quando eles dormem, o boneco fica no meio dos dois?

BERTA (*Como se não tivesse escutado.*) – Louça toda velha. Tantos pratos rachados.

CENA 15

ALICE, PROFESSOR, ARETUSA, BRUNO, EVELYN, BERTA e RENATO
Na sala. Estão todos sentados à mesa do jantar. À exceção de Renato, que ainda não chegou, e de Berta, que serve a mesa. Evelyn tem o boneco no colo. A cena é lenta e difícil, entremeada de silêncios longos.

BRUNO (*Para Evelyn, paciente.*) – Você está com frio, Evelyn?

ALICE – Ela não comeu quase nada.

BRUNO (*Para Evelyn.*) – Vamos, querida. Você não almoçou hoje. Tem que comer mais um pouquinho.

EVELYN (*Como uma criança.*) – Eu não quero. Por que você quer me obrigar a comer?

BRUNO – Para ficar forte, Evelyn. (*Dando-lhe comida na boca.*) Só um pouquinho. Assim. Agora, mais um pouquinho.

ALICE (*Para* o *Professor.*) – Quer mais vinho, papai?

BRUNO (*Interrompendo* o *Professor, que estende o copo.*) – Ele não pode. O médico proibiu.

PROFESSOR (*Com desprezo.*) – O médico... O médico não sabe nada.

ALICE (*Conciliadora.*) – Deixa, Bruno. Hoje é um dia especial. Estamos todos juntos.

ARETUSA (*Mentindo.*) – A carne está ótima. (*Para Alice, que cruzou os talheres, repugnada, depois de encontrar um vermezinho na salada.*) E você, não vai comer mais nada? Está de regime? Olha, bem que você precisa, hein?

ALICE – Estou sem fome. Acho que foi a viagem.

ARETUSA – Pois eu não. Até pelo contrário. Quando mudo de ambiente, me abre o apetite. (*Para Bruno.*) Passa o arroz?

Silêncio espesso. Constrangimento. Berta tira e coloca coisas na mesa. De repente, o barulho da campainha.

PROFESSOR – Quem pode ser numa hora dessas?

BRUNO – Visita é coisa rara por aqui.

PROFESSOR – Deve ser algum mendigo. A cidade está cheia deles.

ALICE (*Para o Professor.*) – Quer que eu veja quem é?

BERTA (*Para Alice.*) – Pode deixar que eu mesma vejo. (*Berta sai e volta acompanhada de Renato, com uma bolsa de viagem.*) Olha só quem chegou.

RENATO (*Contrafeito.*) – Boa noite para todos. (*Beija Aretusa no rosto.*)

ARETUSA (*Agressiva.*) – Ué, achei que você não vinha. Até telefonei hoje à tarde. Liguei acho que umas dez vezes. Tocou, tocou e ninguém atendeu.

RENATO – Eu mudei de idéia. Quando você telefonou, provavelmente eu já tinha saído. (*Aperta a mão do pai, muito formal.*) Como vai, papai?

PROFESSOR (*Seco.*) – Boa noite.

RENATO (*Beija Alice.*) – Então, Alice? Tudo bem? (*Ela sorri. Ele aperta a mão de Bruno, faz um carinho na cabeça de Evelyn e senta-se ao lado dela.*)

ALICE (*Para Renato.*) – Você já jantou?

RENATO – Não. Não tenho fome. Comi no caminho. Um sanduíche.

ALICE (*Maternal.*) – Eu sempre digo que sanduíche não alimenta.

ARETUSA – Pelo menos tome um café. (*Pega o bule e serve. Renato bebe e fica remexendo na xícara com a colherinha, olhos baixos.*)

EVELYN (*De repente, sem ninguém esperar, para alguém invisível, olhando Renato e boneco.*) – Vocês não acham que ele se parece com o Palhaço? (*Ninguém ri. Silêncio constrangido. O Professor começa a mexer lentamente a cabeça.*)

ALICE (*Para o Professor.*) – Que foi, pai? O senhor está sentindo alguma coisa?

PROFESSOR – São os insetos. (*Pára por um instante, como se escutasse. Olha para todos, um por um, com desprezo. Depois recomeça os movimentos com a cabeça.*) Eles estão se mexendo agora.

A luz apaga. No escuro, ouve-se a gravação de uma gargalhada estridente de criança.

Fim do primeiro ato.

II ATO

CENA 1

ALICE, RENATO e BRUNO
Na sala de refeições, de manhã cedo. A mesa está posta para o café quando Alice entra. Renato, que já está sentado, brinca distraidamente com bolinhas de pão.

ALICE (*Entrando.*) – Bom dia, Renato. Tudo bem? (*Senta-se à mesa.*) Fiquei preocupada com você aqui embaixo. Não passou frio durante a noite?

RENATO (*Distraído.*) – Não, não. Tudo bem, Alice. Berta me trouxe um cobertor. Mas nem era preciso. Estava quente.

ALICE – Tem razão. Está tão abafado. Parece que vai chover.

RENATO – É possível. Esse calor não é normal de manhã cedo.

ALICE – Me passa o café? (*Renato passa e ela se serve.*) E além do mais, com essa casa toda fechada. O calor fica pior. Berta devia ventilar mais a casa. (*Prova o café e faz uma careta.*)

RENATO – O que foi?

ALICE (*Meio repugnada.*) – O café. Está quase frio. E muito fraco. (*Toma mais um gole.*) Péssimo.

RENATO (*Dando de ombros.*) – Berta está muito velha.

ALICE – Acho que ela nem enxerga mais direito. (*Afasta a xícara.*)

RENATO – Você não vai tomar café?

ALICE (*Suspirando.*) – Não. Não tenho vontade.

BRUNO (*Entrando.*) – Bom dia. (*Renato não responde. Continua a fazer bolinhas de pão.*)

ALICE – Bom dia, Bruno. E Evelyn, passou bem a noite?

BRUNO (*Abatido.*) – Não. Ela dormiu muito mal. Acordou várias vezes.

ALICE (*Intrigada.*) – Bruno... por acaso ela... ela riu durante a noite?

RENATO – Ela o quê?

ALICE (*Meio envergonhada.*) – Riu. Você não ouviu nada, Renato? Eu tive a impressão de ter ouvido alguém rindo.

BRUNO (*Cortando.*) – Faz muito tempo que Evelyn não ri.

RENATO (*Desinteressado.*) – Eu não ouvi nada.

ALICE (*Meio atrapalhada.*) – Claro, claro. Devem ter sido os gatos. Eles fazem muito barulho nos telhados. Acho uma coisa indecente.

RENATO – Ou algum bêbado na rua.

ALICE (*Nervosa, tentando rir.*) – Pode ser. Noite de sábado.

BRUNO (*Para Renato.*) – Me passa o pão?

ALICE (*De repente, pondo a mão na testa.*) – Acho que estou pegando uma gripe daquelas.

RENATO (*Para Alice.*) – E Aretusa? Não vai descer?

CENA 2

ARETUSA, CORÁLIA e ENFERMEIRO

Quando Renato fala, apaga-se a luz sobre a cena anterior e acende-se sobre Aretusa. Ela está na cama, deitada, fumando. A luz acende-se também no Plano do Inconsciente/Memória. Cruzam a cena Corália, numa cadeira de rodas, empurrada por um Enfermeiro. Corália – uma atriz ou uma boneca – tem os cabelos todos brancos e a cabeça caída sobre o peito. Enquanto eles passam, ouve-se apenas a voz de Aretusa.

ARETUSA – Ela era linda. Tinha um jeito de menina. Uns olhos tão grandes e inocentes.

CENA 3

ALICE, ARETUSA, CORÁLIA e ENFERMEIRO

É um flashback, na casa de Alice, recém-casada. A cena pode ser feita pelas atrizes que fazem Alice e Aretusa Adultas ou por Alice e Aretusa Meninas.

ARETUSA (*Sonhadora.*) – Linda, Alice, tão linda. Você nem imagina como ela é linda. E tem uns olhos, o que mais me impressiona nela são os olhos. Enormes, inocentes. Sem maldade nenhuma.

ALICE (*Espantada.*) – Será que eu entendi direito, Aretusa?

ARETUSA (*Rindo, debochada.*) – Claro que entendeu. Meu Deus, Alice, você é uma mulher adulta, casada, mas continua a virgenzinha de sempre. Atrasada, ingênua. (*Implicante.*) Ah, minha santinha, a filha do Bicho-Papão não sabe em que mundo vive?

ALICE (*Meio irritada, mas paciente.*) – No mesmo que você, Aretusa. E não sou atrasada. Só acho um pouco estranho.

ARETUSA – Não tem nada de estranho. (*Para si mesma.*) E ela me ama, sim. Ela me ama. Eu finjo que não percebo, mas vejo bem nos olhos dela. Lá no fundo, indisfarçável. Ela me ama. (*Para Alice.*) Não faz mal nenhum assim, só de longe.

ALICE (*Preocupada.*) – Como não faz mal, Aretusa? Ela é sua aluna. Imagina se alguém descobrir, no colégio, o escândalo que vai ser.

ARETUSA (*Sem ouvir.*) – Uma menina tão linda. Tão terna.

ALICE – Escuta, Aretusa, você vai acabar se metendo em complicações. Depois não diga que eu não avisei.

ARETUSA – Ah, não se preocupe, minha querida moralista. Eu apenas me deixo amar.

ALICE – Você tem que me prometer que vai tomar cuidado. (*Segurando Aretusa pelos ombros.*) Prometa, Aretusa. Prometa que não vai se meter em nenhuma complicação com essa menina.

ARETUSA (*Desvencilhando-se.*) – Pára com isso, Alice. Que coisa mais antiga!

ALICE (*Insistente, séria.*) – Prometa, Aretusa.

ARETUSA – Mas prometer o quê, criatura?

ALICE – Que não vai se meter em nenhuma complicação. Que vai se ver livre dela.

ARETUSA (*Dando de ombros.*) – Está bem, está bem. Se você fica mais tranqüila assim. (*Fingindo solenidade.*) Prometo solenemente me ver livre dela.

ALICE (*Aliviada.*) – Assim é que se fala. (*Noutro tom.*) Como é mesmo o nome dela?

ARETUSA (*De costas para Alice. Enquanto ela fala, acende-se novamente a luz no Plano do Inconsciente/Memória, e o Enfermeiro torna a passar com Corália na cadeira de rodas.*) – Corália... Nome engraçado. Parece nome de flor. Corália-Rosália. Magnólia. (*Num crescente, em desespero, grita.*) Corália, Corália! (*Tapa a boca com a mão.*)

CENA 4

ALICE e ARETUSA

Passaram-se alguns meses, mas a cena vem imediatamente na seqüência da anterior, sem pausa. Quando apaga-se a luz sobre o Plano do Inconsciente/Memória, acende-se novamente sobre Alice e Aretusa.

ALICE – Fale mais devagar, Aretusa. Não entendo nada.

ARETUSA (*Que ainda estava de costas, voltando-se.*) – Ela tentou se matar.

ALICE – Ela? Ela quem, meu Deus?

ARETUSA (*Quase gritando.*) – Corália. Corália tentou se matar.

ALICE (*Chocada.*) – O quê? O que foi que você fez, Aretusa?

ARETUSA (*Muito agitada.*) – Nada. Não fiz nada. Pare de me acusar, Alice. Você não sabe de nada.

ALICE – Não estou acusando ninguém. Fique calma e me conte tudo. O que foi que aconteceu?

ARETUSA (*Acendendo um cigarro.*) – Nada, não aconteceu nada. Só... aquelas coisas. Ambigüidades, olhares, promessas. Não tive coragem de desiludi-la. Ela era tão bonita, Alice. Eu não tive culpa. Foi ela quem contou para uma amiga. A idiota da amiga contou tudo para os pais de Corália. O diretor da escola nos chamou para tentar evitar o escândalo. Eu ainda consegui consertar a história. Falei em calúnia, despeito, inveja. (*Envergonhada.*) Cheguei a insinuar que... que Corália não regulava bem, você me entende? Que era imaginação dela. Que ela era meio louca. Não adiantou nada. Ela ficou me procurando por toda parte. Telefonava, mandava cartas. Queria que nós fôssemos embora juntas. Eu comecei a fugir, a tratá-la mal. Eu não queria complicações.

ALICE (*Tentando acalmá-la.*) – Você agiu direito, Aretusa.

ARETUSA (*culpada*) – Não, não. Eu fiz tudo errado. Eu fiquei com medo e disse que se ela não se afastasse eu contaria aos pais dela e ao diretor. (*Baixando a voz.*) Hoje de manhã encontraram ela na cama, a boca toda queimada de veneno. Foi só então que eu descobri o quanto gostava dela.

ALICE (*Colocando a mão na cabeça dela.*) – Não fique assim, Aretusa.

ARETUSA – Eu sei que você me entende, Alice. O que fiz foi só para o bem dela. Não queria que depois ela sofresse ainda mais.

ALICE – Fique calma, fique calma.

ARETUSA – Se ela morrer, não vou agüentar sozinha.

ALICE – Ela não vai morrer. Não vai acontecer nada.

ARETUSA (*Lentamente.*) – Juro que nunca mais vou amar ninguém. Nunca mais vou me ligar a ninguém. Nunca mais. Eu acabo destruindo tudo que toco.

CENA 5

ALICE e ARETUSA

Volta ao presente. No quarto, Aretusa está de camisola, fumando, quando Alice entra.

ALICE – Ainda está aí? Você nem se vestiu.

ARETUSA – Estou com preguiça.

ALICE – E fumando em jejum. Faz mal. Você não vai tomar café?

ARETUSA – Não quero comer. (*Agressiva.*) E você bem que podia cuidar um pouco da forma, não?

ALICE (*Sem se ofender.*) – Nem tomei café. Estava fraco e frio.

ARETUSA – Quer um cigarro?

ALICE – Você sabe que não fumo.

ARETUSA (*Irônica.*) – Bem, às vezes as pessoas progridem... (*Depois de uma pausa, de repente.*) Esta semana fui ver Corália.

ALICE (*Assustada.*) – Corália? Você foi ver Corália?

ARETUSA – Fui. Sempre que eu venho aqui dou uma chegada lá. (*Melancólica.*) É estranho... Ninguém sabe o que ela sente, mas parece contente quando me vê. Acho que é só por isso que os pais dela permitem que eu a veja.

ALICE – E como ela está?

ARETUSA (*Amarga.*) – E como é que você queria que ela estivesse? Ah, Alice, acho que a morte seria melhor para ela.

ALICE – Não fale assim.

ARETUSA (*Irônica.*) – E por que não? É a verdade. Todo mundo acha isso mesmo. Mas eu sou a única que tem coragem de dizer.

ALICE (*Confusa.*) – Pode ser, mas... Não sei, não é bom. Não é bom desejar a morte de ninguém. Ela não pode mesmo ficar boa?

ARETUSA (*Cansada.*) – Eu já disse mil vezes.

ALICE – Eu sei, eu sei. Mas as coisas às vezes mudam.

ARETUSA (*Dura.*) – Neste caso, não mudam nunca. Faz anos que ela está assim. Ela não vai ficar boa, não vai melhorar nunca. Não tem esperança nenhuma, Alice. Você sabe muito bem: Corália não pode mais andar, não pode mais falar. Mal sustenta a cabeça. Parece uma velha. Ou um bicho. (*Num sussurro.*) Sabe? O cabelo dela agora está branco como a neve.

ALICE (*Agoniada.*) – Quantos anos ela tem?

ARETUSA – Quarenta. Quarenta anos. (*Ouvem-se as batidas do Professor. As duas se sobressaltam.*)

ALICE – É o papai. Já está na hora do almoço?

ARETUSA (*Remota.*) – Não. Ainda é muito cedo. Ele deve estar chamando Berta.

ALICE – Coitada. Assim ela nem pode mais trabalhar direito. Vou ver se precisa de ajuda. (*Volta-se para sair. Da porta, de repente, torna a encarar Aretusa, levemente maldosa.*) Que engraçado... Agora, de repente, lembrei como a gente chamava você quando era criança. Você lembra?

ARETUSA (*Desinteressada.*) – Não. Como era?

ALICE (*Bem devagar.*) – Aretusa-Medusa... (*Antes que Aretusa retruque, ouve-se o barulho do vento, como folhas de árvore farfalhando. As duas ficam atentas, à escuta.*) Se a gente não soubesse que cortaram a árvore, ia dizer que está farfalhando. Você ouviu?

ARETUSA – É só o vento. Mas você tem razão. Às vezes, parece que o menino ainda está se embalando naquele galho. Ele gostava tanto do balanço. (*Alice volta-se novamente para sair. Aretusa olha bem para as pernas dela, agressiva.*) Você devia tratar dessas varizes...

CENA 6

ALICE MENINA, ARETUSA MENINA, EVELYN MENINA e RENATO MENINO

Durante as últimas falas da cena anterior, acendeu-se a luz no Plano do Inconsciente/Memória. Lá estão parados Alice,

Aretusa, Evelyn e Renato meninos. Falam sem entonação infantil, estáticos, dando o texto como um coro de tragédia grega.

ALICE – Há mais de vinte anos Aretusa carrega esse segredo sombrio. Acho que não comentou com ninguém além de mim. No começo, me procurava para desabafar. Tempos depois, quase repentinamente, casou-se com Renato. Duas pessoas que nada tinham em comum. E não conseguem viver em paz, porque Aretusa nunca escapará de Corália.

EVELYN – Mal Aretusa cochilava, a aranha cinzenta começava a arranhar a porta, a parede, o pé da cama.

RENATO – Talvez Renato a amasse, mas de longe, como às vezes amamos o que é mais oposto, mais diferente de nós. Ela insistia, não saía de perto dele, usava da sedução do seu olhar dourado, das maneiras desinibidas, da voz sensual. Como se ela se punisse fazendo-o sofrer. Assim, mostra a si mesma que é louca e má.

ARETUSA – Sempre que Aretusa se mira num espelho, talvez enxergue por trás da imagem familiar aquele rosto inapagável, que lhe cobra uma pequena indenização. Debate-se entre o amor e a repulsa, e a culpa não a deixa dormir.

CENA 7

BRUNO e EVELYN
A última fala de Aretusa, na cena anterior, foi cortada pela gravação de uma risada infantil. A luz acende-se sobre o quarto de Evelyn. Ela está dormindo, com o Palhaço nos braços. Bruno está ao lado, com uma bandeja nas mãos. O som da risadinha faz com que Evelyn acorde sobressaltada. A cama está cheia de brinquedos espalhados.

BRUNO – O que foi, Evelyn? Calma, está tudo bem. Eu estou aqui.

EVELYN (*Assustada.*) – Você também ouviu?

BRUNO – O quê? As batidas? Deve ser o Professor chamando Berta.

EVELYN – Não, não. Não eram batidas. Era outra coisa. Vinha de longe, mas era muito claro. Como... como uma...

BRUNO (*Cortando, paciente.*) – Você sonhou. Não era nada. Só um sonho. Olha, eu trouxe café e pão para você.

EVELYN (*Infantil.*) – Eu não quero comer.

BRUNO – Mas não precisa comer. (*Passa a mão no cabelo dela.*) Tome pelo menos um pouquinho de café.

EVELYN – Não, não. Eu não quero.

BRUNO (*Falando como quem se dirige a uma criança, larga a bandeja em cima da mesa e tenta devagarinho tirar o Palhaço de Evelyn.*) – Só um pouco. Vai fazer bem, você precisa ficar forte de novo.

EVELYN (*Resistindo, até Bruno desistir.*) – O Palhaço não! Me deixa ficar com ele! Me deixa!

BRUNO (*Senta-se ao lado dela e tenta fazê-la beber da xícara.*) – Só um pouco de leite, então.

EVELYN (*Com raiva.*) – Não quero. Tenho nojo de leite.

BRUNO – Só um gole.

EVELYN (*Jogando a xícara ao chão e gritando.*) – Não quero, já disse!

BRUNO (*Enquanto ela abraça o Palhaço.*) – Está bem, está bem, se você não quer... (*Ele a abraça e fica embalando-a durante algum tempo, sem dizer nada, até que ela se acalme.*) Você não quer descer um pouco? Toda a família está aí, reunida. Todo mundo quer que você desça. Até Renato veio.

EVELYN (*Infantil.*) – Eu não quero comer.

BRUNO (*Fingindo não ouvir.*) – Você não quer descer um pouco e conversar com eles?

EVELYN – Eu quero ficar aqui. Quero ficar cuidando dele.

BRUNO (*Levanta-se e vai até a janela, enquanto Evelyn cuida do Palhaço como se fosse um bebê, embala-o, beija-o, etc.*) – Então eu vou abrir a janela. Está um dia bonito, tem sol.

EVELYN (*Gritando.*) – Eu não quero ver o sol.

BRUNO (*Um pouco assustado, afasta-se da janela.*) – Está bem, se você não quer, eu não abro. Mas fique calma.

EVELYN (*Feliz, timidamente.*) – Você é tão bom comigo... Sempre faz tudo que eu quero... (*Embala o Palhaço enquanto Bruno olha, de-*

sanimado.) Por enquanto, só quero ficar aqui com ele. Mais tarde eu desço um pouco. Se Berta vier me buscar...

CENA 8

ALICE MENINA, EVELYN MENINA e BERTA
Luz sobre o Plano do Inconsciente/Memória.

ALICE – Berta, você nunca casou?

EVELYN – Mas casamento não é bom?

BERTA – Depende. Pra uns, pode ser. Pra mim, não.

EVELYN – Como é que você sabe? Você nunca experimentou pra saber.

ALICE – Berta, por que você não se casa?

BERTA – Menina, homem pra mim é peste!

CENA 9

ALICE e BERTA
No quarto de Berta. No final da cena anterior, acendeu-se a luz no quarto de Berta, à porta do qual está Alice Adulta, parada.

ALICE (*Chamando, não muito alto.*) – Berta, Berta, você está aí? (*Bate à porta do quarto e torna a chamar.*) Berta, Berta! Sou eu, Alice.

Ninguém responde. Alice entra. A luz revela um quarto muito pobre. A gaveta da mesinha-de-cabeceira está aberta e atulhada de papéis recortados. Há também algumas revistas empilhadas sob a cama e também uma tesoura grande. Alice começa a remexer e fica muito espantada: são recortes de revistas, com fotografias de mulheres nuas. Alice abre a porta de um guarda-roupa e encontra uma colagem de mulheres nuas, bem vulgares, dessas que se encontram em pensões de rapazes. Alice está muito chocada. De repente, ouve passos que se aproximam. Rapidamente, fecha a porta do guarda-roupa e a gaveta.

BERTA (*Entrando, levemente irônica.*) – Procurando por mim, Alice?

ALICE (*Embaraçada, mas fingindo naturalidade.*) – Sim, eu... Você não estava, eu bati, ninguém respondeu. Aí entrei, desculpe.

BERTA (*Dando de ombros.*) – Não tem importância.

ALICE – Eu queria conversar um pouco sobre... Sobre a saúde de meu pai.

BERTA – Então sente. Vamos conversar. (*Ambas sentam na cama.*)

ALICE – Estou com pena de papai. Ele não me parece nada bem.

BERTA – E não está mesmo. (*Dura.*) Mas eu não tenho pena. Ele é que devia ter pena de mim, que trabalhei a vida toda. Mas que nada... Quanto mais velho fica, mais exigente.

ALICE – Ele sempre foi exigente. Desde que eu era criança.

BERTA (*Rancorosa.*) – Mas está pior. Eu é que sei. Ele nem quer mais tomar banho. E suja toda a cama. (*Com nojo.*) Às vezes, pede a comida no quarto e depois despeja tudo no meio dos lençóis. De noite, quando vai deitar, diz que fui eu que fiz a sujeira toda. (*Suspirando.*) É um inferno. E a bengala, então? Você não ouviu as batidas da bengala?

ALICE – Ouvi. Há pouco ele tornou a bater.

BERTA – Ele fica batendo no chão. Batendo, batendo como um desesperado. Quando eu subo as escadas, se faz de desentendido e diz que não me chamou.

ALICE (*Penalizada.*) – Mas Berta, ele está tão velho, coitado. Será que tem consciência do que faz?

BERTA (*Desinteressada.*) – Metade do tempo acho que não sabe. Ele está ficando caduco. (*Com ódio.*) Um velho caduco, um velho nojento.

ALICE – Mas ele não é mau. Só... (*Hesitando, como se procurasse a palavra exata.*) ... Só infeliz.

BERTA (*Dando uma risadinha maldosa.*) – Você sabe por que é mesmo que eu continuo aqui, Alice?

ALICE (*Sacudindo a cabeça, em voz muito baixa.*) – Não.

BERTA (*Em voz baixa, mas firme.*) – Estou aqui para apreciar a morte dele.

ALICE (*Chocada.*) – A morte dele? Mas para quê, Berta?

BERTA (*Triunfante.*) – Vai ser a minha vingança.

ALICE (*Sem entender.*) – Vingança? A sua vingança, Berta? Mas vingança de quê, meu Deus?

BERTA (*Com ódio e mágoa.*) – Sempre fui como um cachorro nesta família.

ALICE – Não é verdade. Não fale assim.

BERTA (*Calma, com ódio.*) – Sempre fui como um cachorro.

ALICE – Não é bem assim. Você nos conhece tão bem, há tanto tempo, desde crianças. Até parece que. Todos nós tivemos uma vida difícil... e sempre fomos muito retraídos. Você tem raiva de nós?

BERTA – Raiva? Raiva, não. Tenho pena. Evelyn, Renato, você: tenho pena de vocês todos. Mas o velho... ah, o velho, sim, esse vai me pagar!

ALICE (*Colocando com cuidado a mão no braço dela.*) – Berta, você quer ir embora daqui?

BERTA – Embora? Eu não! E para onde iria? Quem vai me querer, agora que estou velha e imprestável? (*Ouvem-se as batidas da bengala do Professor. A luz acende-se sobre ele, parado na escada.*)

CENA 10

ALICE, PROFESSOR, ARETUSA, BRUNO, RENATO e BERTA
A partir da cena anterior, o Professor caminhou até sentar-se na cabeceira da mesa. Aos poucos, os outros vão chegando. Bruno é o último. Berta fica parada atrás.

BRUNO (*Sentando-se.*) – Evelyn não vai descer para o almoço. Mas não se preocupem. Conversamos um pouco hoje de manhã. Ela está melhor.

ALICE – Melhor? Mas Bruno, me disseram, e eu também notei, que ela age como se o menino estivesse vivo.

PROFESSOR – Evelyn precisa ser internada.

BRUNO – Uma clínica particular é cara demais. Além disso, ela não está louca, só... só desesperada.

ARETUSA (*Impaciente.*) – Se ninguém vai fazer nada, então por que esse teatro de a gente se reunir aqui um fim de semana inteiro?

BRUNO (*Seco.*) – A idéia foi sua, Aretusa. Não foi minha.

ARETUSA (*Agressiva.*) – Bem, mas a responsabilidade é de todos, não é? (*Para Renato, que está desinteressado.*) E você, também podia se interessar um pouco, não acha? Afinal Evelyn é sua irmã, não minha.

RENATO (*Irritado.*) – O que é que você quer que eu faça? Eu pelo menos estou aqui, não estou? E eu nem podia vir.

ARETUSA – Antes não tivesse vindo. Ficar aí parado não adianta nada.

ALICE (*Cortando, para Bruno.*) – Será que Evelyn não gostaria de descer e almoçar com a gente? Se você quiser eu subo. Talvez consiga convencê-la.

BRUNO – Não precisa, Alice. Ela já comeu, agora quer descansar. Até comeu melhor, achei que estava mais disposta.

PROFESSOR (*De repente, para Renato.*) – E os negócios, como vão?

RENATO (*Mexendo a mão no ar.*) – Mais ou menos.

BRUNO (*Procurando aliviar* o *ambiente.*) – Renato tem um problema: ele é bondoso demais, honesto demais para ser bom comerciante. Comerciante tem que ser mais safado.

ARETUSA (*Agressiva.*) – Bondoso? Bondoso coisa nenhuma. Ele é um frouxo, isso sim. (O *Professor ri, sarcasticamente.*)

RENATO (*Em voz baixa e clara, depois de remexer no prato com* o *garfo por alguns instantes.*) – Um pai como o senhor acaba com a vida de qualquer um. (*Todos param de comer e voltam-se para ele.*)

PROFESSOR – O que é que você quer dizer com isso, seu fracassado?

ALICE (*Tentando desviar* o *assunto.*) – Pelo amor de Deus, será que não se pode ter pelo menos uma refeição tranqüila nesta casa?

BERTA (*Irônica e imóvel.*) – E você já viu uma refeição calma por aqui?

RENATO (*Pouco a pouco mais exaltado.*) – O senhor quer saber o que eu acho mesmo? Acho que o senhor nos odeia. Odeia seus próprios filhos. Não sei como isso é possível, mas é verdade. (*Quase gritando.*) O senhor nunca foi pai: é um carrasco.

PROFESSOR (*Por um momento parece que vai reagir, mas encolhe a cabeça sobre os ombros.*) – Você nem sequer tem inteligência para inventar uma desculpa melhor.

ALICE (*Ainda tentando aliviar o clima.*) – Aretusa, me passa a água? Está tão quente. (*Alice serve a si mesma e a Aretusa.*)

RENATO (*De repente.*) – A única pessoa de quem o senhor gostou um pouco na vida foi Cristiano. Pior para o senhor que ele morreu. (*Aretusa deixa cair o copo d'água. Bruno olha com mágoa e surpresa para Renato. Aretusa estende a mão como se fosse tocar no braço do marido, mas desiste.*) Nem de nossa mãe o senhor gostava. Ela morreu de tristeza, essa é a verdade. Era quase uma menina, e o senhor nunca lhe deu amor nem atenção. Ela preferiu morrer.

ARETUSA (*Gritando.*) – Renato, pare!

RENATO (*Levantando-se da cadeira, cheio de ódio.*) – Lembra o dia quando o senhor esfregou minha cara no mijo do chão, lembra? Não, acho que esqueceu, o senhor sabe esquecer. Que confortável, não? Pois eu me lembro. Berta lembra, foi ela quem lavou meu rosto depois. Alice também estava lá. Naquela vez, Berta me contou que nossa mãe morreu de desgosto, de solidão. Muitas pessoas comentavam isso. Para ela, o senhor também foi um carrasco. (*O Professor derruba o copo de vinho na toalha. Aretusa faz menção de levantar-se, mas permanece sentada.*) Berta me disse também que logo antes de morrer nossa mãe pediu que ela tomasse sempre conta de nós, porque o senhor não tinha coração. Foi o que ela falou: "O pai deles não tem coração."

ALICE – Renato, agora chega. Ele está doente. (*O Professor começa a balançar a cabeça.*)

RENATO (*Sarcástico.*) – Me contaram que o senhor anda escutando ruídos... Ruídos de bichos dentro dos seus ouvidos. Então os vermes estão comendo o senhor antes da morte? Que coisa mais bem-feita! (*Gritando.*) Que maravilha! O senhor ainda nem morreu e já está cheio de bichos? Quero que apodreça, ouviu? Que apodreça!

Aretusa começa a chorar. Bruno levanta-se e coloca a mão no ombro do Professor. Renato caminha pela sala e, na janela, solta um grito incompreensível. Junto com o grito, para torná-lo ainda mais indistinto, pode soar a gravação da risadinha infantil. Renato sai.

ARETUSA – Ele bebeu demais. Foi só isso, ele bebeu demais.

BRUNO – Berta, me ajude a levar o Professor para cima. (*Berta resmunga, mas vai. Os dois sobem lentamente a escada, amparando o Professor.*)

ALICE (*Para Aretusa, que permanece sentada, esfregando os braços como se tivesse frio.*) – Você não quer um café, Aretusa?

ARETUSA (*Remota.*) – Café?

ALICE – Então vamos até a cozinha. Lá deve ter café quente. Venha. (*Alice vai se curvando para ela, como se fosse abraçá-la. Enquanto isso, acende-se a luz no Plano do Inconsciente/Memória.*)

CENA 11

ALICE e ARETUSA MENINAS
As duas brincam, sensuais e inocentes.

ALICE (*Espantada.*) – Na boca, Aretusa?

ARETUSA – Na boca, claro. Que é que tem? Depois põe a língua lá dentro, bem devagarinho.

ALICE – A língua? Não é meio nojento?

ARETUSA (*Rindo.*) – Nojento nada. É ótimo. Você nunca viu no cinema?

ALICE – Sim, mas no cinema é outra coisa.

ARETUSA (*Maliciosa.*) – No cinema é fingido. Na vida real é de verdade. É muito melhor.

ALICE (*Curiosa.*) – E tem... tem gosto?

ARETUSA (*Divertida.*) – Gosto? Você quer saber se tem gosto? Ah, Alice, como você é inocente... Se eu contar, ninguém acredita. Uma santinha!

ALICE – Eu queria saber como é, ora.

ARETUSA – Saber pra quê? Você nem tem namorado.

ALICE – Mas posso ter, um dia.

ARETUSA (*Aproximando-se.*) – Quer que eu te mostre?

ALICE (*Meio assustada.*) – Mostrar o quê?

ARETUSA (*Muito perto.*) – Como se beija, ora.

ALICE (*Indecisa.*) – Não sei. Acho que não é direito.

ARETUSA – Não seja boba, Alice. Vem cá, deixa eu te mostrar. (*Alice aproxima-se, Aretusa abraça-a.*) Feche os olhos, solta o corpo, isso, assim. (*Beijam-se longamente, enquanto Aretusa acaricia os seios de Alice. Alice afasta-se, meio tonta, mas sem brusquidão.*) Então, gostou?

ALICE (*Confusa.*) – Não sei bem... É engraçado.

ARETUSA (*Rindo muito.*) – Engraçado? Engraçado é o que vou te mostrar agora, quer ver? (*Levanta a saia, de costas para a platéia.*)

ALICE – Aretusa, você é louca! Você... você pintou de louro!

CENA 12

ALICE *e* ARETUSA

No quarto. A cena se passa no presente. Aretusa está na janela, fumando e olhando para fora.

ARETUSA – O céu está ficando cheio de nuvens escuras. Acho que vai chover.

ALICE – Que dia mais triste. Nem parece domingo.

ARETUSA – Pois para mim domingo sempre é triste.

ALICE – Pensando bem, para mim também. Fico meio ansiosa quando não tem nada para fazer.

ARETUSA (*Irônica.*) – Alice, a formiguinha laboriosa...

ALICE – É que eu gosto de estar ocupada.

ARETUSA (*De repente.*) – Estive com Evelyn há pouco. Deixei ela quase dormindo. (*Intrigada.*) Sabe, Alice, é tão estranho: ela não diz que Cristiano está vivo, mas age como se estivesse. Até tenho medo de começar a escutar o menino correndo por aí.

ALICE (*Impressionada, mas disfarçando.*) – Não diga bobagens, Aretusa. Você acha que ela está melhorando, como Bruno disse?

ARETUSA (*Suspirando.*) – Não sei. Faz apenas alguns meses que o menino morreu. Depois, quem sabe, ela se recupera.

ALICE – Pode ser. O tempo, não é? O tempo é remédio para tudo.

ARETUSA (*Ambígua.*) – Ou quase tudo.

ALICE – O quê?

ARETUSA – Nada. Você está falando como uma velha.

ALICE (*Divertida.*) – Eu estou velha. Pelo menos é assim que estou me sentindo agora. (*Cansada.*) Vou me deitar um pouco. Acho que tomei vinho demais na hora do almoço. Vinho me dá um sono. E aquela cena com Renato. Não sei, fiquei abalada.

ARETUSA – Coitado dele.

ALICE – Você entendeu o que ele gritou naquela hora?

ARETUSA (*Distraída.*) – Ele quem?

ALICE – Renato. Na janela.

ARETUSA – Ele bebeu demais. Tem bebido muito, aliás. Seu irmão é cheio de complexos, de problemas. Por causa do velho. Você sabe melhor do que eu.

ALICE (*Insistente.*) – Mas o que foi que ele gritou? Pode parecer esquisito, mas tive a impressão que ele chamou nossa mãe. Você acha que ele chamou nossa mãe?

ARETUSA (*Segura.*) – Não. Ele chamou Deus. Ouvi muito bem. Ele gritou: "Deus!"

ALICE (*Intrigada.*) – Deus? Por que Renato se lembraria de chamar logo por Ele?

ARETUSA (*Vaga.*) – Ah, tanta coisa, sei lá. (*Noutro tom.*) Você sabia da história do enterro da sua mãe?

ALICE – Não, não sei de nada. Eu lembro que levaram nós três para a casa de um vizinho, uma coisa assim. Aliás, é esquisito, fora isso não lembro nada daquele tempo. Acho estranho, porque já tinha uns cinco ou seis anos. Devia lembrar, não devia? Mas não lembro. E nós não vimos nada.

ARETUSA – Renato viu. Fugiu da casa do vizinho, ficou escondido e viu tudo.

CENA 13

PROFESSOR, PADRE e RENATO MENINO

Nas últimas falas da cena anterior, acendeu-se a luz sobre o Plano do Inconsciente/Memória. Ao lado de um caixão de defunto, estão o Professor e o Padre. Escondido, Renato observa tudo.

PROFESSOR – O que é que o senhor está fazendo aqui? Não mandei chamar padre nenhum.

PADRE (*Brando, mas severo.*) – Nessa hora, Professor, não precisa chamar nenhum padre. O nosso lugar é perto dos que sofrem.

PROFESSOR – O seu lugar é junto dos que acreditam na religião. Não aqui.

PADRE (*Aponta o caixão.*) – Preciso encomendar a Deus a alma desta nossa irmã.

PROFESSOR (*Sarcástico.*) – Alma, o senhor disse alma? Encomendar a Deus? Deus? (*Ri.*) Não acredito nessa fantasia, que só serve para consolar os fracos.

PADRE (*Paciente.*) – A fé é problema de cada um. No fundo de seu coração.

PROFESSOR – No fundo de meu coração não existe fé nenhuma.

PADRE – Mas a sua esposa...

PROFESSOR (*Cortando.*) – Ela está morta. Acabou, só isso. E o senhor, por favor, saia daqui.

PADRE – Mas Professor, eu tenho o dever de...

PROFESSOR – O senhor não tem dever de nada. Eu é que tenho o dever de expulsá-lo daqui. Saia já. (*O Padre quer insistir mais. O Professor faz um gesto ameaçador e ele sai. O Professor fala sozinho, para si mesmo.*) Deus... Deus nunca teve nada a ver comigo. Deus nunca entrou dentro desta casa! (*Cobre o rosto com as mãos. A luz diminui sobre ele enquanto incide, mais forte, sobre Renato escondido. Ele chora baixinho. A gargalhada infantil corta a cena enquanto a luz acende sobre a próxima.*)

CENA 14

ALICE, ARETUSA e EVELYN
No quarto de Evelyn. Evelyn mantém os olhos fixos e o boneco nos braços. Alice e Aretusa procuram distraí-la.

ARETUSA – Mamãe? Coitada, está tão velha. E completamente caduca. Lembra dela, Evelyn?

EVELYN (*Embalando o Palhaço.*) – A sua mãe? Lembro, lembro sim.

ALICE – Ela era cheia de manias. Carregava sempre um saco abarrotado de coisas.

ARETUSA – E não perdeu a mania. Já está com um ombro mais baixo que o outro, de tanto fazer força.

ALICE – Mas que tanto ela guarda lá dentro?

ARETUSA – Ah, sei lá, tudo. Ela não joga fora nada. Vai tudo para dentro daquele saco. (*Suspirando.*) E Renato, bem, Renato é aquilo que vocês sabem. Tão inseguro. Acho até bom dar aulas. Pelo menos assim saio um pouco, vejo outras pessoas.

ALICE – A gente tem que se manter ocupada.

ARETUSA – Se eu ficasse o dia todo em casa, acho que enlouqueceria.

ALICE – Sabe, Aretusa, andei reformando aquele jardinzinho na frente de casa, lembra dele? Era tão sem graça. Pois agora está ficando lindo. Plantei umas roseiras, umas margaridas. (*Mostra as mãos.*) Olha só as minhas mãos como estão ásperas de tanto lidar na terra. (*Rindo.*) Sem falar na cozinha.

ARETUSA – Adoro jardins. (*Para Evelyn.*) Quando arrancarem aquele toco de álamo no pátio, você bem que podia fazer uns canteiros, plantar algumas flores.

ALICE (*Animada, para Evelyn.*) – Posso te ensinar como se faz. Já tenho alguma prática.

EVELYN (*Distraída.*) – Está bem. Quando arrancarem o toco.

ARETUSA – Você vai gostar.

ALICE – É tão bom mexer na terra. Depois ver as plantinhas crescerem. Tem umas que crescem tão depressa. Você planta num dia e no dia seguinte já tem um verdinho brotando.

ARETUSA (*Sonhadora.*) – A vida brotando... Jardim é uma coisa tão linda.

ALICE (*De repente.*) – Aretusa, você lembra do Jardim das Hespérides?

ARETUSA – Jardim de quê?

CENA 15

ALICE, ARETUSA, EVELYN e RENATO MENINOS
Enquanto elas falam, na cena anterior, acendeu-se a luz no Plano do Inconsciente/Memória. Talvez essa cena possa ser feita também junto ao tronco decepado da árvore. As três estão sentadas, brincando. À parte, Renato observa disfarçadamente, enquanto finge estar absorvido com outro brinquedo – por exemplo, um ioiô ou um carrinho.

ALICE – Das Hespérides. Jardim das Hespérides.

EVELYN – Mas o que é isso, Hes... Como é mesmo?

ALICE (*Paciente e um pouco exibida.*) – Hes-pé-ri-des. Eram umas bruxas, fadas, princesas, não sei bem. No livro não explica direito. Só diz que elas cuidavam dum jardim onde tinha uma árvore com pomos de ouro. Ah, tinha também um dragão de cem cabeças.

ARETUSA – Como? O que é isso?

ALICE – É uma fruta. Assim que nem maçã, laranja. Mais ou menos isso. E uma delas tinha o seu nome. Aretusa.

ARETUSA – Deus me livre! Eu tenho horror desse nome. No colégio todo mundo me chama de Aretusa-Medusa.

EVELYN – Medusa não era aquela que tinha cabelo de cobrinha e matava as pessoas só de olhar para elas?

ALICE (*Exibida.*) – Ela não matava as pessoas. Ela olhava as pessoas e daí as pessoas se transformavam em pedra. Era muito má.

ARETUSA (*Querendo mudar de assunto.*) – Mas o que mais essas Hespérides aí faziam?

ALICE – Nada, cuidavam do jardim com a árvore.

EVELYN – Mas então devia ser muito chato. Imagine, ficar o dia inteiro cuidando duma árvore. Ainda mais com um dragão do lado.

ALICE (*Meio irritada.*) – Bom, acho que elas não faziam só isso. Decerto bordavam também, dançavam, cantavam.

ARETUSA – De dançar eu gosto.

EVELYN – E que árvore era essa? Árvore do Paraíso?

ARETUSA (*Maliciosa.*) – Não, essa era outra. Vai ver, era a Árvore do Pecado, aquela da cobra... (*As três dão risadinhas e cochicham. Alice e Aretusa muito cúmplices, unindo as cabeças, Evelyn sem entender muito bem.)*

EVELYN (*Impaciente.*) – Então tá. Vamos brincar logo.

ARETUSA – Mas eu acho que não quero brincar disso.

ALICE – Mas por quê, Aretusa? Você não gostou da história?

ARETUSA – Da história, gostei. O que eu não quero é me chamar Aretusa. Senão me chamam de Aretusa-Medusa.

ALICE – Ninguém chama. Você tem que ser Aretusa.

ARETUSA (*Para Evelyn.*) – Você jura que não chama?

EVELYN (*Beijando os dedos em cruz.*) – Por esta luz que me alumia. Juro.

ARETUSA – Então está bem. E o álamo pode ser a árvore dos pomos de ouro.

RENATO (*Aproximando-se.*) – Eu?

EVELYN (*Agressiva.*) – Você o quê?

RENATO – Eu quero brincar também. O que é que eu sou?

ALICE – Não pode. Esta brincadeira é só de meninas.

ARETUSA (*Maliciosa.*) – Deixa ele brincar. Eu sei o que ele pode ser.

RENATO (*Animado.*) – Um guarda do castelo? Um pomo de ouro?

ARETUSA (*Rindo.*) – Não. O dragão de cem cabeças. (*Ouvem-se as batidas da bengala do Professor.*)

CENA 16

ALICE e ARETUSA

No quarto. As duas estão se preparando para o jantar. Alice já está vestida e arruma os cabelos, mas Aretusa, de combinação, fuma preguiçosamente.

ALICE – Acho que estou pronta. E você, não vai se vestir?

ARETUSA – Calma, calma, já vou. (*Crítica.*) Alice, por que é que você ainda usa esse penteado? Envelhece uns dez anos, sabia?

ALICE (*Dando de ombros.*) – E o que tem isso? Eu não me importo.

ARETUSA – Bem, se quer parecer mais velha ainda, o problema é seu.

ALICE (*De repente, em tom misterioso.*) – Aretusa... você não ouviu alguém correndo aqui em cima, logo depois que Renato deu aquele grito?

ARETUSA – Não ouvi nada.

ALICE – Pareciam uns... uns passos.

ARETUSA – Que passos, Alice? (*Não parece impressionada e começa a vestir-se.*)

ALICE (*Misteriosa.*) – Uns passinhos... rápidos, leves. Pareciam passos de criança.

ARETUSA (*Dando de ombros.*) – Deve ter sido sua irmã. Só pode ter sido ela. O resto da família estava lá embaixo, almoçando.

ALICE (*Disfarçando a perturbação.*) – Claro. Só pode ter sido Evelyn.

ARETUSA (*Implicante.*) – Cuidado, Alice, cuidado. Você ainda não tem cinqüenta anos e já vai começar a caducar? (*Ambas já estão completamente vestidas. Alice ri, um pouco nervosa.*) Estou pronta. Então, vamos descer? (*A risadinha gravada finaliza a cena.*)

CENA 17

TODOS PRESENTES

No final da cena anterior, a luz acendeu-se sobre a sala de jantar. Enquanto Alice e Aretusa descem, Berta ajuda o Professor a sentar-se. Bruno, Renato e Evelyn também sentam. Berta coloca-se à parte, em pé. Tudo é lento. Talvez meio ritualístico. Evelyn tem o Palhaço no colo. Comem devagar, passando-se os pratos em silêncio e, a princípio, em paz.

ALICE (*Sorridente.*) – Que bom que estamos todos juntos. Pena que é por tão pouco tempo. Amanhã de manhã já tenho que voltar.

ARETUSA (*Para Renato.*) – E nós, quando vamos?

RENATO (*Distraído.*) – Acho que amanhã também, não sei.

ARETUSA (*Irritada.*) – Como não sabe? Eu tenho que dar aula amanhã à tarde.

RENATO (*Imperturbável.*) – Tudo bem. Amanhã a gente vai.

ARETUSA (*Irônica, imitando.*) – Tudo bem, tudo bem... Para você está sempre tudo bem. Claro, não é você quem se mexe. Mas se não fosse eu, queria só ver se ficava tudo bem.

ALICE (*Irritada, mas com certa delicadeza.*) – Aretusa, você não pode parar com isso? Já tem tanto problema aqui, ao menos vamos comer em paz.

ARETUSA (*Agressiva.*) – Não se meta, Alice.

ALICE (*Agressiva.*) – Você não desconfia que sempre estraga os encontros da família? Não desconfia que está destruindo a vida de meu irmão?

RENATO (*De repente, parando de comer.*) – Alice, acho bom você não se intrometer.

ALICE (*Espantada.*) – O quê? Você está contra mim? Mas Renato, eu estou tentando defender você!

ARETUSA (*Cortante.*) – Não queira ser a palmatória do mundo, Alice. Você tem a obsessão de julgar os outros, já notou?

ALICE – Eu não julgo ninguém.

ARETUSA (*Lenta e cruel.*) – Nem ama ninguém. Nunca amou. Nem o seu marido e os seus filhos você ama de verdade. Faz tudo por eles, banca a escrava deles, apenas porque tem medo da solidão. (*Mais alto.*) Você não ama ninguém, Alice.

ALICE (*Chocada.*) – Eu? Logo eu, que tenho dedicado aos outros a minha vida toda, esfolando as mãos, esquecendo a aparência, levantando cedo todos os dias e apesar de tudo me sentindo feliz com essa vida. (*Desafiadora.*) Isso mesmo: feliz.

ARETUSA (*Debochada.*) – Ora, Alice, não venha se fazer de santa, não venha. Você, sempre cheirando a fritura... A galinha choca dos filhos... E seu pai aqui, apodrecendo! Onde foi que você andou esse tempo todo, hein? (*Cada vez mais alto.*) Sua irmã meio louca de dor e você por pouco nem vinha. Senti na sua voz, não tinha vontade de vir. Apenas aceitou porque pegava mal. Pegava mal você se desinteressar completamente.

ALICE (*Indignada.*) – Você não sabe o que está falando. Como pode falar assim diante de papai?

ARETUSA – Seu pai conhece você há muito tempo. Ele conhece a família que tem. Quantas vezes você o visitou nesses anos todos, desde que se casou? E quando Cristiano estava no hospital, quantas vezes ficou à noite com ele, hein?

ALICE – Fiquei, sim. Fiquei duas noites inteiras.

ARETUSA (*Irônica.*) – Duas noites? Duas noites inteiras? Mas que sacrificada... Pois eu fiquei cinco, dez, quinze noites. Até perdi a conta.

ALICE (*Levantando-se e derrubando a cadeira.*) – Pare de me acusar! Afinal, quem é você? Pensa que só porque teve outra educação, porque é independente e trabalha fora é melhor do que eu? Você uma vez me disse que destrói as coisas ao seu redor, e é verdade. Você estragou a vida de Renato. E não foi só isso. (*Lenta e cruel.*) Você acabou também com aquela menina, Corália, que se transformou numa morta-viva por sua culpa. Agora quer outra vítima, Aretusa? Não basta Corália?

ARETUSA (*Gritando.*) – Não diga esse nome, Alice. Você não tem direito!

ALICE (*Fora de si.*) – Digo e repito quantas vezes eu quiser: Corália! Corália!

ARETUSA (*Cobre o rosto com as mãos, como se fosse chorar. Mas recompõe-se.*) – E você, Alice? A doméstica, a patetinha. Enganou a todos, até o marido, com essa história de que só faz o que ele quer. (*Imitando.*) O maridinho não quer isso, não deixa aquilo... Ele só come a comida que eu mesma faço... Que ridículo!

ALICE – Você tem inveja de mim. Inveja, é isso. Tem inveja porque levo uma vida decente.

ARETUSA (*Vulgar.*) – Você, decente? Decente... logo você? Como é hipócrita! Já esqueceu o que você fazia comigo no quarto, antigamente, esqueceu? Quando a gente ficava sozinha? A santinha esqueceu, mas bem que gostava... Ah, como gostava!

ALICE – Cale-se!

ARETUSA – O que a gente fazia, hein? Não vá me dizer agora que era brincadeirinha de criança, porque não éramos mais crianças! (*Aretusa levanta-se e sai de repente. Todos olham para Alice, que, parada, começa a chorar.*)

EVELYN (*Passando a mão no braço de Alice.*) – Não chore, Alice. Não foi por mal...

ALICE (*Afastando brusca a mão de Evelyn.*) – Evelyn, quer saber de uma coisa? Estou farta do seu teatro. (*Evelyn recua, assustada.*)

Acha que é a única mulher do mundo a perder um filho? Cristiano está morto, Evelyn. Convença-se: ele está morto. (*Aponta para o Palhaço, como se fosse tomá-lo. Evelyn aperta-o mais nos braços.*) E esse boneco nojento não vai substituí-lo. (*Evelyn encolhe-se, atemorizada. Bruno a abraça protetoramente.*)

BRUNO – Alice, tenha cuidado com o que fala.

EVELYN (*Afastando Bruno.*) – Acabou, Alice, agora tudo acabou. Você pensava que estaria segura na sua vidinha confortável enquanto os outros iam se desgraçando? Não, você não está segura. Ninguém está. Pensa que Aretusa já revelou tudo? Ela é louca, sim, é uma ordinária. (*Olhando em volta, um por um.*) Mas o que é que todos somos? (*Lentamente.*) Sei de tudo, Alice. Sei de tudo, você mesma me contou. Sei a história de Matias.

ALICE (*Gritando.*) – Tirem ela daqui! Ela está louca! (*Ninguém se move.*)

EVELYN – Sei a história de Matias. Está vendo, Alice? Até o nome dele guardei.

ALICE – Pára com isso, Evelyn!

EVELYN (*Para os outros.*) – É a história mais ridícula do mundo. Vocês não sabiam, mas eu sabia. Alice, a boazinha, a dona de casa honesta... Ela tem um amante! Isso mesmo: um amante. Pensam que não é possível, mas é possível, sim, é verdade. Um amante que se chama Matias, ela me contou. O que faz com ele, a cada momento, o que sente. Uma vergonha! (*Gritando.*) Ela tem um amante. Finge de santa, mas foge de casa e vai trepar com outro homem!

BRUNO (*Tentando abraçá-la.*) – Evelyn, fique calma, por favor.

EVELYN (*Desvencilhando-se.*) – Mas o mais engraçado vocês ainda não sabem. Vocês nem adivinham. Tudo isso, esse amante, essa sujeira, essa traição, foi inventado. É invenção dela. Matias só existe na cabeça dela. (*Levanta-se e joga o Palhaço na cara de Alice.*) Cadela! (*Sai correndo. Bruno sai atrás, chamando. O Professor continua a comer como se nada tivesse acontecido. Berta parada. Renato bate ritmada e irritantemente com a faca no copo.*)

RENATO – Evelyn está doente. Ela tem que se tratar.

PROFESSOR (*Batendo a bengala.*) – Berta, está na hora de subir. (*Berta aproxima-se e ajuda-o nas escadas. Saem.*)

RENATO (*Levanta-se inibido, e por um momento é como se fosse fazer um gesto em direção a Alice. Mas contém-se.*) – Eu vou dar uma volta. Boa noite, Alice. (*Sai.*)

Sozinha na sala, Alice hesita por uns momentos, depois senta-se. Acende-se a luz no Plano do Inconsciente/Memória, onde há um caixão de defunto e, parados nos quatro cantos do palco, Alice Menina, Aretusa Menina, Evelyn Menina e Renato Menino.

ALICE (*Em voz baixa.*) – Você teve mesmo um amante, Alice? Você rolou com ele em leitos escusos, em lençóis alheios? Ah, Matias, Matias, como era doce com ele... Você teve um amante, Alice? Ou foi tudo invenção da sua cabeça? Faz diferença saber? (*Levanta-se. Apanha o Palhaço e senta-o no centro da mesa. Sai. Uma gargalhada infantil corta a cena.*)

CENA 18

ALICE MENINA, ARETUSA MENINA, EVELYN MENINA e RENATO MENINO
A luz mantém-se ainda sobre o Palhaço, no centro da mesa, enquanto eles falam. E falam sem as características das suas personagens: são como fantasmas.

ARETUSA – Como feras. Feras encurraladas nesta sala, na moldura do espelho rachado que aceita essas imagens tão placidamente, como se ocultasse no fundo coisas muito mais terríveis.

RENATO – Fomos uma ninhada de cachorrinhos que brincam juntos, mas logo são capazes de se dilacerar por um naco de carne. E na hora do perigo correm cada um para o seu lado, sem olhar para trás, sem se importar se o outro conseguiu escapar.

EVELYN – Crias sem mãe, num terreno baldio. Umas crianças solitárias, esquisitas, escorraçadas. Berta tentou nos acolher no seu avental fedorento, mas não deu certo. Somos bichos de focinho sujo, animais.

ALICE – Eu tinha outros planos para minha vida, mas acabei sendo Alice, a coitada, a de mãos ásperas e coração agoniado. Troquei de dono quando me casei, fui para um proprietário menos exigente, menos violento – mas meu dono. E a minha vida, o que eu fiz com a minha vida? O quê?

CENA 19

ALICE, ARETUSA, RENATO, BRUNO, BERTA, MARIDO e FILHO

Na sala. Manhã de segunda-feira. Chove muito. Há uma toalha limpa sobre a mesa onde estão Alice, Renato e Bruno, tomando café. Berta está parada atrás. Todos estão calmos e compostos.

ALICE (*Para Renato.*) – Você não ficou dolorido? Duas noites seguidas naquele sofá acabam com as costas de qualquer um.

RENATO – Não. Tudo bem, tudo bem.

BRUNO (*Para Berta.*) – Berta, pode levar a bandeja para Evelyn. Ela não vai descer. (*Berta apanha uma bandeja com café e sai.*)

ALICE (*Para Bruno.*) – Evelyn não está bem?

BRUNO (*Sorridente.*) – Pelo contrário, está ótima. Ela dormiu melhor esta noite. A chuva forte dá vontade de dormir. Só precisa de repouso agora. (*Noutro tom.*) Você me alcança o açúcar?

Alice alcança. Aretusa desce a escada, de robe, com cara de sono. Passa a mão no cabelo de Renato, que sorri sem levantar o rosto.

ARETUSA (*Acendendo um cigarro, para Alice, afetuosa.*) – Então, Alice, feliz por voltar para casa?

ALICE (*Tranqüila.*) – Feliz. (*Uma pausa. Todos sorriem e tomam seu café. Alice olha devagar em volta.*) Sabe, Aretusa, numa hora em que meu marido estiver de bom humor, vou pedir para colocarmos um espelho grande na sala lá de casa. Dizem que dá impressão de mais espaço. O que é que você acha?

ARETUSA (*Sorrindo.*) – Passa o leite?

Alice estende-lhe o bule de leite. As duas se olham longamente. Em outro plano, acende-se a luz sobre a sala da casa de Alice. O Marido e o Filho estão à mesa, tomando café, exatamente como na primeira cena do primeiro ato. Nos outros planos, acendem-se luzes sobre algumas das cenas já vistas – Corália na cadeira de rodas, o Professor no quarto, Evelyn embalando o Palhaço, Renato Menino preparando a arma, Berta recortando revistas, Alice e Aretusa adolescentes, se acariciando, etc. Ninguém diz nada. São como quadros vivos. Ou fantasmas do passado que continuam a habitar a casa. A luz apaga lentamente, em resistência. Ou de brusco, num soco – talvez com a gargalhada infantil.

FIM

Em fevereiro de 1984, Porto Alegre, calor de 40°.

A MALDIÇÃO DO VALE NEGRO

Em colaboração com Luís Artur Nunes

Peça em um ato

PERSONAGENS

Narrador

Agatha, uma velha governanta

Conde Maurício de Belmont, um velho nobre, muito doente

Rosalinda, uma donzela de 19 anos

Marquês Rafael d'Allençon, um mancebo

Condessa Úrsula de Belmont, irmã do conde e louca

Jezebel, uma cigana

Vassili, um cigano cego

CENA 1

NARRADOR – Na província francesa de Castelfranc, estende-se um vale coberto por densa floresta de pinheiros e ciprestes, conhecido pelo nome de Vale Negro. No topo de uma das montanhas que dominam o vale, ergue-se, imponente, o castelo dos condes de Belmont, de antiqüíssima linhagem e senhores daquela região. A nossa história tem início na tarde de 15 de abril do ano da graça de 1834. Uma chuva miúda e fria cai sobre a terra, paralisando a formosa primavera, que já por toda a parte começava a ostentar os dons fecundos do seu rico e poético reino. Numa sala do castelo, o velho conde Maurício, último descendente da estirpe e que, outrora, governara seus domínios com mão de ferro, dorme um sono entrecortado de gemidos e sobressaltos. A governanta Agatha, que há muitos anos serve a família, pinga lentamente algumas gotas de uma tisana escura num cálice de cristal.

AGATHA – Uma... duas... três... quatro... cinco... seis... sete... Acho que é o suficiente por hoje. (*Observa Maurício.*) Talvez mais uma ou duas... (*Pinga mais.*) Ou três.

MAURÍCIO (*Gemendo.*) – Agatha... Sinto-me dolorosamente mal, Agatha... Não vais dar-me a tisana?

AGATHA – Estava justamente a prepará-la para vós, senhor conde. Aqui está. (*Serve-lhe.*)

MAURÍCIO – Arre, que sabor repugnante! E se ao menos adiantasse de alguma cousa! Parece-me, ao contrário, que estou cada vez pior, Agatha... Oh, Senhor, que cruéis provações ainda me reservará o destino?

AGATHA – Não vos preocupeis demasiado, senhor conde. Deus, na sua infinita bondade e misericórdia, saberá por certo apiadar-se de vossa desdita. Vamos, deveis beber a tisana toda. Mais um gole... Assim.

MAURÍCIO – Agatha, onde está Rosalinda?

AGATHA – Ainda não a vi hoje, senhor. Deve andar pelos bosques, colhendo frutos e flores silvestres, como é de seu feitio.

MAURÍCIO – Com este tempo chuvoso?

AGATHA – A chuva parou já faz mais de hora. Temos sol de novo. O senhor conde quer que eu descerre os reposteiros?

MAURÍCIO – Não, por favor. A luz me molesta. (*Suspira.*) Pobre Rosalinda! Deus permita que não descubra jamais o hediondo segredo que envolve as suas origens... Agatha, juras que, se eu morrer, jamais revelarás a verdade a Rosalinda?

AGATHA – Tranqüilizai-vos, senhor. Ela jamais saberá.

CENA 2

ROSALINDA (*Entrando com um cesto de palha carregado de flores e frutos.*) Quem jamais saberá o quê?

AGATHA (*Friamente.*) – Falávamos sobre os males que afligem vosso padrinho, Rosalinda.

MAURÍCIO – Aproxima-te, meu primaveril crisântemo. Que trêfega estás. Então, andavas pelos bosques?

ROSALINDA – Sim, padrinho. Oh, quando raiou o sol, a natureza toda parecia explodir em cores inefáveis e perfumes inebriantes! Caminhava pelos montes, entre as cabras, e pensava em vós, abandonado aqui neste leito. Como deveis padecer, meu amado benfeitor!

MAURÍCIO (*Amargo.*) – Quiçá eu mereça todos estes abomináveis tormentos.

AGATHA (*Seca.*) – Deus sabe o que faz.

ROSALINDA – O que dizeis, Agatha? Todos os camponeses e mineiros do Vale Negro sabem que não existe fidalgo mais nobre, mais justo e magnânimo que meu amado padrinho, o conde Maurício de Belmont.

AGATHA – Caluda! (*Escutando.*) Ouvis? A cascata parou.

MAURÍCIO – (*Agitado.*) Não! (*Ouvem-se gritos ao longe.*)

AGATHA – Os gritos novamente.

ROSALINDA – Tenho tanto medo, padrinho. De que sofrida garganta brotam esses brados inumanos? E por que a cascata pára?

AGATHA (*Lúgubre.*) – A cascata costuma parar quando algo terrível está para acontecer. Esta é a maldição do Vale Negro.

MAURÍCIO – Cala-te, Agatha. Não atemorizes nossa linda pequena. (*A Rosalinda.*) Não te assustes, minha rósea *túlipa.* É apenas um fenômeno natural, inexplicável pela ciência dos homens. (*Ouvem-se latidos.*) E quanto aos gritos...

AGATHA (*Cortando.*) – Os cães estão latindo. Deve ter chegado alguém. (*Indo à janela.*) Cérbero, Belzebu, Astaroth, Asmodeu, Belfegor, Lúcifer, quietos! (*Cessam os latidos. Ouvem-se batidas de aldrava.*)

MAURÍCIO – Atende, Agatha. (*Agatha sai.*)

ROSALINDA – Quem poderá ser? Oh, padrinho, sinto um aperto no coração. Tenho um pressentimento...

AGATHA (*Anunciando.*) – O marquês Rafael d'Allençon.

CENA 3

RAFAEL (*Entrando.*) – Maldição! Esses cães são verdadeiros demônios! (*A Maurício.*) Por que razão viveis cercado de feras? (*Melífluo.*) Acaso tendes medo que alguém vos roube esta gentil donzela?

MAURÍCIO – A maldade no coração dos homens é incalculável, caro marquês. Mas não precisais temer. Os cães, durante o dia, permanecem acorrentados. Só são soltos ao anoitecer.

RAFAEL – Folgo em sabê-lo. Para não incorrer no erro de vir visitar-vos à noite. O que dificilmente aconteceria. (*Olhando de soslaio a Rosalinda.*) A não ser que...

AGATHA (*Levemente irônica.*) – Seria um erro fatal. São animais ferocíssimos, que só obedecem ao seu tratador, o velho feitor Bonifácio. Seriam capazes de trucidar qualquer um de nós. Inclusive eu, que os alimento.

RAFAEL (*Estremecendo.*) – Brrrrrrr! Que conversa desagradável!

MAURÍCIO (*Secamente.*) – Abreviemo-la, pois, senhor marquês. A que devo a honra de vossa presença aqui em meu tugúrio?

RAFAEL – Assunto particular, caríssimo conde.

MAURÍCIO – Agatha, retira-te. (*A Rosalinda.*) Bálsamo de minh'alma, necessito estar a sós com o marquês.

ROSALINDA (*De olhos baixos.*) – Vós ordenais, meu padrinho. A mim cabe obedecer. Com vossa licença, senhor marquês. (*Sai com Agatha.*)

CENA 4

RAFAEL – Não desejo roubar vosso precioso tempo, estimado conde. Outrossim, quero crer que já não vos resta muito. Devo confessar que pareceis já um cadáver. E em adiantado estado de putrefação.

MAURÍCIO – Deus, a Virgem e o Espírito Santo são testemunhas de minha desventura. Ide logo ao cerne da questão. Não tolero vossa presença maligna.

RAFAEL (*Lentamente.*) – A hipoteca vence hoje.

MAURÍCIO – Que dizeis?

RAFAEL – A hipoteca vence hoje. Apenas isso.

MAURÍCIO (*Agitado.*) – Não é possível... Isso é um engodo... Conheço vossas diabólicas tramas... Por certo adulterastes os papéis...

RAFAEL – Os papéis cá estão em minha algibeira. Não há sombra de fraude neles. Podeis verificar. (*Entrega-lhe.*) Parece-me que vossa senil memória anda já a pregar-vos peça.

MAURÍCIO (*Examinando os papéis.*) – Tendes razão. Oh, senhor! Inesgotável é a taça de infortúnios que me fazeis sorver neste vale de lágrimas!

RAFAEL – Sois injusto com o bom Deus, senhor conde. Ao fim e ao cabo, sois vós o único responsável por vossas próprias desditas.

MAURÍCIO – Que quereis dizer com isso, biltre dos infernos?

RAFAEL – Ora, caro senhor, apesar de possuir a metade de vossa idade, conheço bastante bem vosso passado. Acaso esquecestes que vosso companheiro preferido nas noitadas de esbórnia e deboche era, coincidentemente, o meu finado pai? (*Compungido.*) Que Deus o tenha!

MAURÍCIO (*Amargo.*) – Vosso pai...

RAFAEL – Sim, o velho marquês d'Allençon, de quem, aliás, herdei muitas "virtudes", como gosto pelos "prazeres" da vida: a boa mesa, o vinho, as mulheres, as canções...

MAURÍCIO – Ah, que acerbas recordações vindes me despertar!

RAFAEL – A concupiscência, a devassidão e o vício, que levaram o meu progenitor à loucura e à morte, são agora a causa de vossa ruína financeira, senhor conde Maurício de Belmont. Ou porventura olvidais que foi sobre o pano verde que empenhastes toda a vossa fortuna?

MAURÍCIO (*Num arranque.*) – Basta, basta de ressuscitar esses horrendos fantasmas do passado!

RAFAEL (*Implacável.*) – Não, não basta! Já fui assaz insultado por vós e não vou perder a oportunidade de vos dar o merecido troco! Não, senhor conde, não podeis negar que estais colhendo hoje o amargo fruto de vossa desenfreada paixão pelo jogo!

MAURÍCIO – Aquela noute... aquela noute nefasta...

RAFAEL – Ah, vejo que vossa memória começa a reavivar-se. Sim, foi numa "noute nefasta", como dizeis, há mais de dez anos que, sentado a uma mesa de truco, com meu pai, após já haver perdido vultosíssima quantia e já embotado pelos vapores etílicos...

MAURÍCIO (*Cortando-o, no auge do desespero.*) – Eu não podia, não conseguia parar! Era mais forte do que eu!

RAFAEL (*Continuando, implacável.*) – ...já embotado pelos vapores etílicos, Vossa Senhoria ofereceu, como garantia de sua derradeira aposta, os títulos de suas propriedades. Todos os bens do ilustre clã dos Belmont hipotecados à não menos ilustre casa d'Allençon!

MAURÍCIO – Ah, Deus de minh'alma! O que me resta fazer agora?

RAFAEL – Se vós tivésseis uma mente... digamos... mais atilada, poderíeis fazer bem mais do que imaginais em vosso próprio benefício.

MAURÍCIO – Falai logo, canalha! O que mais ainda quereis deste lamentável destroço humano?

RAFAEL (*Direto.*) – Não sou homem de meias palavras. Quero vossa afilhada.

MAURÍCIO (*Tomado de cólera.*) – Como vos atreveis? Ficai sabendo que não sois digno de lamber o chão onde roça a fímbria da saia de Rosalinda. (*Tossindo violentamente.*) O mais ignóbil dos répteis é mais nobre do que vós. Cederia a mão de Rosalinda ao mais imundo dos mineiros do Vale Negro, jamais a vós. Mil vezes a mais negra miséria!

RAFAEL (*Sem se abalar.*) – Então estais completamente arruinado. A escolha é vossa. Mas... como sou um homem magnânimo, tendes até amanhã, ao meio-dia, para vos retirardes do castelo.

MAURÍCIO (*Agitadíssimo, tossindo muito.*) – Infâmia! Gozasse eu de alguma saúde e vos expulsaria daqui a chicotadas, vil cobarde!

ROSALINDA (*Entrando com Agatha.*) – Senhor, que tendes?

MAURÍCIO – Ajuda-me, Agatha, preciso repousar. (*Agatha sai conduzindo Maurício.*)

ROSALINDA (*A Rafael.*) – O que fizestes a meu padrinho, arrogante mancebo?

CENA 5

RAFAEL – Vamos, minha pombinha. Nada fiz a vosso padrinho.

ROSALINDA – Mas então por que está ele neste deplorável estado?

RAFAEL – A vida desregrada que levou, minha flor das montanhas, os ágapes desenfreados, os muitos crimes que cometeu o corroem por dentro.

ROSALINDA – Crimes? De que falais? Meu padrinho nunca cometeu crime algum.

RAFAEL – Como não? Então não sabeis que hipotecou todas as suas propriedades à casa d' Allençon?

ROSALINDA – Sei-o. Mas isso não é crime. As propriedades pertencem a ele.

RAFAEL – Crime é deixar ao desabrigo uma donzela como vós. A hipoteca vence justamente hoje.

ROSALINDA – Isso quer dizer que... que...

RAFAEL (*Interrompendo.*) – Que não tendes mais teto que vos abrigue, menina. Nem vós, nem vosso padrinho, nem a bruxa governanta, nem aqueles cães demoníacos.

ROSALINDA – Mas não podeis cometer essa vileza. O senhor conde está gravemente enfermo. Sua morte é questão de meses, como pudestes observar. Oh, senhor marquês, apiedai-vos de nossa desgraça! Que tendes vós em lugar de coração? Uma taça de veneno?

RAFAEL – Tudo depende de vós, minha pequena...

ROSALINDA – De mim? Sabei que tudo faria para amenizar as derradeiras horas de meu benfeitor.

RAFAEL – Basta que sejais... complacente com este vosso admirador.

ROSALINDA – Complacente? Que insinuais? Não vos entendo. Falai claramente, por misericórdia.

RAFAEL (*Incisivo.*) – Sobre esse assunto não há necessidade de falar claramente. (*Insinuante.*) Não haverá lugar em vosso coração para um pouco de... ternura?

ROSALINDA (*Percebendo.*) – Oh, sim. Agora compreendo o que desejais. (*Resoluta, persignando-se.*) Está bem. Se isso pode salvar meu benfeitor da ruína, podeis dispor de meu corpo e de minh'alma como quiserdes, para a satisfação de vossos brutais prazeres. (*Abre os braços resolutamente.*)

RAFAEL (*Abraçando-a.*) – Sois mais ladina do que aparentais, pequena. Nos menores frascos repousam as mais puras essências.

CENA 6

NARRADOR – Alguns meses depois daquele dia em que Rosalinda levou a cabo o seu gesto de desprendimento e afeto filial, a situação modificou-se sensivelmente no castelo dos Belmont. O marquês d'Allençon, desistindo de protestar os títulos da hipoteca, fez com que a ameaça da ruína deixasse de pender sobre a família. A atitude do marquês, aliás, sofrera uma profunda transformação. Seu habitual cinismo e arrogância, como num passe de mágica, cederam lugar a uma cortês solicitude. Rafael passou a visitar mais amiúde o castelo e, inclusive, a participar das tertúlias e saraus familiares. Freqüentemente, ele e Rosalinda passavam as calorosas tardes estivais a percorrer os bosques e pradarias. Voltavam ao castelo ao pôr do sol, carregando braçadas de antúrios, gerânios, crisântemos, hortênsias, magnólias, petúnias, begônias e miosótis. Entrementes, fatos mui estranhos continuavam a ocorrer nos sombrios aposentos da mansão dos Belmont.

Em semi-obscuridade, o conde Maurício está dormindo, recostado no sofá, quando entra Úrsula. Roupas rasgadas, desgrenhada, inteiramente louca. Traz uma boneca nos braços.

ÚRSULA (*Fala para as paredes, às vezes para si mesma ou para a boneca.*) – Como sói ser verde o campo quando o astro-rei principia a tombar no horizonte! Por um segundo, a natureza inteira se veste de dourado... Vês, filhinha? O verde dos campos sendo mansamente invadido por todo esse esplendor dourado que brota do arrebol. Que espetáculo redentor para a torturada visão dos homens! O ouro derramando-se sobre o verde, tingindo o azul do firmamento. (*Estremecendo.*) Até... até que os besouros começam a cair. Pesadamente despencam dos céus feito gotas negras de chuva. Vindos do infinito, qual aranhas viscosas e peçonhentas... E quando caem de costas – ah, quando um besouro cai de costas, não se levanta nunca mais. (*Quase gritando.*) Nunca, nunca mais! (*Com o grito, Maurício agita-se e geme dormindo. Úrsula volta-se para ele.*) Vês, filhinha? É assim que são os poderosos. Desalmados, impiedosos. Dormem profundamente, confortáveis como se repousassem sobre um campo de ouro. Indiferentes à queda lenta dos besouros negros sobre o charco de sua alma manchada pelo sangue dos inocentes. Alheios à desventura dos oprimidos camponeses que labutam no fundo lamacento das minas para cobrir de ouro seu medonho latifúndio. (*Vai se aproximando de Maurício.*) Mas se todos – ah, se todos unidos erguessem atrevidos suas sofridas cabeças para gritar *não!* ao opressor... Ah, filhinha: como tudo poderia ser diverso desta iniqüidade. Quão ditosa seria novamente a pobre corça dos pés quebrados! (*Gritando.*) Companheiros, uni-vos! Uni-vos para destroçar o maligno! (*Segura Maurício e começa a sacudi-lo violentamente.*) Este, que se traveste de benfeitor dos pobres e dos oprimidos! Uni-vos como lobos famintos de justiça para destroçá-lo em pedaços sangrentos!

MAURÍCIO (*Despertando, estonteado.*) – Rosalinda, Rosalinda, que aconteceu, minha cornucópia de água-régia?

ÚRSULA (*Possessa, aos uivos, tentando estrangular Maurício.*) – Somente a morte do maldito poderá redimir o sangue dos oprimidos!

MAURÍCIO (*Num espasmo.*) – Úrsula, que fazes aqui?

ÚRSULA – Sim, assassino! Apesar dos pés quebrados, a corça ainda pode fugir.

MAURÍCIO (*Tenta levantar-se, Úrsula o empurra. Ele está apavorado. Grita.*) Agatha! Agatha, tira esta louca daqui!

ÚRSULA – Tarde demais, corrupto! Como a ave peregrina que mais dia, menos dia, torna ao ninho – a justiça sempre chega.

AGATHA (*Entrando, com um chicote.*) – Para trás, animal! (*Estalando* o *chicote.*) Afasta-te, fera repelente! Ou te reduzirei a pó num estalar de dedos.

ÚRSULA (*Encolhe-se, a boneca cai ao chão, ela tenta inutilmente apanhá-la.*) – Por piedade, não! Minha filhinha! Mata-me, se quiseres. Mas por tudo que há de mais sagrado, peço-te: poupa o mais puro fruto de meu ventre!

AGATHA – Besta imunda! (*Vai chicoteando Úrsula para fora da sala.*) Retira-te para teu infecto covil! Foste feita para o aconchego dos ratos, das lacraias e dos escorpiões – não para o convívio dos seres humanos. (*Para Maurício, antes de sair.*) Serenai-vos, senhor conde. O velho Bonifácio saberá tratar desta lepra em forma de gente. (*Vai saindo, chicoteando Úrsula. Os cães latem furiosamente lá fora. Grande alarido. Depois, volta o silêncio. A boneca ficou caída ao chão, aos pés de Maurício.*)

MAURÍCIO (*Após demorado silêncio, apanha a boneca e começa a acariciá-la doridamente.*) – Haverá de ser tão inesgotável a bondade de Deus a ponto de, um dia, ser capaz de perdoar-me? Merecerei a graça suprema de sua doce mão pousada sobre este fervilhar de vermes no caldeirão de minha alma pútrida? (*Grita, como numa tragédia grega.*) Infeliz de mim! (*Num frenesi, beija a boneca. Depois joga-a longe.*)

Agatha, Agatha! Tira este aborto daqui! Socorre-me que morro... (*O conde Maurício soluça, arquejante. Foco em Maurício e na boneca calva. A luz vai diminuindo em resistência, enquanto ele geme. Em off, sobrepondo-se aos gemidos, vão crescendo a gargalhada de Agatha, os uivos de Úrsula e os latidos dos cães enfurecidos.*)

CENA 7

NARRADOR – Transcorridos mais alguns meses, a situação no castelo de Belmont em nada se modificara. Rafael d'Allençon soubera perfidamente ganhar a confiança de Rosalinda com juras de eterno amor e promessas de matrimônio. Pouco a pouco, as fibras do coração da donzela passaram a vibrar no compasso da mais pura e devotada paixão. Porém, horas mais negras estavam por vir. Um dia, Rosalinda descobriu que ia ser mãe. Sem coragem de contar a Rafael, durante vários dias amargou sozinha seu terrível segredo. Por casualidade, iniciara-se a temporada da caça à raposa, e Rafael passara uma semana sem visitá-la. Uma manhã, munindo-se de coragem, Rosalinda tomou da pena e verteu seu coração, transbordante de receios, numa longa missiva endereçada ao marquês.

Rafael aproxima-se por trás de Rosalinda, que não percebe sua presença, e atira-lhe a carta a seus pés.

RAFAEL (*Agressivo.*) – Qual a razão disto?

ROSALINDA – Ah, meu amado, és tu. Que susto me causaste!

RAFAEL (*Seco.*) – E então?

ROSALINDA – E então o quê? Não te entendo. O que se passa contigo? Por que chegas assim, tão agastado, sem uma saudação sequer... nem ao menos um ósculo... um amplexo?

RAFAEL – Ora, Rosalinda, não me venhas de borzeguins ao leito! Quero saber o que significam as aleivosas insinuações contidas nessa missiva.

ROSALINDA (*Ressentida.*) – Amor meu, que duras palavras! Tu, que sempre me demonstraste tanto carinho, tanta afeição, tanto... ardor...

RAFAEL – Tratava-te assim porque eras dócil e cordata comigo. Porque te curvavas a todos os meus caprichos. Mas agora...

ROSALINDA – Mas eu não mudei! Eu continuo sendo tua escrava fiel e obediente! Sabes bem que meu antigo asco por ti transmutou-se na mais excelsa paixão!

RAFAEL – Chega de tergiversações! Exijo que me esclareças imediatamente o significado dessa carta!

ROSALINDA – Peço-te perdão, meu querido amigo. Foi quiçá por excesso de pundonor que não fiz mais cristalinas as minhas palavras. Mas como transmitir à fria brancura impassível do papel o turbilhão que me devasta o peito, desde que fui abençoada por este milagre... este augusto milagre?

RAFAEL – Que história é essa de milagre? Vamos, fala!

ROSALINDA (*Em êxtase.*) – O milagre da maternidade!

RAFAEL – O quê? Um filho?!

ROSALINDA – Sim, um filho! Sublime fruto a coroar o nosso amor!

RAFAEL (*Agarrando-a brutalmente.*) – O que estás a dizer? Ficaste louca?

ROSALINDA – Rafael, Rafael, foste tu quem perdeste a razão! Não te reconheço. Julgava que rebentarias de alegria ao saber...

RAFAEL (*Cortando-a, possesso, e sacudindo-a pelos braços.*) – Alegria? Alegria?!!!

ROSALINDA – Sim, amado. Agora só nos resta finalmente desvelar aos olhos do mundo a nossa união, realizar o nosso sonho dourado... Ah, meu príncipe, toda noite, em meu leito, contemplo-me, núbil, galgando ao lado teu o mármore dos degraus do altar...

RAFAEL (*Empurrando-a.*) – Casar contigo? Quem te pôs esta idéia ridícula na cabeça?

ROSALINDA (*Chocada.*) – Tu mesmo, Rafael! Tu mesmo quantas vezes juraste que um dia... que só precisávamos um pouco de paciência e ocultar por algum tempo o nosso amor, até conseguires convencer tua família...

RAFAEL (*Cortando, irônico.*) – ...que eu desposaria uma enjeitada? Uma bastarda? Uma criatura sem nome, sem posição e sem fortuna? Porventura chegaste a acreditar por um segundo que eu, um nobre, um aristocrata, um d'Allençon, uniria meus destinos a uma qualquer? Alguém que não sabe sequer de onde veio nem quem são seus pais?

ROSALINDA (*Com dolorosa compreensão.*) – Então isto significa que estiveste a mentir-me esse tempo todo...

RAFAEL (*Rindo a bandeiras despregadas.*) – Que esperta és! Só agora percebes que eu estava tão somente...

ROSALINDA (*Cortando.*) – ...brincando comigo, iludindo meu pobre coração, fazendo-me crer que me querias, apenas para me seduzir, me conquistar, desfrutar-me como mero objeto de tua lascívia, de teus instintos libidinosos...

RAFAEL (*Às gargalhadas.*) – E tu caíste na esparrela, franguinha! E com que facilidade! A tua estultícia, menina, é realmente espantosa!

ROSALINDA – Oh, Virgem Santíssima! Oh, Senhora protetora dos aflitos! Valei-me nesta sombria encruzilhada do destino!

RAFAEL – Isso! Reza, reza, pois vais precisar muito da misericórdia divina. Porque de mim, minha cara, não tens mais nada a esperar. Apaga meu nome de tua memória! Esquece para sempre que eu existo! Nunca mais, ouviste bem? Nunca mais pretendo voltar a ver-te!

ROSALINDA (*Reagindo como uma loba ferida.*) – Rafael, Rafael, não tens o direito de fazer isso comigo! É cruel, é monstruoso demais! O que será de minha honra ultrajada?

RAFAEL (*Irônico.*) – Naquelas noites ardentes, quando gemias, deleitada, em meus braços, qual uma gata no cio, não pensavas em tua honra. Porque, se não a entregasses a mim, tê-la-ias entregue ao primeiro que passasse! Pois fica tu sabendo, insensata, que doravante não há mais nada entre nós! Nada!

ROSALINDA (*Numa última e desesperada tentativa, agarrando-se a ele.*) – Rafael, meu dilacerado amor!

RAFAEL – (*Desvencilhando-se.*) – Basta! Só tenho uma única e derradeira palavra a dizer-te!

ROSALINDA (*Abrindo os braços, com renovada esperança.*) – Dize, meu anjo e meu algoz! Que palavra é essa?

RAFAEL (*Cuspindo a palavra.*) – Marafona! (*Sai a passos largos.*)

ROSALINDA – Ah, por piedade! (*Rosalinda, soluçando, em seu desespero, apodera-se da carta esquecida, despedaça-a com fúria e esfrega freneticamente os pedaços pelo rosto e pelo corpo.*)

CENA 8

NARRADOR – Depois desse trágico desfecho, Rosalinda chorou, dias inteiros, lágrimas grossas como punhos. Fundas olheiras ensombreceram seu semblante angelical. Só deixava a solidão dos seus aposentos para ir à capela atirar-se aos pés da Virgem. Com freqüência, deixava-se adormecer sobre as frias lajes do oratório, até ser despertada, muitas horas depois, pela mão da governanta Agatha. Deste modo, a pérfida serviçal terminou descobrindo o segredo que torturava o coração de Rosalinda. Insidiosamente, conseguiu conquistar a confiança da rapariga, dizendo-se sua amiga e protetora. Finalmente, quando Rosalinda não podia mais esconder o seu estado, a perversa Agatha aconselhou-a que revelasse toda a verdade ao conde.

MAURÍCIO – Bons dias, minha querida. (*Observando-a.*) Mas por que estás assim cabisbaixa e meditabunda? Pareces infeliz... Teu semblante, onde sempre luziam os arrebóis da alegria, agora está turvo de uma névoa de tristeza...

ROSALINDA – Padrinho...

MAURÍCIO – Sim, dize... Conta-me a razão de tuas penas.

ROSALINDA (*Hesitante.*) – Padrinho querido... eu...

MAURÍCIO – Vamos, fala. Não confias em teu velho amigo?

ROSALINDA – Padrinho, há mais um anjinho aos pés da Virgem Maria...

MAURÍCIO – Não entendo o sentido de tuas palavras, Rosalinda. Podes ser mais precisa?

ROSALINDA – Padrinho, uma nova flor começa a desabrochar para a vida...

MAURÍCIO – Que flor tão rara é essa, que floresce em tempo de inverno? Onde está ela?

ROSALINDA (*Baixando os olhos.*) – Aqui, padrinho. Em meu ventre.

MAURÍCIO (*Surpresíssimo.*) – Que dizes, Rosalinda? Não me atormentes com enigmas e despautérios! Recuso-me a aceitar a terrível verdade que se esconde por detrás de tuas palavras!

ROSALINDA – Está bem, padrinho. Sei que haveis de compreender e perdoar-me. (*Pausa.*) Vou ter um filho.

MAURÍCIO (*Reagindo com violência.*) – Um rebento? Um bastardo? Mas quem te desonrou? (*Esbofeteando-a.*) – Vamos, fala, maldita!

ROSALINDA (*Aos prantos.*) – O marquês Rafael d'Allençon é o culpado da minha desventura.

MAURÍCIO – Ah, aquele réptil nauseabundo! (*Tossindo, agitado.*) Desgraçada, não vês que apressas a minha morte? Atraiçoaste toda a cega confiança que durante esses dezenove anos depositei em ti. Retira-te daqui, vamos! Enxovalhaste o nome do conde Maurício de Belmont!

ROSALINDA – Perdão, padrinho, perdão! Eu juro que...

MAURÍCIO (*Cortando.*) – Perjura! Jamais te perdoarei! (*Chamando.*) Agatha, socorre-me que morro... (*Agatha acorre e* o *ampara.*) Todos, todos me atraiçoaram... Pobre idiota! De onde supunha que só pudessem vir flores e sorrisos, surge inesperadamente a lâmina que me estraçalha o peito.

ROSALINDA – Foi para salvar vossos bens que cometi essa iniqüidade, padrinho.

MAURÍCIO – Não me chames mais de padrinho, não tens esse direito! E retira-te imediatamente daqui! Não pertences mais a este lar. Não passas de uma reles meretriz como o foi tua mãe. (*Agatha vai conduzindo-o para fora.*) Hás de pagar amargamente, criatura ingrata e sem pudor! O demônio tomou conta de tua alma. Hás de rolar na lama e te arrastar no vício, noute após noute, ébria e solitária, à margem de qualquer dignidade, clamando inutilmente por misericórdia!

CENA 9

ROSALINDA (*Sozinha.*) – Infeliz de mim! Deus é testemunha de que agi com a melhor das intenções. Agora nada mais me resta a fazer aqui. Oh, Senhor, o que será desta pobre órfã com um filho a germinar-lhe no seio? Abandonada por todos, por todos desprezada. Jamais pensei que minh'alma pudesse abrigar tamanha dor! O fel da desilusão inunda-me o peito! (*Recobrando-se.*) Tenho de ir-me. (*Olhando ao redor.*) Jamais olvidarei estes salões, estas paredes, estes móveis... Aqui passei os melhores anos de minha desditosa existência. (*Detendo-se diante de um objeto, comovida.*) Ah, o velho cofre de charão... Nunca me foi permitido abri-lo. Deve conter antigos segredos de família. Mas, que vejo? Alguém haverá esquecido a chave na fechadura... Sei que não devo abri-lo, mas a curiosidade me espicaça... Sinto os dedos a queimar... (*Abre* o *cofre.*) Velhos papéis... e... oh! Um daguerreótipo! Que belo! (*Examina* o *medalhão enquanto fecha a tampa do cofre.*) Quem será esta dama de tão melancólico semblante? Que formosa! Mas... Oh, Senhor! Como se parece comigo! Dir-se-ia minha irmã... ou minha... minha... (*Neste instante entra Agatha, segurando uma capa. Num ato reflexo, Rosalinda esconde* o *daguerreótipo no seio.*)

AGATHA – Ainda estais aí? Que fazeis aí parada, minha pequena? Tão assustadiça. Pareceis uma lebre surpreendida pelo caçador...

ROSALINDA – Estava apenas a despedir-me do cenário que emoldurou minha juventude. Já estou a ir-me, Agatha. Enfrentarei com bravura a escuridão dos meus caminhos.

AGATHA – Não deveis ter medo. O mundo é vasto, pequena. (*Para si.*) E cheio de prazeres inauditos... (*Voltando-se à jovem.*) Deveis procurar um velho cavalheiro que compreenda a vossa desventura...

ROSALINDA (*Sem compreender.*) – Que dizeis?

AGATHA – Que a vida pode ser vivida de muitas maneiras. Algumas, bem divertidas. E não será difícil para uma rapariga encantadora como vós... (*Tocando-a.*) Com esse porte de amazona, esses cachos de Pandora...

ROSALINDA – Não vos entendo, Agatha. E por que me tocais com tal ardor?

AGATHA – Porque sois tenra como um faisão natalino. Opípara... rubicunda e capitosa (*Largando-a.*) Mas entendereis com o tempo minhas palavras. Agora ide sem mais delongas. Se vosso padrinho vos surpreender...

ROSALINDA – Tendes razão.

AGATHA – Levai isto para proteger-vos da intempérie. (*Dá-lhe* o *manto.*)

ROSALINDA – Como sois bondosa, Agatha! (*Vestindo a capa e acariciando-a.*) Essa velha capa... Lembro-me dela. Meu padrinho me contou que pertencera a minha mãe.

AGATHA – Vossa mãe vos trazia envolta nela quando veio estrebuchar nas escadarias do castelo numa gélida noite de inverno dezenove anos atrás.

ROSALINDA – Pobre genitora! Como há de ter padecido! Devo partir agora. Adeus, minha boa Agatha. (*Abraçam-se. Rosalinda sai.*)

AGATHA – Finalmente os fados estão a meu favor! Com o afastamento da pequena, torno-me a única herdeira do conde Maurício de Belmont. Serei a mulher mais poderosa de todo o Vale Negro. Agatha, a reles governanta, a bruxa intratável, a corcunda repugnante, a harpia selvagem! Ah, os camponeses pagarão caro o seu desprezo, a sua maledicência. Resta apressar a morte do conde. (*Apanha a tisana.*) Algumas gotas a mais hoje, outras amanhã, e eu em breve estarei completamente sozinha no castelo. (*Conta as gotas.*) Uma... duas... três... quatro...

CENA 10

NARRADOR – Enquanto a pérfida governanta regozijava-se com o golpe do destino que viera ajudar seus planos diabólicos, a desgraçada Rosalinda, com o peito dilacerado pela dor, deixava o castelo de Belmont, onde vivera os anos mais floridos de sua existência. E, em meio à tempestade que rugia com fúria, embrenhou-se na floresta e caminhou durante três dias e três noites, só parando para repousar num monte de feno quando lhe faltavam totalmente as forças. Deixava-se então cair ao pé de uma árvore e, com as roupas estraçalhadas pelas urzes e espinhos e os pés ensangüentados pelas pedras do caminho, adormecia exausta, escutando ao longe os uivos ameaçadores dos lobos e as lúgubres vozes das aves noturnas. Enquanto isso, perto dali, numa clareira da floresta, uma tribo de ciganos havia montado acampamento e dedicava-se a seus afazeres habituais.

Jezebel põe as cartas do Tarô, enquanto Vassili toca seu violino.

JEZEBEL – Hay algo que vuelve del pasado... Coño, ¡no puedo ver claramente! El pasado se vuelve otra vez presente y también futuro. Una muchacha... ¡y que hermosa es! Un senõr viejo... y una mujer muy mala... Muchos conflictos... ¡la Muerte! Pero, al final, la justicia vencerá.

VASSILI – ¿Qué es lo que estás refunfuñando, Jezebel?

JEZEBEL – Nada, cariño. Son los Arcanos del Tarot de los Bohemios que hoy sólo me dicen incongruencias. Debo estar loca,

¡carajo! Pero toca, por favor, toca más... El sonido de tu violín tiene la virtud de calentar mi alma como el más dulce de los vinos...

VASSILI (*Toca mais um pouco, depois pára abruptamente.*) – Jezebel, hay alguien entre los árboles.

JEZEBEL – No hay nadie, Vassili. Algún conejito perdido, alguna serpiente. Vamos, toca.

VASSILI – No, Jezebel. Yo conozco muy bien los sonidos de los animales y de las personas. Son muy distintos. Tu sabes que desde que he perdido la visión, mi audición se agudizó mucho.

JEZEBEL – Sí, sí, claro. Confío en tu oído, pero no confío en tus temores, ¡carajo! Por piedad, déjame ver la suerte en paz... (*Invocando.*) Fuerzas ocultas del más alto Astral, orientad mis manos para desvendar el secreto. (*Ruído. Rosalinda entra e coloca-se atrás de uma árvore.*) Pero, ¿que es esto? Hay alguien aquí?

VASSILI – Te lo dije, Jezebel. Mira, aqui, por la derecha...

JEZEBEL (*Erguendo-se.*) – ¿Quién está ahí? (*Saca do punhal.*) ¡Vamos, coño, que no estoy para chistes!

ROSALINDA (*Aparecendo.*) – Sou eu, senhora. Apenas uma pobre órfã.

JEZEBEL – Acércate. (*Rosalinda aproxima-se.*) Con mil demónios, ¡una muchacha! Y toda mojada. ¿Qué pasó, niña?

ROSALINDA – Não tenho para onde ir. Perdi-me pela floresta e cheguei até aqui orientada pelo som mavioso de um violino.

JEZEBEL – Es el violín de Vassili. (*Para Vassili.*) Tenías razón, cariño, es una pobre muchacha perdida en la tempestad.

VASSILI (*Caminhando para Rosalinda.*) – Esta voz... Por Dios, esta voz... ¿Puedo tocar tu rostro, cariño?

ROSALINDA (*Hesitando.*) – Não sei... que quereis vós de mim?

VASSILI – Es que me acuerdo de... de una mujer que conocí en tiempos más dichosos. (*Passando os dedos no rosto de Rosalinda.*) Sí, sí, por Dios, no es posible, no lo puedo creer, no es verdad... La piel, los ojos, la nariz, las cejas, las pestañas, los párpados, las mejillas... Es igual, exactamente igual... Todo, todo es igual...

JEZEBEL – Acálmate, Vassili. La muchacha está asustada. Acércate al fuego, toma un poco de vino. ¿Cómo te llamas?

ROSALINDA – Rosalinda, senhora. Mas por que ele está tão agitado?

JEZEBEL – Es su imaginación muy exacerbada. Él cree que te pareces a alguien que conoció. Vamos, dáme tu manto. Está todo mojado. (*Examina-o.*) Que trabajo tan precioso. ¡Extraño! Me parece que ya vi algo semejante... Hace mucho tiempo... ¿Dónde encontraste este manto, niña?

ROSALINDA – Agatha me lo deu.

JEZEBEL E VASSILI (*Muito espantados.*) – ¡Agatha!

ROSALINDA – Sim, a governanta do castelo do Vale Negro. (*Nova reação dos ciganos.*) Pertenceu a minha mãe. Gostai? Tomai. (*Entrega* o *manto a Jezebel,* o *daguerreótipo fica visível.*)

JEZEBEL – ¿Pero que es esto? ¿Eres tu?

ROSALINDA – Não. É um velho daguerreótipo. Encontrei-o por acaso...

JEZEBEL – ¡Pero la semejanza es impresionante!

VASSILI – (*Agitadíssimo.*) ¿Quién es la mujer del retrato?

ROSALINDA – Não sei, como posso saber? Mas imagino que seja...

JEZEBEL E VASSILI – ¿Quién?

ROSALINDA – Minha mãe... que eu não conheci...

VASSILI (*Muito emocionado.*) – ¿Tu madre? Jezebel... mira el daguerreotipo y dime toda la verdad... es... es... ¿es Úrsula?

JEZEBEL – Sí, es Úrsula.

VASSILI (*Abraça Rosalinda, chorando.*) – Hija mía... Hermosura, miel de mi corazón, que tortuosos caminos fue necesario cruzar hasta encontrarte...

ROSALINDA (*Assustada.*) – Que está acontecendo? Não sou vossa filha, sou apenas uma pobre órfã recolhida pela bondade do senhor conde Maurício de Belmont.

JEZEBEL – ¡Maurício de Belmont! ¡Maldición! ¿Quieres decir que este perro todavía vive?

ROSALINDA – Sim, mas por pouco tempo. Padece de grave enfermidade. (*Chorando.*) Expulsou-me do castelo, lançando-me os mais terríveis vitupérios.

VASSILI – ¡Perro de los infiernos! Voy a matarlo con mis propias manos.

ROSALINDA – Não entendo o que dizeis. Por que quereis matar meu padrinho?

JEZEBEL – No hay tiempo a perder. Tenemos que ir inmediatamente al castillo. En el camino te explicaremos todo. Ahora vámonos. (*Saem.*)

CENA 11

NARRADOR – Um turbilhão agitava a mente de Rosalinda, ainda incrédula diante de tão inesperadas revelações. Sua intuição, porém, aconselhava-a a obedecer ao espírito forte e decidido da cigana Jezebel e a confiar na doçura do rosto e da voz de Vassili, que calava fundo em sua alma de órfã desamparada. Sem perda de tempo, Jezebel preparou uma carroça e os três puseram-se a caminho. Quando chegaram ao castelo, já era noite fechada. A lua escondera-se atrás de plúmbeas nuvens prenunciadoras de tempestade. A astuta cigana havia preparado um narcótico para os cães que guardavam os portões, e assim eles puderam penetrar na propriedade.

JEZEBEL (*Entrando com Vassili e Rosalinda.*) – ... Y fue eso lo que sucedió.

ROSALINDA – Quer dizer que meus verdadeiros pais são...

JEZEBEL – El gitano Vassili y Úrsula, la hermana del conde Maurício de Belmont. Los dos se enamoraron locamente, hace años, por supuesto. Maurício no podría admitir que una Belmont desposara un gitano. Estaba tan poseso que quería mandar matar a toda la tribu. Úrsula entonces abandonó el castillo y se ocultó con los gitanos en las montañas. Allá se celebró el matrimónio.

ROSALINDA – Mas meu padrinho... meu tio descobriu tudo...

VASSILI – Agatha, que se hacía pasar por confidente de Úrsula, la traicionó, contándole toda la verdad a Maurício.

ROSALINDA – Posso imaginar o resto. Meu tio mandou seus esbirros invadirem o acampamento cigano.

JEZEBEL – El mismo comandó el ataque. Y con sus propias manos cegó a Vassili con una chibatada.

ROSALINDA – Pobre, querido papai. (*Toca-o com ternura.*)

VASSILI – Angel mío. (*Subitamente.*) Oigo un ruído. Vamos a escondernos.

ROSALINDA – Aqui... atrás deste reposteiro... (*Vassili e Jezebel escondem-se.*)

AGATHA (*Entrando, surpresa.*) – Vós por aqui novamente? Não bastaram as maldições que vosso padrinho vos lançou? Que quereis? Uma esmola? Uma códea de pão?

ROSALINDA – Quero apenas o que me é de direito. Não preciso de vossa piedade!

AGATHA – Não vos entendo. Que quereis dizer com isso? Não tendes direito algum, não passais de uma pobre enjeitada.

ROSALINDA – Enjeitada, eu? Como, se meu pai está aqui próximo?

AGATHA – Vosso pai? Porventura delirais? Vosso pai há muito não pertence ao reino dos vivos.

ROSALINDA (*Puxando* o *reposteiro.*) – Como não?

AGATHA (*Recuando.*) – O cigano Vassili! Jezebel! Que desejais?

VASSILI – Solo la verdad, Agatha. Nada más que la verdad.

JEZEBEL (*Ameaçando-a com o punhal.*) – Vamos, hombre. ¿Dónde está Úrsula?

AGATHA – Não sei, não sei...

VASSILI (*Torcendo-lhe o braço.*) – Vamos, confiesa antes que te mate como a un perro.

AGATHA – Por piedade, eu conto. (*Recompõe-se.*) Úrsula foi encarcerada na cripta subterrânea embaixo da cascata.

ROSALINDA – A cascata... Quer dizer que aqueles uivos dilacerados que se ouvem quando a cascata pára pertencem a... a minha mãe?

AGATHA – Sim. Ela perdeu a razão quando vós nascestes. Vosso tio então encerrou-a lá.

VASSILI – Mi pobre Úrsula.

JEZEBEL – ¿Y dónde están las llaves de la cripta?

AGATHA – Aqui. (*Estendendo-lhe um molho de chaves.*)

VASSILI – Precisamos libertar mi amada Úrsula. Vámonos todos a la cripta. Y tú, Agatha, vienes con nosotros para que nos muestres el camino.

JEZEBEL – Vamos.

AGATHA – A cascata parou novamente. (*Ouvem-se gritos ao longe.*)

CENA 12

NARRADOR – Desse modo, através de uma passagem secreta, conhecida somente por Agatha, os quatro penetraram nos subterrâneos do castelo de Belmont. Desceram por uma íngreme escada em caracol e embrenharam-se num labirinto de lúgubres corredores e estreitas galerias escavadas na rocha. Os gritos misteriosos haviam cessado, e o sepulcral silêncio era apenas perturbado pelo eco surdo dos seus passos e pelo ocasional bater de asas de um morcego. Finalmente, desembocaram numa cripta úmida e infecta, que dir-se-ia habitada apenas por ratazanas e aranhas, não fosse aquela estranha voz entoando uma canção que parecia vir de além-túmulo.

ROSALINDA – Por Deus! Está tão escuro aqui. Não consigo ver nada.

JEZEBEL (*Tomando a vela das mãos de Agatha.*) – Listo. Así es mejor. (*Olhando em volta.*) Pero que sitio tan sucio... Es una pocilga, carajo. (*Para Agatha.*) Vamos, desalmada. ¿Dónde está Úrsula?

AGATHA (*Apontando para um ponto, que Jezebel ilumina.*) – Ali. (*Aparece Úrsula, completamente louca, suja e desgrenhada. Canta, enquanto embala uma boneca nos braços.*)

VASSILI – Mi querida, luz de mis ojos... ¡Úrsula, bien amada!

ROSALINDA (*Avançando para Úrsula.*) – Mamãe! Oh, mamãe, julgava que estáveis morta!

ÚRSULA (*Para a boneca.*) – Filha, filhinha querida Não deves ter medo, não deixarei que te façam mal. (*Para Vassili.*) Afasta-te, Maurício! Não permitirei que destruas o fruto do meu amor! (*Mudando o tom.*) Besouro que cai de costas não levanta nunca mais.

JEZEBEL – ¡Está completamente loca! ¡Maurício de Belmont va a pagar muy caro todas las atrocidades que ha cometido!

ÚRSULA (*Chorando.*) – A corça corria celeremente sobre o ouro dos campos. Como se fora uma seta voando sobre o verde. Até... até que numa curva mais abrupta do escarpado caminho, numa curva ignominiosa... seus pés quebraram...

ROSALINDA (*Num gemido.*) – Desditosa genitora!

ÚRSULA (*Em pleno delírio.*) – E ela não pode correr mais. As corças de pés quebrados não podem correr. Apenas rastejam. Como os besouros caídos de costas... que não se levantam nunca mais.

VASSILI (*Para Úrsula.*) – Cariño, ¿no me reconoces? Soy yo, tu Vassili. Tu amor, el gitano...

ÚRSULA – Vassili? Não, não: Vassili foi assassinado por Maurício. Seu sangue cigano cobriu o verde dos campos como o sangue inocente dos pés quebrados da corça... O vermelho da violência derramado impunemente sobre o verde da humildade...

VASSILI (*Insistindo.*) – Y esta chica, ¿ves? Esta chica es Rosalinda, nuestra hija querida. ¡Mira que hermosa es!

ÚRSULA (*Para a boneca.*) – Tanto tempo. Tudo faz tanto, tanto tempo. Hoje é como se fora outrora. E nunca mais outra vez.

ROSALINDA – Mamãe, mamãe, sou eu, Rosalinda, tua filha, a flor de teu ventre puro.

ÚRSULA (*Para a boneca.*) – Minha filha? Minha filha é esta aqui. Filhinha, filhinha... (*Para a boneca.*) – Sossega, ninguém te fará mal.

AGATHA (*Mordaz.*) – É definitivamente inútil. Esta parva jamais recuperará a razão.

JEZEBEL (*Torcendo-lhe o braço.*) – ¡Cállate, conchuda! Tus palabras son más monstruosas que tu joroba! (*Como se orasse.*) Nel amor, hay fuerzas increíbles... capaces de cambiar el universo...

VASSILI (*Pegando Úrsula pelos ombros e sacudindo-a.*) – Úrsula. ¡Te digo que soy Vassili! Muchos anos han pasado. Pero estoy vivo. Y estoy acá para vengar nuestro amor. ¡Soy Vassili! ¡Vassili!

ÚRSULA (*Com um lampejo de lucidez.*) – Vassili?

VASSILI – Sí, mi amada, ¿no reconoces mi rostro?

ÚRSULA – Esse rosto... essa pele morena... esse corpo delgado... (*Detém-se.*) Não, não! Não acredito! Vai-te daqui! És um impostor! Um sicário a mando de Maurício para me torturar ainda mais! (*Em delírio.*) Besouro que cai de costas...

JEZEBEL (*Um tanto irritada.*) – ¡Ay, coño! ¡Va a empezar de nuevo!

VASSILI (*Transtornado, agarrando-a com mais força.*) – Úrsula, mírame bien a la cara, en los ojos, en estos ojos ciegos...

ÚRSULA (*Tocando-o.*) – Meu Deus, o manso veludo dessa tez... a suavidade desses lábios carmesim... Vassili, serás mesmo tu? O brinco em tua orelha esquerda...

VASSILI – Úrsula, vida mía...

ÚRSULA – O frescor de hortelã de teu hálito cálido, tuas mãos nodosas e fortes. A carícia áspera de tua barba dura que me lanhava o colo nas noites de indizível prazer. Não, não pode ser verdade, seria bom demais. Será que estou ficando louca, Virgem Santíssima?

VASSILI – Es verdad, cariño, ¡soy yo! Y acá está también Jezebel, nuestra querida amiga y protectora.

ÚRSULA – Vassili, meu Vassili... Ai, Jesus, parece um sonho... (*Delírio.*) Ou quem sabe Deus teve pena de mim e me chamou para sentar ao lado seu no empíreo celestial?

JEZEBEL (*Disfarçando.*) – ¡Ay, carajo!

VASSILI – No, no, ¡estás viva! ¡Se acabaron tus penas!

ÚRSULA (*Reconhecendo-o finalmente.*) – Sim, agora eu tenho certeza! És tu, Vassili! Meu adorado! Mas de que desvão esquecido da memória me surgiste?

VASSILI – ¡Úrsula! (*Abraçam-se e beijam-se ardentemente.*) Vamos ahora empezar vida nueva, tu, yo y Rosalinda...

ÚRSULA – Rosalinda?... (*Olha para a boneca. Olha para Rosalinda. Deixa cair a boneca.*) Meu Deus... não pode ser... seria demasiada ventura para meu coração se essa donzela fosse... fosse...

ROSALINDA (*Abrindo os braços.*) – Vossa filha!

ÚRSULA (*Abraçando-a.*) – Filha querida! Oh, fruto mais puro que o meu ventre jamais gerou! Enfim posso abraçar-te!

ROSALINDA – Mamãe, querida! Que felicidade encontrar-vos!

ÚRSULA – Minha boa Jezebel... Mas... que aconteceu? Por que estão todos aqui? Por que estou vestida assim? Que tenebrosa masmorra é *essa?* (*Começando a delirar de novo.*) Há como um poço escuro em minha memória... Um poço escuro onde flutuam corças de pés quebrados... negros besouros caídos de costas... (*Vê Agatha e recua espavorida.*) O que ela está fazendo aqui?

JEZEBEL (*Agarrando-a por um braço, impaciente.*) – No hay tiempo para explicar, Úrsula. Ni para locuras otra vez. Más tarde te aclaramos todo. Tenemos ahora que desenmascarar a Maurício. Vámonos de esa infecta cueva. Solamente un monstruo sin entrañas podría encarcelar su propia hermana. (*Saem todos.*)

CENA 13

NARRADOR – Celeremente voltaram todos ao castelo. Depois de tão cruéis sofrimentos, a felicidade parecia prestes a sorrir aos nossos heróis. O coração de Rosalinda, porém, malgrado a alegria do seu reencontro com os pais, ainda estava velado por uma nuvem de inquietação. A pobre rapariga pensava no fruto de seu desgraçado amor, que crescia em seu seio como uma erva daninha e em breve viria ao mundo sem a proteção de um pai. Quando chegaram ao castelo, o relógio soava as doze badaladas.

MAURÍCIO (*Está adormecido, quando Úrsula entra lentamente e toca em seus cabelos.*) – Quem me tocou? Úrsula? Fugiste novamente? Agatha, tira essa louca daqui!

ÚRSULA (*Perfeitamente lúcida.*) – Já não estou louca, meu caro irmão. Meu bem-amado e minha querida filha me devolveram a razão.

MAURÍCIO – Teu bem-amado? Tua querida filha? Se te referes àquele cigano imundo, fica tu sabendo que há muitos anos eu mesmo o ceguei com uma chicotada. Deve andar esmolando pelas sarjetas. E quanto a tua ingrata filha, eu a expulsei de meus domínios. Não há lugar para meretrizes no castelo do conde Maurício de Belmont. E tu, mais do que ninguém, sabes muito bem disso...

ÚRSULA (*Muito segura.*) – Tua maldade não tem limites, Maurício. Os sofrimentos que já causaste, as vidas que destruíste certamente fariam petrificar a própria Górgona.

MAURÍCIO (*Interrompendo-a.*) – Ousas acusar-me? Foste tu – tu, minha cara irmã – quem iniciou este rosário de desgraças. És tu, e apenas tu, a culpada de tudo. Ou não te recordas? Queres que te refresque a memória? Mesmo antes de te amancebares com aquele cigano asqueroso, já me desafiavas, insuflando os mineiros do Vale Negro contra mim. Contra mim, teu próprio irmão! Tu, uma aristocrata, uma condessa do clã dos Belmont!

ÚRSULA – Sim, uma aristocrata, uma condessa de Belmont. Mas, antes de tudo, uma mulher. E uma mulher com coração! Não podia assistir indiferente aos tormentos dos desventurados mineiros e de suas miseráveis famílias. Explorados, inermes, escravizados por ti, meu irmão! Os camponeses entregando suas lamentáveis vidas às profundezas da terra de teu porco latifúndio, enquanto as mulheres, as criancinhas e os anciãos inocentes morriam à míngua em suas fétidas choupanas. Foi a caridade que me levou...

MAURÍCIO (*Interrompendo-a.*) – Caridade? Chamas de caridade a teu gesto de incitamento à rebelião contra a autoridade?

ÚRSULA – Aproximei-me dos mineiros, inicialmente, movida por um sentimento cristão de amor ao próximo. Queria somente mitigar as duras penas impostas por ti àqueles infelizes. Queria levar-lhes comida e agasalho, ensinar àquelas pobres criancinhas a cartilha e o catecismo. Mas o verdadeiro espírito de solidariedade humana, eu o aprendi com aquele que consideras um pária: Vassili!

MAURÍCIO – Maldito seja!

ÚRSULA – Sim, ele mesmo. Foi Vassili quem me ensinou que o mundo não precisa necessariamente ser dividido entre pobres e ricos, em miseráveis e poderosos, em senhores e escravos. Em nobres, de um lado, e em mineiros, ciganos e negros do outro.

MAURÍCIO – Basta! Já foste longe demais, insensata! Vejo que estás mais demente do que nunca. Retorna a teu repulsivo subterrâneo. Nada tens a fazer aqui, na casa que desonraste. Teu sonho libertário acabou! (*Irônico.*) E, contudo teu coração inda pulse, a própria vida acabou para ti, espectro de gente!

ÚRSULA (*Muito calma.*) – Enganas-te, mui prezado irmão. Após tantos anos obnubilada, a vida recomeça para mim. Neste exato momento, quando acabo de reencontrar meu marido e minha filha. (*Afasta* o *reposteiro e aparecem Vassili, Rosalinda, Jezebel e Agatha.*)

CENA 14

MAURÍCIO – Jezebel! Vassili! Rosalinda! Não é possível! (*Tosse.*) Agatha, Agatha, minha tisana!

AGATHA (*Libertando-se de Jezebel, muito sôfrega, apanha* o *vidro.*) Pronto, senhor conde. Aqui está.

JEZEBEL – Déjame ver este frasco.

AGATHA (*Tentando escondê-lo.*) – Não!

JEZEBEL (*Matreira.*) – ¿Y por qué no? Por lo que dicen, se trata apenas de una tisana medicinal. (*Arranca-o das mãos de Agatha e cheira-o.*) ¡Tisana medicinal! Esto es un fuerte veneno: ¡arsénico!

TODOS - Ooohhh!!!

JEZEBEL – ¡La jorobada está asesinando lentamente al conde!

MAURÍCIO – Veneno! Oh, ingrata Agatha! E eu que te supunha a única criatura no mundo a manter-me alguma fidelidade! (*Tosse e entra em violenta crise.*)

AGATHA – Pois te enganaste, velhaco! Eu sempre quis apenas tua fortuna!

ÚRSULA – Não a deixem fugir!

VASSILI (*Segurando Agatha.*) – ¡No te escaparás, maldita!

MAURÍCIO (*Tossindo muito.*) – Ledo engano! Meu esfalfado coração já não resiste a esses golpes cruéis... Que trevosa sina a minha! Ajudem-me que morro! (*Para Jezebel.*) Cigana Jezebel, antes de morrer quero revelar-vos um segredo.

JEZEBEL – ¿Un secreto? Por mí no escucharía tus sucias palabras. Pero la muerte es poderosa. Está bien. Habla.

MAURÍCIO – Jezebel... sempre vos amei.

TODOS – Ooohhh!!!

MAURÍCIO – Jezebel, ah, Jezebel, deixai-me repetir vosso nome como se música fora para meus fatigados ouvidos... Jezebel, meu sonho mais acalentado sempre foi beijar vossos lábios de carmim. Tivesse tido eu tal privilégio, quiçá o destino não me houvesse transformado neste sórdido algoz que ora agoniza. Mas sempre me desprezastes. (*Tosse.*) Jezebel, não negueis o derradeiro pedido de um moribundo. Sinto que morro, Jezebel. Dai-me um beijo. Um único beijo, um derradeiro beijo e morrerei feliz.

JEZEBEL (*Hesita. Todos olham. Acaba curvando-se e beijando-o.*) – Mi corazón siempre pertenecerá a Vassili, aunque el no me quiera. Que los dioses se apiaden de tu espíritu.

MAURÍCIO – Rosalinda, sobrinha querida... Úrsula, minha devotada irmã... Desventurado cigano Vassili, eternamente a vagar pelas sombras... Todos vítimas de minha cega cupidez! Por tudo que há de mais sagrado, perdoai-me! Deixo para vós toda a minha fortuna. (*Morre.*)

JEZEBEL – Se finó. (*Fecha os olhos dele com delicadeza e melancolia.*) Acabó. Está muerto. (*Rosalinda e Úrsula choram.*)

AGATHA (*Aproveitando-se da emoção de Vassili, apanha a bengala que Maurício deixou cair.*) – Adeus, idiotas! Não me pegarão com vida. (*Vassili tenta agarrá-la. Leva uma pancada na cabeça e cai desfalecido. Agatha foge rindo às gargalhadas.*)

ÚRSULA – Vassili! Oh, meu Deus, ela o matou!

ROSALINDA – Papai, papai! Fala comigo!

JEZEBEL – ¡Maldición! (*Ouvem-se os cães latindo. Jezebel corre à janela.*) ¡Los perros se despertaron y van a atacarla! ¡ Qué escena horrible! ¡Dios mío, la están destrozando! ¡Tanta sangre! (*Pausa.*) ¿Qué es esto ahora? Hay un caballero que llega. Pero demasiado tarde... Y saca una escopeta, la apunta hacia los perros. (*Ouvem-se vários estampidos.*)

ROSALINDA (*Correndo à janela.*) – Rafael, só pode ser ele!

JEZEBEL – ¿Quién es ese hombre?

ROSALINDA (*Baixando os olhos.*) – O pai de meu filho.

VASSILI (*Despertando.*) – ¿Qué oigo? Mi hija...

TODOS – Vassili! Papai! Ele está vivo!

VASSILI (*Ainda tonto.*) – Sí. Estoy más vivo que nunca. Y quiero saber, Rosalinda, de que hombre estás hablando.

ROSALINDA (*Dolorosa.*) – Do homem por quem me apaixonei. Do biltre infame a quem – ah, tola donzela, iludida por perfídias! – entreguei minha pureza, e que me desgraçou.

CENA 15

RAFAEL (*Entrando com o corpo de Agatha.*) – Os cães a destroçaram.

ÚRSULA – Teve o fim que merecia.

JEZEBEL – ¡Pobre jorobada!

RAFAEL – Rosalinda, eu...

ROSALINDA (*Cortando.*) – Que mais ainda quereis de mim, cruel mancebo? Ide-vos daqui. Atraiçoastes-me com vossas juras inconseqüentes, com vosso falso amor.

RAFAEL (*Contrito.*) – Vim justamente pedir-vos perdão por todo o mal que involuntariamente vos causei. Estou amargamente arrependido. Desde que vos desonrei, vossa imagem não me sai do pensamento. Doce Rosalinda, julgo enlouquecer sem vosso amor. Quero reparar meu erro. Perdoai-me, por piedade. Vim pedir vossa mão ao conde Maurício.

ROSALINDA – Tarde demais. Ele está morto.

VASSILI (*Levantando-se.*) – Pero yo la concedo. Yo soy su verdadero padre. Si es seguro que usted quiere a mi hija de verdad... (*Interrompendo-se, olhando em volta.*) Pero, ¿qué pasa? Siento como un vértigo...

ÚRSULA – Vassili, o que tens? O sangue fugiu de tuas faces.

VASSILI – No comprendo... Mis ojos. Yo podia anteriormente descifrar algunos colores... el verde, el azul... Sí, porque no hay negror en la ceguera... Sólo una luminosidad... una luminosidad en las solombras... (*Olhando para qualquer coisa vermelha que há em cena.*) Pero la escarlata... Hace cuanto tiempo no la veía... ¡Por Dios, la escarlata!

JEZEBEL – Es una alucinación. Vassili, siéntate un poco. Estás fatigado de tantas emociones.

ÚRSULA – Vem, querido.

VASSILI – ¡No, no! Quiero quedarme de pie. Mis ojos... no comprendo... ¿Qué luz es esa que me ciega? ¡Qué claridad tan asombrosa hay en el mundo!

ROSALINDA – Papai, papai!

VASSILI – Quiero ver... ver... Nos es posible, no lo puedo creer, ¡no es verdad! Es un milagro... un verdadero milagro, ¡un milagro divino! (*Olhando uma a uma, incrédulo.*) Jezebel, Úrsula, Rosalinda: ¡empiezo a ver claramente vuestros rostros queridos!

ÚRSULA – A pancada que Agatha te deu...

ROSALINDA – ...fez com que vossa visão voltasse!...

VASSILI – Sí, sí, por los dioses, ¡sí! Jesús, Jesús, ¡yo recuperé la visión!

JEZEBEL – ¡Alabado sea Dios!

TODOS – ¡Alabado sea!

RAFAEL (*Para Rosalinda.*) – Então, quereis contrair matrimônio comigo?

ROSALINDA – Minha resposta só poderia ser afirmativa, meu amado. Não conseguiria ocultar por mais tempo que meu coração vos pertence desde o primeiro momento que vos vi! (*Beijam-se apaixonadamente.*)

VASSILI – Ahora seremos todos felices...

ROSALINDA – Sim, os sofrimentos tiveram seu fim.

RAFAEL – Agora, a paz e a justiça reinarão para sempre no castelo de Belmont.

ÚRSULA – Amanhã mesmo triplicarei o salário dos mineiros.

ROSALINDA – Oh, meu Deus, como agradecer-vos tanta felicidade?

JEZEBEL – ¡Las cartas no mienten jamás!

NARRADOR – E assim, punidos os culpados, e terminados os infortúnios daquelas almas abnegadas, cerremos docemente as cortinas sobre este quadro familiar, enquanto as auras da noite, acariciando o seio das flores, cantam o hino misterioso do amor, da ventura e da paz.

ZONA CONTAMINADA

Comédia negra em um ato

Para Scarlet Moon de Chevalier, que me fez escrever e me ajuda a viver, com gratidão e amizade.

PERSONAGENS

Vera, entre 25 e 35 anos. Forte, rude, decidida. Imagino-a com roupas de guerrilheira, cartucheiras tramadas no peito, um fuzil, cantil, talvez chapéu estilo caubói. Mas também a imagino toda de couro negro, cabelos muito curtos, eriçados, descoloridos. De qualquer forma, seu visual deve dar a idéia exata do que ela fundamentalmente é: uma guerreira. Iansã de frente.

Carmem, irmã de Vera, mais ou menos da mesma idade, mas o oposto dela. Roupas leves, esvoaçantes – tule, musselina, seda. Visual um tanto pré-rafaelita, um tanto gótica (meio morta-viva). Anda descalça, cabelos que imagino longos sempre soltos. Talvez use coroas de flores, pulseiras. Oxum de frente.

Mr. Nostálgio, homem de idade indefinida, quase um clown. Maquiagem muito branca, cravo vermelho na lapela, luvas brancas, smoking impecável, talvez polainas e uma bengala. Imagino que fala às vezes com sotaque lusitano. Também pode ser feito por uma atriz.

Nostradamus Pereira: um D.J. de qualquer idade, muito agitado. Pode também usar tanto roupas no estilo grunge (boné virado, bermudão, camisetona) quanto fantasias tipo Chacrinha. Fica a critério do diretor.

Enquanto fala talvez ritmadamente, como um rapper, dança e se agita muito. Talvez tenha um alto-falante e um walk-man, quem sabe também muitos buttons.

Homem de Calmaritá, por volta de 30 anos. Forte e musculoso, gostosíssimo, mas castigado. Está coberto de trapos que deixam entrever nesgas de carne, músculos, pêlos. É da maior importância que passe uma impressão de irresistível sensualidade, bem animal.

Coro dos Contaminados, fica a critério do diretor incluí-lo ou não, mas acho que seria ótimo. Imagino alguns bailarinos – uns cinco ou mais, homens e mulheres – cobertos de farrapos e chagas. Eles geralmente acompanham as emissões de Nostradamus, mas também podem participar de outras ações, sempre coreografados. Seu texto, como um coral, limita-se ao refrão das *Litanias de Satã*, de Baudelaire ("Tem piedade, Satã, desta longa miséria!"), ou eventualmente algum mote tipo: Atotô, Obaluaê, atotô! ("Livrai-nos de nossas chagas!, Compadecei-vos de nossas feridas!") Algumas de suas intervenções estão sugeridas no texto, mas o diretor é livre para criar outras e também para eliminá-las.

CENÁRIO

Basicamente, o interior de uma loja funerária que sofreu um incêndio. Entre escombros, portanto, há coroas de flores metálicas, caixões, ex-votos, tralhas do gênero. Tudo pode ser apenas sugerido, mas é fundamental pelo menos um caixão à vista (a cama de Carmem). Esse espaço pode ser chamado Plano Real, é nele que acontece a maior parte da ação. Em nível diferente, mais alto, ou num canto do palco (penso nele um pouco mais alto), fica o Plano Alfa. Imagino-o completamente branco, ou preto, ou violeta – mas, de qualquer forma, de cor contrastante com o Plano anterior. Noutro canto, da mesma maneira que o anterior, fica o Plano da Nostalgia. Penso em sépia ou bege, ou um biombo recoberto de papel de parede estilo inglês. Há nele uma poltrona bergère, uma cadeira de balanço ou recamier, se o diretor quiser também uma mesinha com abajur art-nouveau em cima. Mr. Nostálgio é muito, muito chique. Há ainda um quarto espaço – o Plano Mídia – onde fica Nostradamus Pereira. Dependendo das possibilidades do palco e do diretor, esse plano pode ser um praticável levadiço ou nem sequer existir. Nesse caso, Nostradamus move-se por todo o palco, invade todos os espaços, sempre seguido pelo

Coro dos Contaminados (se houver), que faz backing vocal e repete como um eco coisas que ele diz.

OUTRAS INDICAÇÕES/SUGESTÕES

1. Dependendo do tipo de teatro, os vários Planos podem ficar fora do palco. Nesse caso, o espectador ficaria cercado pelo espetáculo, com várias cenas acontecendo simultânea e vertiginosamente. 2. Nostradamus Pereira intercala música em seu texto. As citadas são apenas sugestões do autor. 3. No Plano Mídia pode haver um telão, exibindo eventualmente cenas de Grande Catástrofe ou ruas desertas, montanhas de lixo. O diretor fica livre para pirar, dos horrores dos campos de concentração nazistas, passando pela talidomida, explosões nucleares (um bom cogumelo atômico), vírus (dá-lhe HIV!) ampliados, flores carnívoras etc. Enfim, *Zona Contaminada* em nenhum momento se pretende um texto pronto. Pode ser tanto uma comédia de humor negro, modesta, ou um espetáculo alucinado. Depende do diretor, da produção, do espaço disponível. Também quero deixar bem claro que o texto está aberto às improvisações dos atores, sobretudo o de Nostradamus Pereira.

CENA 1

Palco totalmente escuro. Aos poucos, exatamente como se amanhecesse, a luz vai crescendo lentissimamente. No Plano da Nostalgia, sentado em sua bergère, como se dormisse, ou abanando-se suavemente com um leque, está Mr. Nostálgio. No Plano Mídia, Nostradamus Pereira dança loucamente com um walk-man, cujo som a platéia não ouve. No Plano Alfa, magnífico e seminu está o Homem de Calmaritá. Ele acaricia sensualmente o próprio corpo, passa a mão entre as coxas, geme, apalpa os mamilos, como numa masturbação não exclusivamente genital. No Plano Real, continua a treva: nada se vê.

CENA 2

HOMEM DE CALMARITÁ (*Continuando a acariciar-se.*) – Ah vem, mata a minha sede. Por piedade, mata a minha sede que já dura há tantos anos. Aqui, põe a tua língua aqui. Assim. Mais para a esquerda, como antigamente. Como antes da Grande Peste, me morde, me arranha, me rasga. E me toca. Com os dedos, por favor, com os dedos. Bem fundo. Eu quero ficar todo melado dentro de ti. (*Subitamente pára, como se ouvisse ruídos. Em voz baixa.*) Quem está aí? Tem alguém aí? (*À parte.*) Maldição, deve ser algum contaminado. Preciso me esconder. (*Procura com os olhos, dobra-se todo de cócoras, num canto, e fica imóvel.*)

VERA (*Entrando, o fuzil nas mãos, falando alto, ameaçadora.*) – Quem está aí? Tem alguém aí? (*Procura.*) Maldição, deve ser algum contaminado. Preciso matá-lo. (*Aos gritos.*) Sai daí, besta imunda! Mostra tua cara purulenta, verme do Apocalipse!

HOMEM DE CALMARITÁ (*Saltando sobre Vera.*) – Aqui, olha bem. Aqui está minha cara, contaminada dos infernos.

VERA (*Debatendo-se.*) – Me larga, eu não estou contaminada! Não me toca, não me passa a tua peste.

HOMEM (*Joga-a no chão, domina-a.*) – Todos dizem a mesma coisa. Deixa ver essa carinha. Hum... é verdade, não tem nenhuma mancha. Nenhuma ferida. Bom, isso não prova nada. A Peste deve estar em seus estágios iniciais. No começo não se nota nada. Deixa ver esses peitos... (*Rasga a roupa de Vera, que continua a gritar e a debater-se.*) Essa barriguinha... Nossa, parece perfeita.

VERA – Eu estou perfeita! Me larga, eu não quero, me deixa.

HOMEM – Sinto muito, meu bem. Não acredito em você. Preciso salvar a minha pele. Vai ter que ser do jeito mais prudente, então. (*Vera continua a gritar. O Homem a amarra pelos pulsos e tornozelos, amordaça-a – tudo com trapos que arranca da própria roupa. É um estupro. Vera debate-se como pode. O Homem então tira um par de luvas de borracha de algum lugar, veste-as e começa a lubrificá-las lentamente. Ergue as mãos para o alto. Luz somente nas mãos enluvadas do Homem, tempo suficiente para que Vera saia debaixo dele e desça para o Plano Real. À medida então que a luz diminui no Plano Alfa, aumenta no Plano Real.*)

CENA 3

VERA (*Espreguiçando-se, deitada num saco de dormir.*) – Amanheceu outra vez. Droga, outra vez aquele sonho. Tão bom... Ah, que homem. Tão forte. Tão duro. Tesão e fome, todo dia a mesma coisa. Nunca sei o que acontece primeiro. A fome começa aqui (*Apalpa o estômago.*), parece um buraco fundo. E vai subindo, subindo devagar. Depois aperta a garganta e seca na boca. Como areia. Então arde, arde tanto, como arde. Fome e tesão. Nunca sei qual o mais forte. O tesão começa aqui. (*Apalpa o sexo.*) Amolece, umedece, entorpece e vai subindo também, subindo. (*Acaricia os seios.*) Faz uma volta redonda, bem nos bicos dos meus seios, devagarinho, até deixá-los duros, rijos, de pedra. Dois pregos fincados no espaço. Depois arde, arde tanto, como arde.

CARMEM (*Abrindo a tampa de um caixão de defunto, cantarola.*) – Bom dia, dia! Bom dia, alegria! Bom dia, sal! Bom dia, sul! Bom dia, Sol!

VERA – Não existe mais Sol. As nuvens radioativas cobriram tudo, meu bem.

CARMEM (*Saindo do caixão.*) – Imagina. De alguma forma, por trás das nuvens, em algum lugar do infinito, deve continuar existindo aquele mesmo Sol. Imenso, amarelo, redondo, quente.

VERA – Tão quente que faz a pele da gente ficar cheia de feridas que não cicatrizam nunca.

CARMEM – Era uma vez uma irmãzinha que acordava todo dia num mau humor horroroso... Verinha, Verinha. Você continua a mesma, desde criança. Ainda bem que estou acostumada.

VERA – Aqui e agora, eu odeio estar viva aqui e agora.

CARMEM – Sei, sei, sei. Mas depois de um bom café qualquer um muda de idéia. Que tal um cafezinho bem quentinho e uma geleiazinha de moranguinhos num pãozinho bem fresquinho para adoçar o nosso diazinho que começa tão azedinho?

VERA – Ai Carmenzinha, como você é idiotinha...

CARMEM (*Fingindo não ouvir.*) – Então, o que é que temos para o nosso petit dejéneur? Bonjour, madame! Une baguette de campagne, s'il vous plaît! Merci beaucoup, belle journée!

VERA – Nem baguete nem salete: os víveres acabaram.

CARMEM (*Bem british.*) – I beg your pardon?

VERA (*Silabando.*) – A-ca-ba-ram. Necas de pitibiriba. O rango c'est fini. Kapput.

CARMEM – Não é possível.

VERA – Não ficou picas. Nem um grão-de-bico.

CARMEM – Mas a semana passada você trouxe tanta coisa. Salmão, caviar, anchovas daquele supermercado chiquérrimo. O que aconteceu?

VERA – Você come demais, querida. Já olhou a sua bunda? (*Pega o fuzil.*) Tudo bem, vou sair pra buscar mais. Supermercado abandonado é o que não falta.

CARMEM – Você vai me deixar outra vez sozinha aqui? Ah, Vera, a última vez foi horrível. Você demorou horas, cheguei até a pensar que eles tinham apanhado você, e que logo viriam me pegar também, e que nós estávamos perdidas, e que...

VERA (*Cortando.*) – Você pensa muita bobagem. Afinal, você sabe perfeitamente que se eles me pegarem eu não vou dizer nada. Podem me matar, ou me contaminar, o que é pior, mas eu não digo nada.

CARMEM – Não quero ficar sozinha aqui.

VERA – Então vem comigo.

CARMEM – Deus me livre.

VERA – Por quê? Vamos nós duas juntas. Por que é que tem que ser sempre eu, enquanto você fica aí no bem-bom, delirando dentro desse caixão medonho?

CARMEM – Não fale assim do meu caixão. Ele é todo acetinado. E além disso você sabe muito bem que só estou tentando me acostumar com a idéia da morte. É assim uma espécie de... laboratório.

VERA – Laboratório? Só se for de cientista louca. Pois eu estou tentando me acostumar com a idéia da vida. Ou do que sobrou dela. A idéia da morte... como você é tola. Vem comigo, só uma vez. Vamos ver a cidade. Ou o que restou da cidade, meu bem. Não existe nada mais morto do que as coisas lá do lado de fora.

CARMEM – Eu já vi o suficiente.

VERA – O horror nunca é suficiente.

CARMEM – Para mim é, para mim já bastou. Eu tenho medo. As ruas, você sabe, as ruas estão cheias daquelas pessoas, você sabe, aquelas pessoas...

VERA – Os contaminados.

CARMEM – Pois é, eu não quero ver. Não quero nem dizer o nome.

VERA – Mas não tem quase mais nenhum deles vivo, Carmem. Ninguém resiste muito tempo. Da última vez só vi uns dois ou três escondidos num beco. Amontoados no chão, enrolados nuns trapos, fedendo, cheios de pus. Pareciam uns cães sarnentos.

CARMEM – Pobrezinhos, devem sofrer tanto. Não dói só de a gente ver?

VERA – Mas você não vê quase nada. Você só sente o cheiro. Um cheiro adocicado de lixo. Um cheiro nojento, penetrante. Não adianta nada tapar o nariz. Aquele cheiro fura qualquer pano, atravessa qualquer parede. Empesta tudo, aquele cheiro podre perdido no meio dos destroços. Ruína, podridão: foi isso o que sobrou.

CARMEM (*Fingindo não ouvir.*) – Um figo seco, um biscoito, qualquer coisa. Estou com tanta fome. Não ficou mesmo nada por aí?

VERA (*Tirando um pão do bolso.*) – Tem esse resto de pão. Foi só o que sobrou. (*Atira-o para Carmem.*)

CARMEM (*Apanhando o pão.*) – Que lindo! Uma côdea, não era assim que se dizia nos livros? Graças a Deus, eu tenho fé que Ele não vai nos abandonar.

VERA – Já abandonou, honey.

CARMEM – Quer um pedacinho?

VERA – Pão velho, duro, seco.

CARMEM – Não fale assim do corpo de Cristo. É pecado.

VERA – Como se a gente fosse rato. Eu e você, duas ratazanas famintas enfiadas nesta toca imunda.

CARMEM – Não fale assim do nosso lar. É sacrilégio.

VERA – É melhor eu ir andando. Quanto mais cedo, mais seguro. Os contaminados têm horror à luz do sol.

CARMEM – Mas você mesma disse que não tem mais Sol, irmãzinha.

VERA – Sol? Tem razão. Na verdade, quando digo "sol", eu quero dizer os raios do inferno que ainda conseguem furar as nuvens de chumbo. Esse mormaço branco, viscoso, que rói a pele da gente. A luz diabólica que mata todas as malditas criaturas que insistem em continuar vivas, inclusive nós.

CENA 4

Nesse momento entra um ruído eletrônico fortíssimo. Carmem e Vera estatizam, Vera com o fuzil, Carmem com o pedaço de pão estendido para Vera. Luz sobre o Plano Mídia, onde está Nostradamus Pereira.

NOSTRADAMUS – E é cinco, um brinco. É quatro, que simulacro. É três, virou freguês. É dois, lá vem os bois. É um, um bum, é zero, é lero: Bom dia, queridos sobreviventes da Grande Catástrofe! Aqui quem fala é o seu repórter Nostradamus Pereira, porta-voz oficial do Comissariado do Poder Central, ao alvorecer da manhã do septuagésimo dia do Décimo Terceiro Ano da Peste, em sua primeira transmissão de hoje. E atenção, atenção, muita atenção. Durante a madrugada passada o sobrevivente identificado pelo número 2001-K-Beta-S-B-03 procurou o Centro de Denúncias da minha, da sua, da nossa Zona Contaminada, garantindo ter informações fresquinhas sobre o paradeiro das Sisters Salvadoras. Segundo ele, as fugitivas estariam ocultas num porão ao sul do Boulevard Césio 90. Batalhões armados até os dentes cercaram a área, mas as duas Sisters não foram localizadas. Mais tarde constatou-se – ouça! ouça! – estar o Sobrevivente 2001 de tal sofrendo das terríveis alucinações características do Estágio D da contaminação. Conte à mina, ação!

VERA – Saco. Sempre a mesma história. Eles não vão nos encontrar nunca.

CARMEM – Se Deus quiser, irmãzinha. (*Tentando mudar de assunto.*) Acho que por aqui ainda deve ter um pouco daquele café de ontem. Onde foi que eu deixei? Estava aqui, no meio daquela pilha de *Vanity Fair* que você trouxe outro dia. (*Encontra uma garrafa térmica, serve Vera.*) Está muito frio, querida?

VERA – Frio, fraco e fedorento. Mas tudo bem.

As duas ficam bebendo café em silêncio, enquanto prossegue a transmissão de Nostradamus.

NOSTRADAMUS – Como todos vocês estão cansados de saber, após a Grande Catástrofe, por um fenomenal fenômeno fescenino as irmãs Carmem e Vera são as únicas mulheres sobreviventes ainda com seus úteros em perfeitas condições de funcionamento, e portanto as únicas mulheres vivas capazes de evitar, através da procriação, a completa extinção da humanidade. Além disso, cientistas especulam a possibilidade da criação de uma nova espécie de mutantes, resultante do cruzamento de uma ou ambas as fugitivas Sisters com algum contaminado. Toda a cidade está cercada, todas as ruas vigiadas, todas as saídas controladas. (*Volta o ruído eletrônico enquanto a voz de Nostradamus vai desaparecendo.*) Qualquer informação sobre Carmem e Vera, as Sisters Salvadoras, será regiamente recompensada pelo Poder Central. Eu disse regiamente, maravilhosamente, generosamente, abundantemente, mente, mente. Vocês ouviram o seu repórter Nostradamus Pereira, em sua primeira transmissão diária. E agora fiquem com outro hit dos velhos bons tempos anteriores à Grande Catástrofe. Com vocês, a deusa do fin-de-siècle passado: Ma-don-na, The Big Bitch. Dá-lhe, vacona! (*Entra "Material Girl", "Like a Virgin" ou algo assim.*)

CENA 5

CARMEM (*Erguendo o pão seco em direção ao alto, litúrgica.*) – Corpo de Cristo, oh doce e sagrado Corpo de Nosso Senhor Jesus Cristo, derramai sobre nós Vossas sagradas bênçãos. (*Benze-se com o pão.*) Em nome do Pai, do Filho, do Esp...

VERA (*Cortando.*) – Caralho! Não me pegarão com vida. Eu me recuso, ouviu? Eu me recuso a entregar meu corpo para esses monstros. Prefiro morrer de fome.

CARMEM – Os desígnios de Deus são insondáveis, querida.

VERA – Pare de me chamar de querida, querida.

CARMEM – Às vezes acho que seria mais fácil se a gente se entregasse logo, queri...

VERA – Para fazer um filho com um desses monstros sobreviventes? Um filho monstro, também? Pois eu não. No que depender de mim, a humanidade acabou. Foda-se a raça humana. Entregue-se você, se quiser. Na melhor das hipóteses, viro tia de um monstrinho bem nojentinho.

CARMEM – Que amor!

VERA – Às vezes eu acho que você ficou completamente louca. (*Pega o fuzil, decidida.*) Chega de bobagem. Eu volto logo. (*Vai saindo. Pára e apanha um par de luvas de borracha.*)

CARMEM – Vera, volte aqui. Não me deixe sozinha pelo amor de Deus!

VERA (*Vestindo as luvas, lentamente.*) – Calma, querida. Fala baixo, você quer que eles nos encontrem? Fica em paz, fica calma. Dorme, sonha. Aproveita. Eu também vou aproveitar, pode ter certeza. (*Sai.*)

CARMEM – Não esquece de trazer a gasolina! E vê se encontra aquela biografia da Lady Di! (*À parte.*) Coitadinha, dizem que foi das primeiras a ser contaminada. Ah, eu também queria uns bombons. E batom, e esmalte. Meu Deus, eu esqueci do esmalte...

CENA 6

Enquanto Carmem fala sozinha, enumerando futilidades, acende-se a luz no Plano da Nostalgia. Mr. Nostálgio está parado, com uma rosa vermelha nas mãos estendidas para Carmem.

CARMEM (*Chorosa, dá voltas pelo palco. Pega um espanador de penas, espana o caixão, fecha a tampa e coloca uma coroa de flores em cima. Senta-se no centro do palco com o pedaço de pão nas mãos.*) – Bendita seja a sagrada refeição que me dais hoje, Senhor. Em vossas divinas mãos entrego meu destino, seja ele qual for. Imploro-vos de rastros que perdoe minha irmã Vera – ela não sabe o que faz e sem sua força e proteção, ainda que tivesse todo o ouro do mundo eu nada seria. Aroboboi, Oxumaré, aroboboi! Ave Maria, cheia de graça, se eu gritasse, quem na legião dos anjos escutaria meu grito? Vida, doçura e esperança nossa. Salve Rainha, mãe de misericórdia – eparrê-i, Iansã! – o fruto de vosso ventre Jesus. Oraiê-ô, minha mãe Oxum! Por ti rogamos, por ti imploramos neste vale de lágrimas amargas de Petra von Kant.

Enquanto Carmem reza (a atriz pode improvisar à vontade), Mr. Nostálgio aproxima-se cada vez mais. Ao fundo, sobem os acordes de alguma valsa bem conhecida, "Ondas do Danúbio", "Desde L'Alma" ou algo assim.

CARMEM – E no sétimo dia sete anjos desceram de suas sete casas, sete moradas, com suas sete espadas de fogo, e em nome do Senhor proclamaram aos sete ventos, sete moradas, que se fizesse silêncio por todos os cantos crestados desta terra calcinada por sete carcinomas cancerígenos, oh vale lamacento do Estige...

NOSTÁLGIO (*Curvando-se, muito formal.*) – A trêfega senhorita dar-me-ia a honra desta contradança?

CARMEM – Falou comigo, cavalheiro?

NOSTÁLGIO – Pois evidente que sim. Dar-me-ia a honra da contradança, gentil donzela?

CARMEM – A honra é toda minha, ilustre mancebo.

NOSTÁLGIO (*Oferecendo a rosa.*) – Aceite, como singela prenda de minha ardente admiração e afeto. Uma modesta rosa para enfeitar a suprema rainha de todas as flores.

CARMEM – Que exagero, garboso jovem. (*Coloca a rosa nos cabelos.*) Mas aceito vossa prenda, embora ainda não saiba sua graça.

NOSTÁLGIO (*Enlaçando-a, começam a dançar.*) – Nostálgio, a senhorita pode chamar-me assim. Alguns preferem Nos, outros apenas Gio. Mas prefiro Mr. Nostálgio. Um criado seu, obrigado. E vossa mercê, se indiscrição não o fora?

CARMEM – Apenas Carmem. Tout-court. Duas sílabas crocantes: Car e Mem.

NOSTÁLGIO – Nome de cigana... Oblíqua, dissimulada.

CARMEM (*Muito coquete.*) – Cigana eu, nobre senhor? Nada tenho de cruéis dissímulos, podeis crer. Ao contrário, fui, sou e sempre serei a mais sincera dentre todas as donzelas.

NOSTÁLGIO – Ah, doce e fatal veneno que a um só tempo mata e embriaga: teu nome sempre será Mulher...

CARMEM – Mas deixemos de lisonjas, cavalheiro. Quem é mesmo o senhor?

NOSTÁLGIO – Sou aquilo que foi e não volta. Tudo aquilo que persiste no coração dos mortais, apesar das guerras, das pestes. Sou o que resta na memória, além da passagem vertiginosa e implacável do Tempo.

CARMEM – Que romântico!

NOSTÁLGIO – Sou o jardim de um sobrado de subúrbio, coberto por todas as cores de todas as flores recém-desabrochadas. Sou a praia deserta varrida pelo vento nas noites de lua cheia.

CARMEM – Sois tantas coisas belas, senhor...

NOSTÁLGIO – Sou o bolero eternamente vivo na lembrança dos velhos enamorados.

CARMEM (*Cantarolando.*) – "Acuerdáte en Acapulco, de aquellas noches, Maria bonita, Maria del alma..."

NOSTÁLGIO – Sou o perfume no vale entre os seios da bem-amada.

CARMEM – Poison! Eternity! And last but not least: Chanel número 5!

NOSTÁLGIO – Sou o suspiro.

CARMEM – Ai!

NOSTÁLGIO – A pérola.

CARMEM – Autêntica.

NOSTÁLGIO – A orquídea, a ametista, o sândalo, o arquipélago.

CARMEM – A ametista, o sândalo, o arquipélago. (*Valsam, enlevados, até que ela* o *empurra bruscamente.*) E eu, quem sou eu? Não sou nada, seu idiota. Não passo de uma desgraçada que nada tem de seu além de um sonho falso. (*A valsa pára bruscamente.*)

NOSTÁLGIO – Calma, senhorita! Vosso ânimo arrefeceu tão súbito... Qu'est que se passe, mon bijou?

CARMEM (*Em transe, recitando Fernando Pessoa.*) – "É o dia... Vêde, vêde, é dia já... Fazei tudo por reparardes só no dia, no dia real, ali fora... Vêde-o, vêde-o..." Não consigo esquecer aquele dia. Por mais que o tempo passe, eu não consigo. (*Noutro tom.*) Mas venha, venha. Não podemos perder tempo. Ah, enlace-me como antes. Vamos continuar dançando. Dançando sobre as cinzas de tudo. Venha, vamos valsar entre as ruínas. A valsa continua, a valsa não pode parar! (*Ri como se estivesse bêbada.*) Música, maestro! "Dai-me mais vinho, porque a vida é nada!" (*Tenta cantarolar, enquanto puxa um relutante Nostálgio.*) Tam-tara-ram-tara-ram... Dance comigo, voe comigo! Tam-tara-ram-tara-ram-ra-ram...

CENA 7

Grotescos, patéticos, Carmem e Mr. Nostálgio tentam dançar sem música. Carmem esbarra em coisas, ri muito, descontrolada. Enquanto isso, acende-se a luz no Plano Alfa, onde pode-se ver Vera com o fuzil na mão. Carmem e Nostálgio ficam estáticos.

VERA – Quem está aí? Responde, senão atiro. (*Engatilha o fuzil, aponta.*) Vamos, responde logo. Eu sei que tem alguém aí. (*Cautelosa.*) É você? Responde logo, senão atiro.

HOMEM DE CALMARITÁ (*Aparece subitamente, segura-a por trás.*) – Claro que sou eu, meu amor. Não sentiu o meu cheiro?

VERA – Não me toque.

HOMEM – Que é isso? Por que não? É tão bom sempre. Você gosta, eu gosto. Vem cá, deixa disso.

VERA – Estive pensando, é melhor acabar logo com tudo.

HOMEM (*Tirando o fuzil das mãos dela.*) – O quê? Você quer acabar com a única coisa que nós temos? Ora, garota, nós não temos nada, você e eu, além de nós mesmos. Nenhuma esperança, nenhum futuro. Nós só temos hoje e medo.

VERA – Agora e terror.

HOMEM – The horror... The horror...

VERA – Tesão e fome.

HOMEM – Isso. Tesão e fome, ao mesmo tempo. Vem cá, deixa eu comer você. Deixa eu matar minha fome.

VERA – Não! Hoje é a última vez que nos encontramos.

HOMEM (*Acariciando-a, ela começa a ceder.*) – Não diga isso. Foi um verdadeiro milagre a gente ter se encontrado. Você não tem o direito de jogar isso fora.

VERA – Você é tão belo... tão forte... Não sei o que seria de mim se você não tivesse aparecido. Mas eu tenho uma intuição estranha... como uma certeza... uma certeza absurda que você vai me trair. (*Afasta-o.*) Vai embora, eu não posso confiar em você. É muito perigoso.

HOMEM – Não há perigo nenhum, garota. Nós não estamos contaminados. Sou um sobrevivente sadio, como você. Existem poucos iguais a nós. Estamos em extinção, você sabe. Temos que aproveitar. Vem cá. Deita aqui comigo, vem.

VERA (*Louca de tesão.*) – Maldito macho... E maldita a fenda entre minhas coxas que precisa do teu falo. (*Agarra-se nele.*) O teu cheiro, meu Deus, que loucura, eu tinha quase esquecido do teu cheiro. (*Cheira-o por todo o corpo.*) Aqui, embaixo do braço. Na curva do pescoço, nas virilhas. Teu cheiro fica grudado na minha pele quando a gente se separa. Dois, três dias, ele fica lá, guardado nas minhas dobras, secreto. Só eu posso sentir. E mesmo depois, quando parece que passa, porque não passa, continua aqui. (*Começa a vestir as luvas de borracha.*) Bem na ponta dos meus dedos.

HOMEM – Eu sabia. Não é verdade que você não me quer.

VERA – Claro que não é verdade. Claro que tudo é mentira. Vem, não se pode viver sem amor. Vem, me morde. Me machuca. Devagar. Me lambe.

A luz diminui um pouco no Plano Alfa, enquanto Vera e o Homem se abraçam com muitos gemidos. Ao mesmo tempo, a luz vai aumentando no Plano Real, onde Carmem e Mr. Nostálgio tentam valsar sem música.

CARMEM – Os cristais retinindo!

NOSTÁLGIO – O champanhe derramado sobre as rendas!

CARMEM – Ça vá! Ça vá!

No Plano Alfa:

HOMEM – Como você é gostosa.

VERA – Quero sentir o teu peso.

HOMEM – Deixa eu entrar em você.

VERA – Não esquece as luvas.

HOMEM (*Começa a vestir as luvas de borracha.*) – Não, meu amor, não esqueço nada.

VERA – Pela última vez.

HOMEM – Nada nunca será a última vez entre nós.

VERA – A última, sim. Melhor que a primeira. Mais fundo que todas.

HOMEM – Nunca, nada. Vamos ficar assim para sempre.

VERA – Repete, repete comigo: para sempre.

HOMEM (*Erguendo as mãos com as luvas de borracha.*) – Para sempre.

CENA 8

Os gemidos de Vera e do Homem – obscenos como os de um vídeo pornô – vão diminuindo de intensidade. Os dois voltam à obscuridade enquanto Carmem e Nostálgio continuam a rodopiar no Plano Real, mas sem música.

NOSTÁLGIO – Valsemos, minha musa. Valsemos, minha bela. As valsas não morrem nunca.

CARMEM (*Deixa-se levar um pouco, depois o empurra.*) – Pára com isso! Chega, me deixa em paz.

NOSTÁLGIO – Sou os pares enlaçados no centro do salão, a rodopiar vertiginosamente no ritmo da fantasia.

CARMEM (*Agressiva, tentando desvencilhar-se.*) – Você não é nada, você não passa de um boneco de cera com voz de fita cassete!

NOSTÁLGIO (*Soltando-a e falando mecanicamente.*) – Sou o ramo de miosótis esquecido entre as páginas amareladas de um livro de sonetos antigos.

CARMEM – Você é um robô ridículo. Fora daqui!

NOSTÁLGIO – O verso póstumo na algibeira do poeta suicida, ainda morno de seu coração.

CARMEM (*Aos gritos.*) – Um manequim, isso é o que você é! Um manequim de gesso pintado!

NOSTÁLGIO (*Afastando-se, cada vez mais longe.*) – O suavíssimo pulsar da andorinha peregrina, ferida em pleno vôo.

CENA 9

Volta luz tênue no Plano Alfa. O diálogo de Vera e do Homem entremeia o de Carmem e Nostálgio no Plano Real.

VERA – Mais fundo, mais longe. Assim, meu amor.
HOMEM – Como você gosta. Onde você gosta.
VERA – Aqui, assim. Devagar, por favor, devagar.
HOMEM – Vem comigo, meu amor.
VERA – Agora mais forte. Agora, agora. Não pára.
HOMEM – Junto comigo. Vem que eu te espero.
VERA – Estou indo. Estou indo.

No Plano Real:

CARMEM – Era de tarde, acho que era de tarde. E devia ser abril, tenho quase certeza. Tinha que ser em abril, o mais cruel dos meses. Sei que era abril porque as folhas começavam a amarelar nos plátanos da rua. Naquela tarde, naquele tempo. Nós estávamos no porão da casa. Eu olhava fotografias de um álbum antigo, minha irmã Vera preparava um vestido novo para a festa daquela noite. Eu não gostava de ir a festas, nunca ninguém me tirava pra dançar.

NOSTÁLGIO (*Ao longe.*) – Havia uma festa. Era uma vez. Faz muito tempo. Em algum lugar. Havia sempre naqueles dias. Ah, o brilho dos cristais, as luzes todas acesas, cintilando.

CARMEM – Então veio a luz. Nenhum barulho, nenhuma explosão. Nada, absolutamente nada. Só o silêncio e a luz. De repente. Uma luz cegante, esverdeada. Só aquela luz clareando tudo longe, dentro e fora do porão onde eu estava com Vera.

No Plano Alfa, a luz fica mais forte. O Homem continua deitado. Em pé, Vera faz contraponto a Carmem.

VERA – Uma luz insuportável. Parecia de vidro, de aço. Uma luz que cortava a retina da gente. Eu vi o reflexo dela no rosto de Carmem e deixei a tesoura cair no chão.

CARMEM – A tesoura de Vera caiu no chão e eu, sem querer, rasguei a fotografia que tinha nas mãos.

VERA – Carmem rasgou sem querer a fotografia, no mesmo momento em que a tesoura caiu no chão.

CARMEM – Plác! fez, um barulho seco. Plác!

VERA – Era uma foto de nós duas em Paris, bem em frente à Notre-Dame.

CARMEM – Papai e mamãe estavam fora. Talvez já tivessem morrido, eu não lembro.

VERA – Só muito depois encontramos os corpos de papai e mamãe. Os corpos... Eu quero dizer, as roupas. Dentro só tinha cinza, nem os ossos ficaram. Vários dias depois.

CARMEM – Primeiro veio o vento. Pelas janelinhas do porão dava pra ver o vento de fogo queimando tudo.

VERA – Eu podia imaginar que tudo mudaria tão completamente e para sempre depois daquela luz. Mas não fiz nenhum ruído. Para não ficar cega, tapei meus olhos com uma das mãos, e fiquei quieta quando o vento começou a soprar.

CARMEM – Eu comecei a gritar. De olhos fechados, para não ficar cega, eu gritei e gritei até perder a voz.

HOMEM (*Para Vera, no Plano Alfa.*) – Esquece, vem cá. De que adianta lembrar? As coisas não mudaram entre nós. Deita aqui comigo, vem. Outra vez, só mais uma.

VERA – Completamente. Desde aquele dia. Tudo mudou completamente. E para sempre.

A luz apaga no Plano Alfa.

CARMEM – Eu gritava, gritava. Como se estivesse louca. Como se o grito pudesse me salvar. Eu não conseguia parar de gritar.

NOSTÁLGIO – Acalme-se, por favor. A senhorita está demasiado atacada dos nervos. (*Toma-a pelo braço e começa a conduzi-la em direção ao caixão.*) Convém deveras repousar um poucochito.

CARMEM – Eu tenho tanto medo. (*Muito frágil.*) Por favor, senhor Nostálgio, não me deixe só. Não me obrigue a entrar no caixão.

NOSTÁLGIO – Apenas para o sono da beleza, senhorita. Que, diga-se de passagem, vosmecê nem necessita. Quinze, vinte minutos no máximo. A pele da senhorita acordará louçã como uma porcelana chinesa.

CARMEM – Era de tarde, sempre era de tarde ou de manhã naquele tempo. Agora parece que está sempre anoitecendo.

NOSTÁLGIO (*Acomodando-a no caixão.*) – Repousa, adormece, minha bela. Dorme e sonha, que a vida é apenas e nada mais que sonho. (*Ergue a tampa do caixão, está prestes a fechá-la, com Carmem dentro.*) Memória, fantasia, ilusão, quimeras. Pó, tudo pó. Já vai passar, já está passando. Pronto, pronto. Já passou.

CENA 10

NOSTÁLGIO (*Está por fechar a tampa do caixão quando entra novamente aquele ruído eletrônico das transmissões de Nostradamus. Luz no Plano Mídia. Enquanto Nostradamus fala, Carmem permanece estática dentro do caixão e Mr. Nostálgio começa a voltar ao Plano da Nostalgia.*)

NOSTRADAMUS – E ão, ão, ão: atenção, muita atenção, desventurados sobreviventes deste mundo cão. Aqui fala o seu repórter Nostradamus Pereira, o porta-voz do Apocalipse, em mais uma de suas transmissões diárias diretamente do centro da minha, da sua, da nossa Zona Contaminada. Que nada, gemada, porrada. É conta, é mina, é nada. E continuam as frenéticas buscas das Sisters Salvadoras Carmem e Vera, únicos seres capazes de salvar a humanidade da completa extinção – oh não, oh não, que escuridão! Batalhões patrulham incessantemente os escombros das ruas da cidade, à procura das Irmãs Sisters. Tudo está sob absoluto controle. Não deixe o sol queimar as suas pústulas: passe cinza nelas. Cinza Angra 2, à venda em qualquer Posto de Insalubridade bem perto da sua toca. E agora fiquemos com mais outro hit do século passado. Na voz tropical de Ney Matogrosso, para lembrar os velhos bons tempos do libido, vamos ouvir *Trepa no Coqueiro.* Sacudam suas muletas, moçada! Esta é pra quebrar o gesso!

A música toca um pouco (esta ou qualquer outra), depois diminui ao mesmo tempo em que volta a luz no Plano Alfa. A voz de Vera aos poucos sobrepõe-se à música.

VERA (*Para o Homem.*) – Você ouviu? É a segunda transmissão de hoje.

HOMEM – Sempre a mesma bobagem.

VERA – É muito tarde, eu tenho que ir.

Apaga-se a luz no Plano Alfa. Volta no Plano Real. Mr. Nostálgio está no seu Plano da Nostalgia, sentado na bergère ou numa cadeira de balanço. Carmem está sozinha no palco, dentro do caixão.

CARMEM (*Saindo do caixão.*) – Não havia uma festa? Aonde foi todo mundo? Todos sempre me deixam só, até Vera. Ela tem uma vida fora daqui, ela vê as coisas da rua. Eu não tenho nada. (*Olhando o próprio palco, os spots, a platéia.*) Só esta caixa preta. Estou trancada dentro desta caixa preta, cercada por olhos fosforecentes que observam cada um dos meus movimentos do fundo da escuridão. Observam e julgam, criticam. E esperam. (*Para a platéia.*) O que é que vocês esperam de mim? Eu não tenho nenhuma sugestão a fazer para melhorar a vida de vocês. Eu não tenho nada. (*Noutro tom.*) Não é justo. Eles sabem tudo sobre mim, vigiam todos os meus passos. E eu não sei nada sobre eles. Não conheço suas caras, nunca vi seus corpos. Sei apenas que seus olhos estão sempre lá, sempre aqui, à minha volta. Sina, fado, destino, carma. Ai de mim, mortal e desvairada! (*Procura algo dentro do caixão.*) Talvez sem eles eu nem existisse. Nem mesmo esta existência de merda. Mas o melhor a fazer é cantar, enquanto o tempo não passa. Cantar e dançar, essa é a única maneira de vencer o fim do mundo. Quem foi mesmo que disse isso? Ah não importa, já esqueci, esqueci tudo. (*Começa a espalhar pelo palco uma fileira de bandeirinhas de São João, bem coloridas.*) Não havia uma festa por aqui? Então vamos cantar, minha gente. Qualquer canção. Uma canção antiga, uma canção esquecida. Dessas que ninguém lembra mais. (*Canta.*) "E o balão vai subindo, vai caindo a garoa. A noite é tão linda e a chuva é tão boa. São João, São João, acende a fogueira no meu coração."

CENA 12

CARMEM (*Canta, dança e espalha bandeirinhas pelo Plano Real. Se houver o Coro dos Contaminados, pode colaborar com ela. Mr. Nostálgio também sai de seu Plano para ajudá-la. Todos brin-*

cam enquanto a luz diminui para voltar no Plano Alfa, sobre Vera e o Homem.)

VERA (*Tirando as luvas.*) – Deve passar do meio-dia. Tenho que ir.

HOMEM – Mais um pouco. Fica mais um pouco.

VERA – Não, é muito arriscado.

HOMEM – Eu levo você em casa.

VERA – E você acha que vou dizer onde moro?

HOMEM – Você não confia em mim?

VERA – Confio. Sei lá, acho que sim. Mas não a esse ponto. (*Procura o fuzil.*) Semana que vem eu volto.

HOMEM – É muito tempo. Uma semana, sete dias, cento e sessenta e oito horas.

VERA (*Rindo.*) – Dez mil e oitenta minutos, é isso? Nunca fui muito boa em contas. Mas juro que eu volto. (*Acaricia o Homem.*) Vou levando o seu cheiro junto comigo. (*Abraçam-se, olham-se em silêncio por algum tempo até que ela se volta para sair.*)

HOMEM (*Segurando-a pelo braço.*) – Espera.

VERA – Não posso ficar mais, já disse.

HOMEM – Não é isso. Tem uma coisa que eu quero te dizer, faz tempo.

VERA (*Irônica.*) – Que que foi? Vai me pedir em casamento?

HOMEM – Foge comigo.

VERA – Fugir? Mas fugir pra onde, meu bem? Você sabe perfeitamente que não existe mais nada além da Zona Contaminada. Dizem até que tivemos sorte de sobreviver...

HOMEM – Isso é o que eles dizem. O que eles querem que a gente acredite, porque não interessa ao Poder Central que todos vão embora à procura de outra coisa. Eles querem que todos pensem que tudo começa, acontece e acaba aqui. Só aqui, dentro da Zona Contaminada. (*Pausa.*) Mas eu conheço outro lugar.

VERA – Que lugar? Foi tudo destruído, no planeta inteiro. Finalmente apertaram o botão: bum! acabou. Só ficaram ruínas, escombros, detritos. E legiões de contaminados pelas ruas.

HOMEM – Existe outro lugar.

VERA (*Sarcástica.*) – Não me diga. Bem que eu gostaria. Teu amor e uma cabana, como nos velhos tempos, hein? Coqueirais e areia branca, sei, drinques tropicais de abacaxi com camarão. Um lugar paradisíaco onde a gente pudesse tomar banho de mar e fazer amor o tempo todo. Mas, onde, meu bem? Capri, Goa, Arembepe?

HOMEM (*Lentamente, sílaba por sílaba.*) – Calmaritá.

VERA (*Sem prestar atenção.*) – A luta é aqui. O que existe é isto. Estou farta de sonhos idiotas e escapistas. Eu tenho que comer, eu tenho que dormir, eu tenho que trepar – eu tenho que sobreviver todo santo dia. "Santo" é maneira de dizer, claro... (*Vira as costas e vai saindo.*)

HOMEM – Eu disse Calmaritá.

VERA (*Voltando, muito atenta.*) – Calma... o quê? O que foi que você disse? Eu já ouvi esse nome em algum lugar.

HOMEM – Claro que você ouviu. Em algum beco escuro, num sussurro. Todos falam em voz baixa, é proibido dizer essa palavra. É proibido falar desse lugar. Mas ele existe.

VERA – Calma... como é mesmo?

HOMEM – Calmaritá. Eu disse Calmaritá.

A luz apaga subitamente no Plano Alfa.

CENA 13

No Plano Real, Carmem e Mr. Nostálgio brincam feito duas crianças – ou dois retardados mentais – no palco enfeitado de bandeirinhas.

CARMEM – "São João, São João – acende a fogueira no meu coração." Acende, São João. Acende uma fogueira bem grande, bem quente. O fogo purifica. Acende, São João. Ai, São João, Xangô menino. Vamos pular a fogueira?

NOSTÁLGIO – Primeiro você.

CARMEM – Então lá vou. Um... dois... e... (*Pulando uma fogueira imaginária.*) três. Pronto, pulei. Agora é a sua vez.

NOSTÁLGIO – Será que eu consigo?

CARMEM – Claro que sim. Vai logo.

NOSTÁLGIO – Não precisa empurrar, eu já vou. Um... dois e... (*Pula e tropeça, quase cai.*)

CARMEM (*Batendo palmas, implicante.*) – Quem pisa na brasa mija na casa. Quem pisa na lama mija na cama. Quem pisa no fogo mija de bobo.

NOSTÁLGIO – Não pisei nada. Só escorreguei um pouco.

CARMEM – Você mija na casa, você mija na cama, você mija de bobo.

NOSTÁLGIO (*Trombudo.*) – Não quero mais brincar disso!

CARMEM – Você quer brincar do quê, então?

NOSTÁLGIO – De sorte. Vamos brincar de ver a sorte.

CARMEM – Ah, isso é meio chato. Não sei se eu quero, não.

NOSTÁLGIO – Quer, sim. E não é chato nada. É superdivertido. E aqui tem tudo que a gente precisa, olha só. (*Pega uma vela e uma bacia cheia d'água.*)

CARMEM – Eu não sei como é esse brinquedo.

NOSTÁLGIO – É fácil, vem cá que eu te ensino. Você vai adorar. (*Acende a vela lentamente, com um toque de maldade.*) Primeiro a gente acende a vela. É muito importante acender a vela. Toma, pega.

CARMEM (*Em transe.*) – O fogo purifica. Só o fogo purifica. A cinza é a única redenção da matéria vil.

NOSTÁLGIO (*Pega na mão dela, orienta.*) – Agora você vira a vela assim, bem devagar. E vai pingando, bem devagarinho também. Treze gotas, treze vezes.

CARMEM (*Pingando a vela na água e contando.*) – Um, dois, três, quatro... (*Conta até treze.*)

NOSTÁLGIO – Se o desenho formar um coração é um novo amor.

CARMEM – Acho que não está formando nenhum coração. Parece mais um... O que será isso? Um triângulo? Não, um navio. Acho que é um navio.

NOSTÁLGIO – Navio é viagem. Para bem longe.

CARMEM – Espera, está mudando. Não pára de mudar. Agora parece uma...

NOSTÁLGIO – Uma cruz.

CARMEM (*Aterrorizada.*) – Não, cruz não. Deve ser outra coisa. Espera até a água parar de se mexer.

NOSTÁLGIO – Já parou. E é uma cruz, sim. Um risco assim, vertical, outro assim, horizontal. Evidente que é uma cruz. Cruzérrima.

CARMEM – E cruz... cruz quer dizer o quê?

NOSTÁLGIO (*Cruel.*) – Cruz é morte certa.

CARMEM – Mentira! (*Agitada.*) Eu não vou morrer. Eu já morri, faz tempo. Você está mentindo!

NOSTÁLGIO – Cruz é morte, todo mundo sabe. É morte certa. E é pra logo.

CARMEM – Pára com isso!

NOSTÁLGIO (*Implicante, pulando em volta dela, batendo palmas e cantando, bem infernal.*) – Treze gotas na bacia. A vida está deserta, a alma está vazia. E cruz é morte certa.

CARMEM (*Aos gritos.*) – Você mexeu a bacia, assim não vale.

NOSTÁLGIO – Não mexi nada. Você está pirada.

CARMEM – Cala a boca. Você não sabe nada, fica quieto. Eu estou mandando. Fica quieto, fui eu que inventei você. (*Nostálgio estatiza. Carmem olha em volta.*) Estou ouvindo um barulho, parece que tem alguém aí. Vera, Vera, é você?

VERA (*Em off.*) – Não, é a Stephanie de Mônaco. Claro que sou eu. Tudo bem aí?

CARMEM – Tudo, tudo bem. (*Para Nostálgio, entregando-lhe a vela acesa e empurrando-o para que Vera não o encontre.*) Anda, vamos, sai daí. Anda logo, dá o fora. Ela não pode ver você. (*Empurra Nostálgio, que vai voltando para seu Plano com a vela acesa nas mãos.*) E, mesmo que visse, ela não acreditaria. A gente só vê mesmo aquilo que acredita.

CENA 14

VERA (*Entrando.*) – Pelo visto você andou se divertindo, hein? Era aquele seu amiguinho invisível outra vez?

CARMEM – Vera, me explica uma coisa: se eu pingar treze gotas de uma vela numa bacia cheia d'água, não vai formar o desenho de uma cruz, vai?

VERA – Cruz? Bom, até pode. Mas acho que vai formar coisa bem diferente, sabe o quê?

CARMEM (*Infantil.*) – Cruz, não. Cruz eu não gosto.

VERA – Cruz coisa nenhuma. O desenho vai ser de um navio. E você lembra o que significa navio?

CARMEM – Uma viagem. Para bem longe.

VERA – Pois, é, então, olha só. (*Entra* o *ruído da transmissão de Nostradamus. Ambas se imobilizam.*)

NOSTRADAMUS – E atenção, meu povão, bota atenção nisso. O seu repórter Nostradamus Pereira informa que movimentos inusitados foram observados durante a manhã de hoje num supermercado abandonado – ado, ado – próximo ao cruzamento das avenidas Chernobil com Nagasaki, bem no coração da sua, da minha, da nossa Zona Vitaminada, quero dizer, Minacontada, quero dizer Con-ta-mi-nada. Rarará. Alé, olé, tudo está rigorosamente sob controle, e é possível que novas buscas levem finalmente ao covil onde escondem-se The Irmãs Sisters Carmem e Vera. Voltaremos a informar nos horários habituais ou a qualquer momento em edição imaginária, quero dizer, alimária, quero dizer, extraordinária. E por falar em ária, fiquem agora com a ária do suicídio de *Madame Butterfly*, na voz lendária de Maria Callas. (*Entra Callas cantando.*) Te mata, japona! A gringo bunda-mole te chifrou mesmo! Arrivederci, cornutta!

Nostradamus dubla Maria Callas no Plano Mídia, com coreografia do Coro dos Contaminados (se houver), enquanto voltam Carmem e Vera no Plano Real.

VERA – Saco, sempre a mesma história. Nada de novo. Eles nunca vão nos encontrar. Nós somos mais espertas que o Poder Central. (*Pega nas mãos de Carmem.*) Carmem, escuta. Eu preciso te dizer uma coisa importante.

CARMEM – Já sei: você encontrou rosas brancas.

VERA – Não existem mais flores, não é nada disso. Escuta: nós vamos fazer uma viagem. Nós vamos embora daqui.

CARMEM – Embora? Mas agora, já? Agora não, agora eu estou com fome.

VERA (*Abrindo a bolsa e jogando latas e pacotes.*) – Está bem, então coma primeiro. Tem café, biscoito, sardinha, nozes, salsicha. Come à vontade.

CARMEM (*Mastigando alguma coisa.*) – E a gasolina, você trouxe?

VERA (*Mostra um galão.*) – Trouxe, trouxe. E as revistas, bombons, esmalte, batom, tudo que você pediu e muito, muito mais.

CARMEM – Você está tão estranha. Até parece feliz.

VERA – E estou.

CARMEM (*Muito surpresa.*) – Feliz?

VERA – Bom, feliz talvez ainda não. Mas tenho assim... aquela coisa... como era mesmo o nome? Aquela coisa antiga, que fazia a gente esperar que tudo desse certo, sabe qual?

CARMEM – Esperança? Não me diga que você está com esperança!

VERA – Estou, estou. Senta aqui, eu preciso te contar.

CARMEM – Você encontrou a biografia da Lady Di?

VERA – Ainda não, mas vou encontrar. O que aconteceu foi que... Por onde eu vou começar? Bom... sabe... eu... Eu encontrei um homem.

CARMEM (*Incrédula.*) – De verdade?

VERA (*Maliciosa.*) – Claro. Com todo o equipamento. E que equipamento, meu bem...

CARMEM (*Assustada.*) – Um contaminado? Vera, você ficou louca, irmãzinha! Eles estão atrás de nós. Agora eles vêm nos pegar. Eles precisam de nós. Você contou a ele onde nós estamos e agora temos que fugir. Sei, era essa a viagem que você falou. Meu Deus, para onde a gente vai agora? Já estou cansada de andar me escondendo por igrejas, cemitérios, hospitais, museus, casas de cultura, livrarias – livrarias até que eu gostava –, teatros, bares.

VERA (*Cortando a enumeração interminável.*) – Calma. Não é nada disso. A viagem que eu falei é outra, meu bem. E o homem também é outro. Não é um contaminado. É um homem como nós. Um homem bom.

CARMEM – Não existem mais homens bons.

VERA – Esse é. Eu tenho certeza. Já faz tempo que a gente se encontra, mas só hoje ele me contou de um outro lugar que existe perto daqui. Ele não estava mentindo. Ele me ama. Ele conhece bem esse lugar, ele veio de lá.

CARMEM – De lá, de onde? Não existe lugar nenhum fora daqui, irmãzinha. De onde veio esse homem, Vera?

CENA 15

Luz no Plano Alfa. Carmem e Vera paralisam-se. Luz sobre o Homem de Calmaritá, parado no Plano Alfa.

HOMEM – Calmaritá, esse lugar chama-se Calmaritá. Fica ao norte daqui, não muito longe, nas terras altas. É um vale à beira do último rio de águas limpas. Fica meio escondido, de longe ninguém vê, só quem sabe que ele existe consegue encontrar. Quem não sabe mesmo chegando perto não vê coisa nenhuma. Só um buraco escuro. E se perde no meio do caminho, é destruído pelos contaminados, devorado pelos animais mutantes, as plantas canibais. Não tem muita gente lá. Umas trinta pessoas, mas quase todo dia chega gente nova, trazida por um de nós. Gente como você, como eu, gente que por alguma razão conseguiu escapar das mutações. Ou você acha que você e sua irmã são as únicas sobreviventes da Grande Catástrofe? Não, não são. Existem outros, além de vocês, além de mim. Nós precisamos nos reunir, nós precisamos nos reproduzir e nos fortalecer para o futuro que virá. Um mundo novo, Vera. Um mundo muito melhor que aquele que nós conhecíamos antes da Grande Catástrofe. Venha, venha comigo para as Terras de Calmaritá. Traga sua irmã. Se nós sairmos logo depois do pôr do sol, por volta da meia-noite estaremos chegando lá. Eu revelei meu segredo, agora revele o seu. Onde vocês moram, você e sua irmã?

VERA (*No Plano Real.*) – Saindo daqui, suba quatro quarteirões em direção ao Comissariado Leste do Poder Central. Atravesse em diagonal a Praça Hiroshima, aquela com a estátua de Prometeu bem no meio. Fica do outro lado, bem em frente na loja funerária com a fachada incendiada.

HOMEM (*No Plano Alfa.*) – Antes do entardecer eu passarei para apanhar vocês. Arrumem suas coisas e venham comigo. Vamos todos embora para as Terras de Calmaritá.

CENA 16

Apaga-se a luz no Plano Alfa, fica apenas no Plano Real.

CARMEM – Parece bonito, parece gostoso lá: Cal-ma-ri-tá.
VERA – Tem calma dentro dela.
CARMEM – E mar, também tem.
VERA – Tem alma, e é bela.
CARMEM – E ama, meu bem.

VERA – E lar, tem lá.

CARMEM – E Clara, voilá.

VERA – Tem maria, tem maria lá.

CARMEM – E tia, que é tão bonito.

VERA – Tem ita. Você sabia que na língua dos índios ita significava pedra?

CARMEM - Ita... poã. Ita... maracá. Ita... petininga.

VERA – Itaqui, Itacuruçu.

CARMEM – Mas tem... tem lama lá. (*Noutro tom.*) Será que nós podemos confiar nesse homem, irmãzinha? Afinal, eles não são todos iguais?

VERA – Esse é diferente.

CARMEM – E se ele nos denunciar ao Poder Central?

VERA – Ele não faria isso.

CARMEM – Como você sabe?

VERA – Eu trepei com ele.

CARMEM – Que vulgar, Vera! Além do mais, isso não é motivo. Só porque você tre... fez amor com ele, não significa que...

VERA – Ele é um homem bom.

CARMEM – Como é que eu posso ter certeza?

VERA – Eu vou ter um filho dele.

CARMEM – Um filho dele? Meu Deus, que tragédia! Eu vou mesmo ficar pra titia... E não foi você mesma quem disse que...

VERA – Eu sei o que eu disse: no que depender de mim, a humanidade pode acabar, não foi isso? Pois eu mudei de idéia. (*Acariciando o ventre.*) Desde que comecei a sentir a presença de uma outra coisa aqui, naquele mesmo lugar onde antes só existiam tesão e fome. Uma terceira coisa, diferente das outras duas. Agora não é mais apenas um buraco voraz, furioso, insaciável. Não sei explicar. Essa coisa nova dentro de mim me dá assim como uma espécie de... como era mesmo aquela coisa antiga que a gente sentia quando acreditava em alguma coisa?

CARMEM – Fé? Meu Deus, Vera, você está sentindo fé?

VERA – Pode ser. Fé. É isso aí.

CARMEM – E ele sabe?

VERA – Ainda não. Vou contar hoje à noite. (*Sonhadora.*) Quando chegarmos a Calmaritá.

CARMEM – E se ele não aparecer?

VERA – Ele me deu o mapa de lá. (*Tira um rolo de papel, abre.*)

CARMEM (*Encantada.*) – Tem um rio. E eu vou ser tia. Ah, que bom vai ser passear com o meu sobrinho na beira do rio. Que nome você vai dar pra ele? Precisamos fazer uma lista. Se for menino, eu gosto muito desses nomes de anjo. Gabriel, Ariel, Rafael, Daniel.

VERA (*Sem ouvir.*) – Depois que o sol se for, se por acaso ele não vier, basta atravessarmos a praça e seguir por aquele caminho que vai para o norte.

CENA 17

No Plano Real, debruçadas sobre o mapa, Carmem e Vera falam baixinho, fazendo planos. Luz no Plano da Nostalgia, sobre Mr. Nostálgio. Enquanto fala, ele desce e vai recolhendo as bandeiras de São João.

NOSTÁLGIO – Ilusão. Para continuar existindo, isso é tudo que o ser humano necessita. Humano? Quero dizer, esse escombro que restou, e que só por falta de outra palavra ainda insistimos em chamar de "humano". Tão insensato, tão irracional na sua fantasia desenfreada que chega a inventar nomes próprios e lugares geográficos imaginários para a própria ilusão. Nomes mágicos, sonoros, cheios de sugestões que incendeiam a mente dos pobres coitados. Shangri-Lá, Eldorado, Atlântida, o Jardim das Hespérides, Lemúria. Mu, Getsemâni, Rosebud, Pasárgada. (*Recitando Manuel Bandeira.*) "E quando estiver cansado / Mando chamar a mãe-d'água / Pra me contar as histórias / Que no tempo de eu menino / Rosa vinha me contar." Utopias, continentes perdidos, terras do eterno prazer. Paraísos obsessivos, úteros perdidos a serem recuperados de alguma forma, mesmo que apenas na fantasia. Na mente, no sonho. Essas coisas em que não se pode jamais tocar, e que têm apenas um nome. Ilusão, eu já dizia cá com os meus botões, ilusão é tudo que o humano – esse escombro patético – necessita para continuar existindo. (*Sai.*)

CENA 18

Carmem e Vera no Plano Real.

CARMEM – Parece verdade.

VERA – É verdade, Carmem. Nossa vida vai mudar.

CARMEM – Calmaritá, Calmaritá. Ao norte, nas terras altas. Parece um sonho. Ah, eu acredito. Eu acredito. E se é verdade, então preciso arrumar as minhas coisas. Me empresta a sua bolsa.

VERA (*Estendendo a bolsa.*) – Pode pegar. Eu não vou levar nada. Tudo que preciso está comigo.

CARMEM (*Remexendo dentro do caixão.*) – Pois eu preciso de muita coisa.

VERA – Meu filho, meu corpo. É tudo. Tudo que é necessário para começar um mundo novo.

CARMEM – Mas eu não. Eu não tenho filho, eu não tenho homem, eu preciso de uma porção de coisas. A Priscilla, por exemplo (*tira uma boneca do caixão*), minha primeira boneca. Como vai, Priscilla querida? Vamos embora, meu bem, vamos embora daqui. Uma tesoura, sempre é bom. Agulha e linha também. Alguns botões, pourquoi pas? Nunca se sabe o que as pessoas usam nessas tais Terras de Cal... Como é mesmo, Vera?

VERA – Calmaritá, Carmem.

CARMEM – Pois é, é o que eu digo, calma, mar e ita. De repente, sei lá, é um lugar chiquérrimo. Não posso parecer uma mendiga, né, meu bem? Acho que vou levar uns moldes também, cadê aquela coleção de *Manequim*? Eu é que não quero andar malvestida no meio de uma terra e de uma gente que nem conheço direito.

VERA – Mais uma meia hora e ele deve estar chegando por aí.

CARMEM – Doce de abóbora.

VERA – O quê?

CARMEM – Será que tem lá?

VERA (*Rindo e dando início a um jogo meio infantil.*) – Deve ter. Tem tudo lá.

CARMEM – E vatapá.

VERA – E caruru.

CARMEM – E boitatá.

AS DUAS (*Improvisam fantasias com as tralhas de Carmem e cantam, com trejeitos de Carmem Miranda.*) – Tem tudo lá, me diga só o que não tem em Calmaritá? Tem sapoti, tem mungunzá. Tem juriti e abará. Não tem aqui, não tem ali, pois só tem lá. Ah me leva daqui, eu quero ir já. Me diga só o que não tem em Calmaritá? Axé, Babá, me leva pra lá, meu pai Oxalá, oba lá-lá, eu quero ir já pra Calmaritá.

CENA 19

Carmem e Vera brincam como duas meninas. Se houver, o Coro dos Contaminados faz backing vocal, com coreografias e muito "tchuru-tchuru" e "oh yeah!". De repente o zumbido de Nostradamus no Plano Mídia interrompe tudo. As duas congelam como quem brinca de estátua, com gestos de Carmem Miranda.

NOSTRADAMUS – E atenção, mucha atenção, caros, caríssimos, sofridíssimos, amadíssimos, desventuradíssimos – íssimos, íssimos – sobreviventes da Grande Catástrofe, a esperança voltou! Em edição extraordinária aqui quem vos fala é o seu repórter Nostradamus Pereira, o arauto do fim dos tempos, porta-voz oficial do Poder Central. Há poucos instantes foi capturado mais um dos raros, raríssimos, procuradíssimos – íssimos, íssimos – sobreviventes da enorme, da imensa, da Grandissíssima Catástrofe, sem quaisquer sinais exteriores de contaminação. De número não identificado, sexo masculino – e bota masculino nisso! É um bofe máravilhoso! Até eu que nem *sou* chegado fiquei balançado como um veado – ado, ado, ado, ira, ira, ira: Jacira! –, aparentando por volta de 30 anos, pouco mais ou menos, bem no ponto! Enfim, sem mais frescuras e submetido à confissão obrigatória o charmoso sobrevivoso má-ravilhoso revelou saber – atenção, atención, atention, please! – o paradeiro das Irmãs Sisters Carmem e Vera, as únicas fêmeas capazes de salvar a humanidade da mais negra e completa extinção.

Luz no Plano Alfa, onde está parado o Homem de Calmaritá.

VERA (*para* o *Homem.*) – Você nos denunciou!

HOMEM – Me perdoa, eles me torturaram.

VERA – Você devia ter resistido.

HOMEM – Eu não tive culpa, ninguém resistiria.

NOSTRADAMUS – Segundo revelou a lasanha, quero dizer, o sobrevivente, as gatinhas Carmem e Vera estão descaradamente escondidas numa loja funerária semidestruída em pleno centro da minha, da sua, da nossa Zona Contaminada. Mais pra zona do que pra nada, mais pra mina do que pra conta. Batalhões armados até os dentes que sobraram já cercam o local. Se for verdadeiro o que afirma o garanhão, não haverá fuga possível para as Irmãs Sisters. E se não for, vão coçando aí suas feridas, que um dia será. Enquanto a funerária é cercada, fiquem com a voz de titia Jagger, morta na Grande Catástrofe, no mais expressivo hit do século passado: "Sa-tis-fac-ti-on"! Hoje mais do que nunca, embora morta, a tia tinha razão: ninguém consegue ter sa-tis-fa-ção! (*Entra a voz de Mick Jagger,* o *Coro de Contaminados acompanha, muito animado.*)

HOMEM – Foi quando eu atravessava a praça, eles estavam escondidos atrás da estátua de Prometeu. Eles me pegaram, com redes, como se eu fosse um bicho. Queriam saber meu número, eu não tinha, eu nunca tive. Eu não sou um número. Queriam saber de você. Fui obrigado a contar. Me perdoa, eu fui fraco. Eu traí você, Vera.

Sempre com os Rollings Stones ao fundo, a luz permanece acesa no Plano Alfa. O Homem tem uma das mãos estendidas em direção a Carmem e Vera, que continuam estatizadas no Plano Real. Ao mesmo tempo, Nostradamus e o Coro dos Contaminados cantam e dançam loucamente.

CENA 20

CARMEM – Você ouviu?

VERA – Claro. Todo mundo ouviu. Existe um alto-falante em cada esquina da cidade.

CARMEM – Ele falou de nós, o Nostradamus.

VERA – Ele sempre fala de nós.

CARMEM – E do homem. Desta vez ele falou também do homem. Do seu homem.

VERA – Ele é um homem bom.

CARMEM – Como "bom"? Ele nos denunciou! Nós estamos perdidas. (*Sacudindo Vera.*) E agora, o que é que nós vamos fazer? Estamos perdidas.

VERA – Eu não estou perdida. Eu tenho o mapa.

CARMEM – Mas não adianta mapa. Nós estamos cercadas.

NOSTRADAMUS – Completamente cercadas, amadas! Em edição extraordinária o seu repórter Nostradamus Pereira, para felicidade de todos os sobreviventes da Grande Catástrofe, informa que as Irmãs Salvadoras Carmem e Vera – alô, alô, gatinhas, vão preparando suas xoxotinhas para reprodução, ai, que tesão! – estão totalmente cercadas pelos batalhões do Poder Central. Redes, gás lacrimogêneo, algemas e mordaças serão utilizados para prender as feras. A prisão é questão de minutos, e daqui a pouco a humanidade estará salva! Enquanto o cerco se fecha irreversivelmente, fiquem com outro hit da etapa anterior à Grande Catástrofe. Vamos lá, moçada contaminada, numa homenagem às Irmãs Sisters, bailem comigo ao som de As Frené-ti-cas. Soltem todos suas frangas. (*Vai entrando aquele tema de* Dancing Days, *cada vez mais alto com Dudu, Edir, Tia Rege, Lidoka, Sandrão e Leiloca.*)

Nostradamus e o Coro dos Contaminados dançam ao som das Frenéticas. Aos poucos vão saindo de seu Plano, tiram Nostálgio para dançar. Meio sem graça, ele tenta.

VERA – Eu vou fugir. Vem comigo.

CARMEM – Isso é loucura. Eles vão nos pegar.

VERA – Eu tenho o mapa. Ele me deu o mapa.

CARMEM – É impossível.

VERA – Eu vou tentar. Você tem que tentar também.

CARMEM – Eu não posso, eu não quero.

Luz no Plano Alfa, onde está o Homem.

HOMEM – Ao norte daqui, não fica muito longe, num vale escondido nas terras altas. Se sairmos ao entardecer, chegaremos lá por volta da meia-noite. Existem mais alguns além de vocês, além de mim. Venham comigo para as Terras de Calmaritá. É preciso um companheiro para chegar. Ou então um mapa, se você estiver só. E se você tiver o mapa.

CENA 21

A partir de agora a ação acelera loucamente. Tudo acontece ao mesmo tempo. Ruídos violentos começam a ser ouvidos – explosões, sirenes, cacos de vidro partidos –, misturados aos fundos musicais anunciados por Nostradamus e a sons eletrônicos. O clima é atordoante.

VERA – Eu tenho o mapa.

CARMEM – Como os bonzos budistas, lembra? Faz tanto tempo. Eu não vou, eu fico aqui. Eu desisto, para sempre eu desisto, amém. Eu quero o que se perdeu. Eu quero aquilo que conheço, mesmo que não exista mais. Não quero esse lugar para onde você vai, e que nem sei se existe.

VERA – Existe. O homem não mentiu. E se não existe esse, existe outro. Sempre existe algum lugar.

CARMEM – Onde está a gasolina?

VERA – Para quê? Você não pode fazer isso, Carmem! Você não é idiota a esse ponto. Venha comigo, venha comigo.

CARMEM (*Pega o galão de gasolina e começa a derramar por tudo.*) – Já disse que eu desisto. Renuncio, o meu gesto mais nobre é desistir de tudo agora. Neste momento.

NOSTRADAMUS (*Abraçado a Nostálgio.*) – Loucura, ilusão ou realidade, minha gente, pouco importa: agora é definitivo, ivo, ivo. Finalmente as buscas tiveram seu fim. Carmem e Vera, as famigeradas Irmãs Sisters Salvadoras, estão completamente perdidas. Ou achadas, claro. Daqui de onde estamos já conseguimos visualizar seus movimentos dentro do tenebroso antro onde por tanto tempo permaneceram escondidas. Aleluia! senhoras e senhores, bem-aventurados, idolatrados, adorados, ados, ados, sobreviventes da Grande Catástrofe. E é cá, e é tas, e é tro, e é fe: ca-tás-tro-fe. Carmem e Vera estão totalmente cercadas, informou e continuará informando o seu repórter Nostradamus Pereira neste glorioso entardecer do septuagésimo dia do Décimo Terceiro Ano da Peste.

VERA – Eu vou embora. Eu vou para Calmaritá.

CARMEM – Eu fico por aqui. O fogo purifica. Eu tenho uma cruz marcada no meu destino. Não há como fugir. Onde estará aquela vela?

No Plano da Nostalgia, Nostradamus acende a vela que Nostálgio tem nas mãos. Nostálgio vai caminhando com a vela acesa em direção a Carmem.

NOSTRADAMUS – E em vez de música, caros ouvintes, hoje vamos brindá-los com um magnífico soneto de Luiz de Camões, na voz do querido companheiro Mr. Nostálgio. Dá-lhe, Nostálgio! (*À parte.*) Dizem que ele não é real, mas quem se importa com isso? Aliás, quem se importa com qualquer coisa? Quem se importa?

NOSTÁLGIO – "O dia em que nasci morra e pereça, não o queria jamais o tempo dar, não torne mais ao mundo, e se tornar, eclipse nesse passo, o Sol padeça. A luz lhe falte, o Sol lhes escureça, mostre ao mundo sinais de se acabar, nasçam-lhe monstros, sangue chova o ar, a mãe ao próprio filho não conheça. As pessoas pasmadas, de ignorantes, as lágrimas no rosto, a cor perdida, cuidem que o mundo já se destruiu. Ó gente temerosa, não te espantes, que este dia deitou o mundo a vida, mais desgraçada que jamais se viu."

Com uma reverência, Nostálgio entrega a vela a Carmem, que está parada no meio de um charco de gasolina, e volta para junto de Nostradamus.

VERA – Não faça isso. Pela última vez, venha comigo. Existe outro lugar.

CARMEM – Só existe um lugar. Este, o meu lugar é aqui. No meio do fogo. O fogo purifica. (*Canta.*) "São João, São João, acende a fogueira no meu coração."

NOSTRADAMUS (*Invadindo* o *Plano Real, com Nostálgio e* o *Coro dos Contaminados.*) – A porta já foi arrombada, caros ouvintes. E é inenarrável, inacreditável, minha gente adorável: durante dois anos, sem que ninguém soubesse, em pleno centro da minha, da sua, da nossa Zona Contaminada, por assim dizer bem nas nossas barbas, as irmãs Carmem e Vera conseguiram manter em segredo seu sórdido esconderijo. Mas agora está tudo terminado. A captura das Irmãs Sisters é questão de minutos, quiçá segundos vagabundos, furibundos – e não esqueçam, bundo é o masculino de bunda. Os batalhões armados do Poder Central já estão invadindo o local. Aleluia, eia, sus! Começa aqui uma nova era para todos os sobreviventes da Grande Catástrofe. Que melodia pode servir de fundo musical a um momento tão emocionante? A única saída para Carmem e Vera agora é cantar um tango argentino. (*Começa a tocar* La Cumparsita. *Nostradamus dança com Nostálgio.*)

VERA – É tarde demais. Preciso ir. (*Beija Carmem.*) Adeus, minha louca irmã. De alguma forma, eu espero que tudo dê certo para você, para mim, para nós todos. (*Pega o fuzil.*)

CARMEM (*Segurando a vela acesa com as duas mãos acima da cabeça.*) – Adeus, irmãzinha. Espero que você encontre o seu lugar. E que seja lindo lá. O meu lugar é aqui. Eu vou ficar bem, agora.

Luz no Plano Alfa. O Homem de Calmaritá está crucificado, nu, com uma coroa de espinhos na cabeça.

HOMEM – Meu Pai, meu Pai, por que me abandonaste se sabias que eu era fraco, se sabias que eu era nada? Por que permitiste que eu traísse e enganasse, quando tudo que eu queria era fazer o bem? Ilumina o caminho da mulher que amei, já que não quiseste iluminar o meu. À beira da minha morte, Vera, eu te abençôo. Vai com Deus.

CARMEM – Eu vou ficar bem, agora. Eu vou ficar muito bem. Basta levantar a mão assim, não muito alto, e depois, aos poucos, assim, devagarinho, basta um gesto.

VERA (*Enquanto Carmem fala, sai gritando pela platéia, desvairada, sacudindo os espectadores.*) – A saída, eu sei que existe uma saída! Ele me deu o mapa, eu tenho o mapa. Eu tenho que chegar lá. Preciso salvar meu filho. Eu sei que existe outro lugar. A saída, meu Deus, onde fica a saída? Me diga onde fica a saída!

NOSTRADAMUS – Atrás dela! Pega! Não deixa escapar! Queremos ela com vida! Pega! Pega!

Vera some, aos berros, com Nostradamus e Nostálgio atrás. Permanece uma luz suave sobre o Homem de Calmaritá crucificado. O Coro dos Contaminados cerca Carmem em semicírculo, de frente para a platéia. Ela está sentada em postura de lótus, com a vela acesa. Os Contaminados entoam o mantra Om, junto com Carmem. Ouvem-se ao longe os gritos de Vera e de Nostradamus, cada vez mais remotos. Então os ruídos cessam completamente e todas as luzes se apagam. Em completa escuridão, à exceção da vela de Carmem, entra música bem alto. (O autor sugere a "Bachiana nº 5", de Villa-Lobos, ou outra à escolha do diretor – quem sabe "Let It Be", dos Beatles, com Tina Turner?) A vela apaga.

O HOMEM E A MANCHA

Livre releitura do Dom Quixote, *de Miguel de Cervantes*

À memória de Clarice Lispector, que tanto me chamava de "Quixote".

"E, com isto, Deus te dê saúde, e se não esqueça de mim."
(*Miguel de Cervantes, em 1605.*)

Peça teatral em um ato

PERSONAGENS (TODOS FEITOS POR UM ÚNICO ATOR)

Ator
Miguel Quesada
Homem da Mancha
Dom Quixote
Cavaleiro da Triste Figura
e mais
Guilherme, uma voz em *off*

CENÁRIO

No centro e ao fundo do palco, um pequeno praticável. Sobre ele há um globo terrestre relativamente grande e, ao lado, um banquinho tipo "cantor de bossa-nova".
À direita, uma cadeira espreguiçadeira de lona listrada. Também pode ser um divã ou um recamier.

À esquerda, um manequim de costureira. Apenas o busto, sem cabeça, pernas nem braços, sustentado por um cabo de madeira.
Além disso, três telões pintados e independentes. Um ao fundo, os outros dois posicionados um de cada lado, todos pintados como se fossem prateleiras de uma biblioteca atulhada de livros. Dependendo da ação, esses telões sobem ou descem.

PRÓLOGO

Que trata da condição do ator e sua procura pelo geral até chegar ao particular.

Telões levantados.

Quando o público entra, o ATOR já se encontra no palco, meio na penumbra, sobre o pequeno praticável, apenas de malha preta. Talvez na posição do Pensador, *de Rodin. Sentado no banquinho, cabisbaixo, ele contempla um globo terrestre com muita atenção. Toca o terceiro sinal, as luzes da platéia apagam. Acende luz sobre o ATOR. Mas, como se não percebesse, ele continua a contemplar o globo, sem se mover. Para alertá-lo, então, toca um quarto ou quinto sinal.*
O ATOR estremece, assustado. Levanta a cabeça. Está nervoso. Faz o sinal-da-cruz. Retoma o autocontrole. Lentamente, começa a olhar em sete direções, com movimentos muito definidos da cabeça – esquerda, direita, para cima, para baixo etc. Para cada uma dessas direções, com entonações diferentes (infantil, lírica, catastrófica etc.) vai repetindo:

ATOR – Era uma vez... era uma vez... era uma vez... era uma vez... era uma vez... era uma vez... era uma vez. Era uma vez o quê, meu Deus? Era uma vez quem? E quando, e onde era uma vez? É tão difícil escolher, é tão difícil começar. Deixa eu ver, quem sabe aqui tem alguma idéia... (*Gira* o *globo terrestre. Com* o *indicador apontado, faz com que pare ao acaso.*) Era uma vez... a Groenlândia. Muito gelo, muito branco, muito pingüim, muito esquimó, muito iglu, muito frio. Ah, muito chato. Nem um pouco dramático. Deixa eu tentar outra vez. (*Torna a girar* o *globo.*)

Era uma vez... o Saara. Muita areia, muito sol, muito camelo, muito calor, muita seca. Nossa, que sede me deu.

O ATOR pega um copo ou garrafa d'água ao lado, no chão, e bebe avidamente. Depois fica olhando o vidro. Toca o próprio rosto, como se o estivesse vendo refletido.

ATOR – Era uma vez... eu. Claro, tem que ser alguma coisa que eu conheça bem. Eu, então. Faz quase quarenta anos que convivo comigo mesmo. Alguma coisa devo conhecer. Sim, é isso mesmo. Eu. Por que não? Afinal, eu me acho bem interessantezinho.

O ATOR larga o copo/garrafa. Dá uma giradinha de desprezo no globo. Depois levanta-se e, em pé, encara a platéia, decidido.

ATOR – Era uma vez um ator. Muito palco, muito ensaio, muita luz, muita coxia, muito bastidor, muita platéia – graças a Deus! –, muita emoção, muito sonho, muita ilusão. Muito... Muito "Era uma vez".

Música circense feérica. O ATOR desce do praticável e vai caminhando para a boca de cena, de braços abertos.

CENA 1

De como o ATOR sofre um pequeno surto narcisista, mas acaba por reconhecer a necessidade do Outro para ser.

ATOR – Ladies and gentlemen, eu sou um ator. Meu nome é Carlos. Como vocês podem ver, eu sou mais ou menos alto, meio magro, um pouco tímido. Não tenho muitos cabelos, nem muitos músculos, mas acho que sou... Simpático, engraçado. Eu conheço bem meu corpo, sei me movimentar, fazer gestos dramáticos, divertidos, estranhos, assustadores. (*Faz vários gestos, posa, ilustrando o que diz.*) Eu também sei cantar (*Improvisa, cantarola alguma coisa.*), sei dançar (*Dança um pouco, flamenco seria o ideal.*), mas sei principalmente representar.

O ATOR recita qualquer coisa breve – Shakespeare, tragédia grega, Molière, ou cada noite um texto diferente. O importante é que seja alguma coisa bem conhecida do público.

ATOR (*Mais sério.*) – Quando represento, eu continuo sendo eu, mas também, ao mesmo tempo, passo a ser um outro. Eu não seria um ator se não conseguisse ser também esse outro. E não estou falando do outro que me assiste, embora eu também seja esse, porque ele sempre se vê em mim, mesmo quando não gosta do que vê. Falo principalmente daquele outro em que eu me torno, que eu incorporo, que eu me transformo quando estou sendo um ator. O personagem, é dele que eu falo. Um ator não é um ator sem um personagem. (*Pausa, confuso.*) Bom, então, agora, aqui... será que eu não sou um ator? Será que eu não sou eu? Será que eu não sou nada, meu Deus? Será que estou muito chato? Será que estou pirando? Onde está o personagem?

O ATOR vai ficando cada vez mais frenético. Caminha pelo palco procurando, depois sai de cena. As últimas falas são dadas em off.

ATOR – Onde está o outro? Ele é essencial para a minha sobrevivência! Onde está o personagem? Eu não tenho sentido sem o personagem! Eu vou enlouquecer sem o personagem! Eu preciso do outro! (*Vai saindo.*) Querem acabar comigo! Isto é um complô! (*Em off, cada vez mais longe.*) Eu processo! Eu mando sustar o cheque! Susta, susta! Eu quero porque quero o personagem! Me chama a produção! Cadê meu celular?

CENA 2

Na qual se introduz a figura de Miguel Quesada, o Desventurado Trabalhador Anônimo.

No palco vazio, a luz permanece apenas sobre o globo terrestre. Ouve-se um intenso ruído urbano, verdadeiro inferno sonoro. Alarmes de automóveis, ambulâncias, buzinas, sirenes de polícia e bombeiros, gritos, telefones, máquinas de es-

crever, freadas, sons de metrô, vendedores ambulantes, britadeiras etc. Abrindo uma porta imaginária, entra MIGUEL, o personagem. Por sobre a malha do ATOR, MIGUEL usa paletó, gravata, talvez chapéu. Traz uma maleta de executivo (tipo 007) e várias sacolas de supermercado, uma vassoura, muitos embrulhos e pacotes. Está um tanto excitado. Deposita as coisas em qualquer lugar, faz o gesto de fechar a porta. O barulho diminui, como se ficasse lá fora.

MIGUEL – Enfim só. Longe de toda essa loucura, livre desse pesadelo que parecia sem fim. Hoje foi definitivamente o último desses... Quantos anos mesmo? Trinta, sei lá, trinta e tantos, trinta e muitos. Intermináveis anos. Eu até desisti de contar. Parecia que o tempo não passava nunca. (*Noutro tom.*) Mas passou. O tempo sempre passa. Essa é a única certeza que a gente tem. Fora a morte, claro. (*Animado.*) Mas hoje não quero pensar na morte. Quero pensar é na vida. Na minha nova vida.

MIGUEL arranca o paletó, o chapéu, fica só com a gravata sobre a malha. Começa a rodar pelo palco, um tanto ridículo. Dá pulinhos de dança, sapateia, cantarola "Singing in the Rain" ou qualquer coisa assim.

MIGUEL – Finalmente chegou o grande dia. Miguel Quesada – o desventurado trabalhador anônimo, o solitário depressivo, o neurastênico insuportável, o mal-amado, o zé-ninguém que nunca teve nada nesta vida além de seus loucos sonhos impossíveis –, Miguel Quesada está livre. (*Deslumbrado, meio pedante.*) A-po-sen-ta-do, que bela palavra! Deve ser uma das mais lindas da língua portuguesa. Não me refiro ao salário, claro. Nem às filas, evidente. Nem a toda essa miséria, lógico. (*Poético.*) Falo da sonoridade. Uma questão estética, não econômica. Uma palavra tão rica em melodia, tão cheia de significados. Aposentado. Após... sentado. Sentado... em seus aposentos... em seus após. Depois... de estar sentado. Quanta tranqüilidade, quanto silêncio. Ah essa coisa sagrada, o silêncio. Onde habitam os anjos. No mais perfeito e absoluto silêncio. (*Pausa breve e silenciosíssima.*)

Subitamente MIGUEL abre a porta imaginária. O ruído urbano volta, insuportável. Decibéis altíssimos, para estremecer a platéia.

MIGUEL (*Aos berros.*) – Adeus, inferno! So long, bloody hell! Goodbye, neuróticos urbanos, gente que nunca me quis! Au revoir, cidade infernal do meu calvário de cada dia! Sayonara, ville méchante da minha solidão sem remédio! Adiós, "locura"! Não preciso mais de vocês, mulheres que não me amaram, amigos que me traíram. Arrivederci, gentalha! (*Bate a porta. O ruído some.*)

CENA 3

Onde se revela a radical decisão de Miguel de desligar-se do "de-fora" e as providências tomadas para tanto.

Enquanto MIGUEL vai falando, começam a descer os três telões pintados como se fossem uma enorme biblioteca. Descem lentamente.

MIGUEL – A partir de hoje, e até o dia da minha morte-amém, nunca mais vou sair de casa. Como Marcel Proust, como Juan Carlos Onetti. Não preciso de nada lá de fora. Tenho estas quatro... (*Hesita. Olha a platéia, os telões. Por um segundo volta a ser o Ator, consciente das três paredes teatrais.*) bem... estas três paredes do meu apartamento. Tenho absolutamente tudo que preciso para viver sem nunca mais sair daqui. (*Vai tirando coisas das sacolas e espalhando pelo palco.*) Comida, bebida, remédios, víveres para muitos e muitos anos. E também tenho minhas lembranças, minhas memórias, que, modéstia à parte, são muitas. (*Irônico.*) Nenhum mérito pessoal nisso. Afinal, qualquer homem de quase 50 anos que trabalhou sem parar desde os 15, por mais chata que tenha sido a sua vidoca – e a minha, falando franco, foi chatérrima –, qualquer homem assim pode se dar ao luxo de passar o resto da vida sem viver mais nada. Nada de "real", quero dizer. Um homem desses pode apenas ficar lembrando, mastigando, remexendo no baú da memória. (*Melancólico.*) Desde bem moço, eu sempre tive inveja dos velhos, que não precisam mais fazer coisa alguma a não ser lembrar. Como se na mente deles existisse um... um baú transbordante de memórias, cintilantes como jóias preciosas. Ametistas, rubis, esmeraldas. E não importa que sejam coisas más ou tristes ou miseráveis ou cruéis. Elas já foram vividas, não oferecem mais perigo algum. (*Pensativo.*) Porque tem o tempo. O tempo burila o tosco. (*À parte.*) Bom isso, preciso tomar nota... E, além do mais, tudo nesta vida são histórias. De certa forma, todas as coisas que acontecem a um homem vivo são insuportavelmente reais, até os sonhos... O que é mesmo que eu estava dizendo? Ah, tudo nesta vida começa sempre com "era uma vez".

Os telões já desceram completamente. MIGUEL está cercado de livros. O efeito é um tanto claustrofóbico, embora colorido. MIGUEL sobe no praticável.

MIGUEL – Era uma vez Miguel Quesada, o homem que cansou de tudo e nunca mais saiu de casa. Enterrado vivo, diziam. Demente, maníaco. Mas ele não se importava. Tinha suas próprias histórias para lembrar. (*Poético.*) E, quando eu estiver cansado de pensar no que vivi, ainda me restarão os livros, que foram sempre o que mais amei, desde menino, e que guardam outras histórias dentro deles. Todas as histórias do mundo. Que maravilha! Nenhum contato com o mundo lá de fora, esse maldito mundo que chamam de "real". Nunca mais filas nos bancos, nunca mais sinais fechados, nunca mais correrias, ansiedade, violência. Nunca mais desejo. Nunca mais pessoas, nunca mais ninguém. Só o indispensável, o essencial, o estritamente necessário. (*Vai-se aproximando do telefone.*) Depois, qualquer problema, sempre existe o velho e bom telefone. E só pegar e ligar. (*Confere numa agenda.*) Deixa ver... tenho os números da farmácia, do supermercado, da pizzaria, da locadora de vídeo, do pronto-socorro. Até da delegacia, se for preciso, a gente nunca sabe. Rápido, eficiente, moderno. Hoje em dia tudo tem entrega em domicílio. Até sexo.

CENA 4

Da primeira invasão inevitável do chamado Real Insuportável e a maneira como MIGUEL lidou com isso.

O telefone toca. MIGUEL assusta-se, depois hesita sem saber se atende. Faz um gesto de arrancar o fio da parede. Mas reflete melhor enquanto o telefone continua tocando, muito alto, e acaba atendendo depois de uns três ou quatro toques.

MIGUEL (*Disfarçando a voz.*) – Alô, quem tá falando? Quem? Tia Flora? Tia de quem? Ah, sei. Quer falar com quem? Miguel de quê? Fala mais alto, querida, a ligação tá péssima... Melhorou. Miguel de que mesmo? Que nada? Queijada? Ah, Quesada. Sei, sei, espanhol. Nome mais esquisito, meu bem. (*Com pressa.*) Não, minha filha, não tem ninguém aqui com esse nome não. Quer dizer, ter, tinha, mas não tem mais. Viajou. É, esse tal de Miguel viajou. Não, não sei pra onde, coração. Não sei de nada, viu? Nem conheço ele. Eu só fiquei com o apartamento. Liga pra informações. Hã-hã. Sinto muito, amor. Tchau.

MIGUEL bate o telefone com força. Preocupado, caminha pelo palco refletindo e tentando relaxar.

MIGUEL – Paciência, paciência. No começo vai ser assim mesmo. Afinal, nunca contei a ninguém desse meu plano. Algumas pessoas vão ligar, insistir, perguntar. Saco. Ah, mas tudo bem. Em seguida todo mundo se acostuma. (*Irônico.*) As pessoas esquecem umas das outras com tanta facilidade. Como é mesmo que minha mãe dizia? "Quem não é visto não é lembrado." Longe dos olhos, longe do coração. Pois é. Mas talvez seja melhor tomar algumas providências.

MIGUEL pega uma secretária eletrônica. Aperta botões e grava uma mensagem, com voz disfarçada.

MIGUEL (*Gravando.*) – "Isto é uma gravação. Miguel viajou. Não disse quando volta. Talvez nunca. Inútil deixar recado depois do sinal." (*Sinal eletrônico. Miguel continua seu monólogo.*) Depois, é tão pouca gente. O Guilherme do Almoxarifado... A Silvana lá do banco... O Zeca da livraria... Quem mais? Ah, a tia Flora, claro. Mas a coitada está tão velha e surda, tão esclerosada, que nem vai achar estranho. (*Pausa.*) E tem também a Carolina. (*Melancólico.*) Mas a Carolina acho que nem tem meu número. Nunca pediu, nunca ofereci. (*Suspira.*) Nenhum pai, nenhuma mãe, nenhum irmão ou filho, nem vizinho, nem credor, nem namorada. (*Fatigado.*) Esperei tanto por este dia. Tanto, tanto. Foi uma luta. Sem trégua. Venci. Estou cansado. Nem sei bem por onde começar. (*Espreguiça-se.*) Mas não tem pressa. A partir de hoje tenho todo o tempo do mundo. Todo o tempo do mundo pra não fazer mais nada.

MIGUEL deita-se na espreguiçadeira. Boceja, acomoda-se. A luz vai diminuindo enquanto ele se encolhe, se enrosca como um bebê. Quase no escuro, fala sozinho, baixinho.

MIGUEL – Dormir... sonhar... Como era mesmo? Tão, tão cansado. Só um soninho. Só um pouquinho. Ah, que sono, meu Deus. Que cansaço enorme. Imenso. (*Luz sobre o globo terrestre.*) Do tamanho do mundo. (*Dorme.*)

CENA 5

Na qual se introduz um novo e inquietante personagem, bem como sua estranha obsessão.

MIGUEL está adormecido. Silêncio e paz. Luz suave sobre o globo terrestre. Entram acordes de uma melodia espanhola, talvez só castanholas ou bater de saltos. Ritmo de flamenco, ardente, mas suavíssimo. Quando Miguel desperta, já está transformado no HOMEM DA MANCHA. Mas a transformação é sutil, gradativa. De vez em quando voltam nesse HOMEM as suas porções MIGUEL e ATOR, ao mesmo tempo em que também começa a emergir o QUIXOTE.

HOMEM (*Acorda de repente.*) – A mancha, meu Deus, a mancha. Onde foi parar a mancha? Estava aqui, agora mesmo. Não pode ter sumido assim. (*Procura no chão.*) Bem aqui, ela estava bem aqui. Era clara, isso eu me lembro. Não era uma mancha suja, não era uma mancha feia. Era só... só de outra cor. Bem clarinha. Assim... como se tudo fosse branco ou preto ou cinza, e em determinado lugar dessa superfície de repente lá estivesse ela, entende? Parada, quieta. De outra cor. Azul-celeste. Amarelo-água. Lilás, violeta, roxa. (*Meio alterado.*) Não, isso não. Roxa não, pelo amor de Deus, roxa não!

O HOMEM se levanta da espreguiçadeira. Baixou o QUIXOTE.

QUIXOTE (*Em pé, dramático.*) – Ah, maldição! Certamente este deve ser mais um dos imundos encantamentos dos nigromantes do mal que tanto me atormentam!

HOMEM sai procurando a mancha pelo palco. Vai caminhando em direção ao praticável enquanto fala.

HOMEM – Não sei, não lembro. Acho que eu estava dentro dela. Não, não era assim. Não era exatamente dentro. Ela não estava em volta de mim, feito uma rede, uma teia, uma bolha. Eu estava parado no meio dela. Era isso. Como numa poça de água da chuva, eu estava. Ou era mesmo uma rede, uma jaula? Não lembro, não sei. Tão clara, meu Deus. Em algum lugar ela deve estar.

O HOMEM pára em frente ao globo terrestre. Sobe no praticável, senta no banquinho, na mesma posição do ATOR durante o Prólogo, e começa a girar o globo.

HOMEM – As Índias... o caminho das Índias... Etiópia, Pérsia, Madagascar. E o Novo Mundo. Dizem que existe um novo mundo, do outro lado do mar sem fim. Como será por lá? Como será o perfume das manhãs do Novo Mundo? Especiarias, araras, hibiscos. (*Noutro tom.*) Mas onde estará a mancha? Talvez aqui, um pouco ao sul de Trebizonda. Mas Trebizonda não existe neste globo. Esquisito. Mais ao norte, quem sabe. Que estranho, aqui deveria estar localizada Pasárgada. Mas também não está. E onde estarão as Terras de Calmaritá? Gozado. Nem a leste, nem a oeste, noroeste ou sudoeste. Pode ser então que cerca de Barcelona, talvez. Ou mais acima, no caminho de Santiago de Compostella. (*Agitado.*) Ela tem que estar aqui, em algum lugar, eu estava dentro dela. dentro... dentro não. Em cima, embaixo. Não sei, não lembro, não importa. Se ela não está aqui, ela não existe. E se ela não existe, eu também não... (*Leva as mãos à cabeça, apalpa-se.*) A não ser que existisse apenas dentro do meu próprio cérebro. Uma mancha no meio dos meus miolos. Um gânglio, um derrame, um aneurisma. Mas não dói, não pulsa, não sangra. (*Passando a mão no corpo.*) No meu corpo. Na minha pele, como uma tatuagem, uma queimadura. Mas eu não sinto nada. Já disse que não sinto nada. Faz tempo que eu não sinto nada. (*Começa a pular num pé só, batendo com a mão aberta no ouvido.*) Nem sequer aquela sensação de quando entra água nos ouvidos. Nem mesmo um zumbido, uma vertigem, uma labirintite. Não! Nada!

Violentamente, o HOMEM joga longe o globo. Depois se acalma e começa a descer do praticável, já totalmente transformado em QUIXOTE.

QUIXOTE – Ah, aleives, urdiduras, tramas vis! Novamente a negra falange dos devotos de Lúcifer intenta confundir-me com sua astúcia maligna! Pois saibam que não os temo, demônios! (*Caminha hierático para a boca de cena e declama Mario Quintana.*):

“Vinde, corvos, chacais, ladrões de estrada!
Ah! desta mão avaramente adunca,
Ninguém há de arrancar-me a luz sagrada!”

CENA 6

De como por momentos o Ator retoma sua voz, mas é definitivamente tomado pela figura quixotesca.

O HOMEM permanece parado, a mão direita crispada e erguida dramaticamente no ar. Volta a melodia espanhola, um pouco mais forte. Então, como se fosse novamente o ATOR, ele pega um livro pesado, antigo, e lê com todo cuidado.

ATOR (*Lendo.*) – “Miguel Esteban, Villaverde, Esquivias, Tisteafuera, Quintanar de la Orden, Argamasilla de Calatrava e Argamasilla de Alba. Eram sete os povoados que compunham a região da Mancha.”

Está aqui, no livro. Este livro não mente. Era lá que estava a mancha. Foi lá que aconteceu.

O ATOR pára, com o livro erguido na mão. Entra uma voz gravada lendo a primeira frase do Dom Quixote, *de Cervantes.*

VOZ GRAVADA – "Num lugar de La Mancha, de cujo nome não quero lembrar-me, vivia, não há muito, um fidalgo dos de lança em cabide, adarga antiga, rocim fraco e galgo corredor."

O ATOR fecha o livro. E volta a ser o HOMEM DA MANCHA. Fala em tom pedante, professoral.

HOMEM – Senhores, por mais que minhas idéias andem perturbadas, como dizem – e talvez tenham razão –, certamente as idéias deste autor não o estavam quando, para iniciar sua obra imortal, escolheu justamente a expressão "num lugar da Mancha". Pois convenhamos, se escreveu "num lugar", isso obviamente indica que a referida mancha ocupava – ou ocupa – lugar no espaço. Espaço físico, real. Portanto, embora não consiga encontrá-la em lugar algum, tenho provas de que existe. (*Noutro tom.*) E ainda que não, que importa? Em mim, dentro ou fora, ou até mesmo em volta. Rede ou ferida. Geográfica ou psicológica. Vírus ou alucinação. A mancha existe. E eu preciso enfrentá-la.

O HOMEM deixa o livro de lado. Começou a transmutar-se novamente em DOM QUIXOTE. Caminha nervosamente. Apanha uma espada de plástico ou madeira.

QUIXOTE – Parece mais do que evidente que toda esta burla não passa disso mesmo. Mero engodo, reles tramóia. Maracutaia. Mas, como fidalgo que sou, não me deixarei abater por patranhas vulgares. (*Suspiroso.*) Ah, fado meu... Devaneio e perdição. Sinto que é chegada outra vez a hora de partir à cata de aventuras. (*Animado.*) Lança em riste para defender-me dos vilões, dos corruptos. Nigromantes, mouros encantados, opressores de toda a aldeia global, acautelai-vos! Vossos dias estão contados.

CENA 7

Onde o fidalgo sonhador paramenta a si mesmo de cavaleiro andante e pede a bênção aos cavaleiros que o antecederam na lida.

Enquanto fala, QUIXOTE vai se vestindo. Roupas e armadura são improvisadas com material retirado da maleta de executivo e/ou das sacolas que MIGUEL trouxe, mais objetos que já estão no palco.

QUIXOTE – Embora temporariamente fora de combate, por conta de um mal nos rins (*Apalpa as cadeiras, geme.*) que quase me arrancou a vida, jamais deixarei de pertencer à nobre ordem dos cavaleiros andantes. (*Altivo.*) Defensor das donzelas, amparador das viúvas e socorredor dos órfãos e desvalidos da sorte! (*Para a platéia.*) Mesmo que a Idade do Ouro tenha passado e que de seu antigo esplendor não restem mais que cinzas; mesmo que todos nós hoje nos sintamos a ponto de sucumbir sob a pata imunda desta Idade do Chumbo, que a mim maltrata os rins e a vós não sei que partes do corpo ou da mente, mas com certeza aflige também; mesmo com toda a vulgaridade e o preconceito que grassam pelos quatro cantos do mundo – a profissão de cavaleiro andante deve ser preservada a qualquer custo. Por isso, além de mim, que briosamente resisto a todos os embates do destino, quero louvar bem alto a outros cavaleiros que, a duras penas, têm mantido acesa e ardente a chama da dignidade e da ética.

DOM QUIXOTE já está totalmente paramentado e, naturalmente, muito bizarro. Música espanhola caliente. Quixote ergue a espada e saúda a platéia em tom vibrante. Pode até pedir palmas da platéia.

QUIXOTE – Salve o valente Amadis de Gaula, que nunca abaixou a crista! Salve o valoroso Felismarte de Mircânia, que jamais gastou pólvora em chimango! Salve o nunca assaz louvado Tirante, o Branco, eternamente enfrentativo! E salve também Dom Belianis, da Grécia, e todos os outros que porventura olvidei, não por desprezo, mas por ser urgente a minha partida e curta a vossa paciência!

CENA 8

Na qual se narra com graça e nobreza o batismo do matungo finalmente conhecido como o Veloz Rocim Rocinante

QUIXOTE apanha a vassoura que MIGUEL trouxe com as compras. Num ritual coreográfico, enfeita-a com esmero. Pendura fitas, como se fossem arreios; um boá de plumas, como se fosse a crina; improvisa uma sela com uma almofada. Tudo enquanto fala.

QUIXOTE (*Para a vassoura.*) – Poderia chamar-te Pégaso, como o corcel alado do herói Belerofonte, nascido da garganta decepada da medonha Górgona. Ou talvez Bucéfalo, para render homenagem à célebre montaria de Alexandre, o Grande. Mas digo-te em segredo e cá entre nós, para que não nos oiçam os intrigantes: no meu conceito pertences a uma estirpe ainda superior à daqueles dois. Pois, embora não tenhas asas nem mítico nascimento, és valente e veloz como o vento que desgrenha a copa dos olivais. Fomos feitos um para o outro e, como um centauro, um só ser seremos. Teu nome entrará para a História, amigo, e esse nome, desde já imortal, precisa ser alto, sonoro, resplandecente. Digno de ti e também de mim, que sobre teu dorso percorrerei uma a uma as páginas das estradas e dos séculos, séculos, amém. Pelo sangue derramado das veias dos bravos tombados em batalha, meu rocim banhado pelo rocio, te batizo Rocinante em nome do Pai, do Filho e do Espírito Santo, amém again.

QUIXOTE faz uma cerimoniosa curvatura para a vassoura enfeitada. Depois monta ao contrário – isto é, com as palhas em frente ao próprio rosto, como se fossem a cabeça do cavalo – e começa a trotar lentamente, sem sair do lugar.

QUIXOTE – Pocotó, pocotó, pocotó. Rocinante, Rocinante. Vês como soa magnífico? Vês como se parece contigo? (*Noutro tom.*) E agora basta de cortesias. Eia! O mundo nos aguarda, meu impetuoso corcel. Vamos lá, enfrentar gigantes tenebrosos e feiticeiros malévolos. Vamos lá, desencantar brancas donzelas cativas. Vamos lá, arrancar odientos tiranos de seus sórdidos tronos de sangue. Em frente, bravo Rocinante, que a vida é curta para tanta estrada!

CENA 9

De como se introduz na narrativa a idolatrada figura de Dulcinéia del Toboso, a bem-amada de nosso fogoso personagem.

A melodia espanhola fica mais alta, mais vibrante. Montado na vassoura-Rocinante, QUIXOTE cavalga doidamente pelo palco, aos gritos, em louca disparada. Durante a cavalgada derruba alguns objetos, berrando, com a espada erguida. Certa confusão. A música só diminui quando ele pára subitamente em frente a um manequim.

QUIXOTE – Detém teu galope, amigo Rocinante. Não é de minha têmpera partir sem antes despedir-me, e com esmero, daquela que determina a mais funda razão de meus atos. Frente a esta divina aparição – a acenar-me, vês? – como se humana fora, a cambraia do branco lencinho marejado de lágrimas, seria profano dirigir-me a ela montado sobre teu dorso. Detém-te, pois, alimária, que aqui estremeço! (*Para o manequim, com intensa emoção.*) Dulcinéia! Dulcinéia del Toboso, senhora minha!

CENA 10

Que trata da súbita e inesperada vinda à tona do desventurado Miguel Quesada para revelar seus frustrados amores.

Ao apear de Rocinante, QUIXOTE enreda-se nas fitas, nos adereços, e leva um tombo grosseiro. Perturbado, ainda no chão, por instantes volta a ser MIGUEL, o personagem, já um tanto influenciado pela linguagem de QUIXOTE.

MIGUEL (*Para o manequim.*) – Tu foste a única pessoa que poderia ter emprestado alguma cor à minha vida em sépia. Nunca me atrevi a dizer nada, Carolina. Eras tão distante, tão fiel a teu marido, a teus

filhos, à tua vida banal e limpa de senhora honesta. Jamais ousarias pensar em mim como um amante. Eu, o homem invisível, o sem nenhuma graça, o que não nasceu para isso. (*Com amarga ironia.*) Colegas de trabalho... Bom-dia-boa-tarde-como-foi-o-fim-de-semana-quer-um-cafezinho-parabéns-por-favor-muito-obrigado. Amáveis, sociáveis: dispensáveis. Que horror, que lindo encontrar contigo todas as manhãs de todos estes dias de todos estes anos, Carolina. (*Trágico.*) Ai de mim, platônico e patético! (*Sofrendo muito, geme uns versos de Fernando Pessoa/Álvaro de Campos, com leve sotaque lusitano.*) "Serei sempre o que esperou que lhe abrissem a porta ao pé de uma parede sem porta,
E cantou a cantiga do Infinito numa capoeira,
E ouviu a voz de Deus num poço tapado."

Subitamente MIGUEL recompõe-se. Pega uma mantilha espanhola, muito colorida. Beija-a, aperta-a contra o coração. MIGUEL coloca a mantilha sobre os ombros do manequim. No lugar da cabeça, põe uma rosa vermelha.

MIGUEL – Adorno teus ombros nus, Carolina, para que não te cause dano o sereno da noite. E, porque sei que é inútil, como um corvo triste repito em despedida: nunca mais... nunca mais... nunca mais...

MIGUEL vai repetindo "nunca mais" enquanto torna a montar em Rocinante. Volta a transformar-se em QUIXOTE. Faz uma profunda, solene e amorosa reverência para o manequim/Dulcinéia.

QUIXOTE – Prometo que voltarei, senhora minha. Bálsamo de minh'alma, anjo das minhas negras vigílias, asa de pássaro no meu ferido coração de guerreiro. Pelos quatro cantos desta vasta Espanha, juro glorificar vosso nome, Dulcinéia del Toboso!

Música espanhola ardente. QUIXOTE esporeia Rocinante e sai de cena no galope. Por momentos o palco fica vazio. Restam uma luz sobre o globo terrestre; outra sobre a espreguiçadeira; outra – irreal – sobre o manequim coberto pelo xale espanhol.

CENA 11

Dos sucessos de Dom Quixote em busca de quem o sagre cavaleiro e outras acontecências mundanas.

Ergue-se um dos telões laterais. Sempre a trote, entra QUIXOTE por esse espaço aberto. Em sua imaginação, está entrando no pátio de um castelo. Cumprimenta a todos, muito amável e simpático, às vezes com algumas expressões em espanhol.

QUIXOTE – Buenos dias, esforçados aldeões. Saludos, hermosas señoritas. Mis cumprimentos, damas e cavalheiros deste encantador pueblito. (*Detém-se para falar com alguém.*) Perdoai-me importuná-lo, caro mancebo, mas saberíeis vós dizer-me donde puedo encontrar o castelão deste aprazível sítio? Sí, como no. E como se chama? Dom Giraldo de Villacañas, que guapo! O quê? Estalagem Ao Rendez-Vous dos Javalis? Mas deve haver algum equívoco. Dom Giraldo não passa o tempo na maciota, entre coxins, cercado pelas cortesãs. No, no. Lejos de mi duvidar de vossas palavras, morocho muchacho. Muchas gracias. Vale!

QUIXOTE despede-se, muito educado, e sai trotando. Vai rindo sozinho, feliz. Dá voltas pelo palco, sempre cumprimentando, enquanto reflete.

QUIXOTE – Pensando bem, está certo. O referido Dom Giraldo deve ter, afinal, suas fraquezas. (*Noutro tom.*) Como está, Doña Rosita? Sempre solteira? (*À parte.*) Perua! (*Reflexivo.*) Como diz o vulgo, Dom Giraldo deve apreciar beber umas e outras. Voilà, nada mais humano. (*Noutro tom.*) Buenos dias, Señor Bigas Luna! (*À parte.*) Depravado! (*Reflexivo.*) E além do mais, como bom administrador que parece ser, deve apreciar o contato mais íntimo com o povo. Nada mais louvável, nada mais político. (*Esporeia Rocinante.*) Y todavia sí. É certo encontrá-lo na estalagem, como assegurou el pibe.

QUIXOTE "estaciona" Rocinante, apeia e faz uma mímica para entrar na estalagem Ao Rendez-Vous dos Javalis. Ao fundo, em off, ruídos de risadas, fragmentos de conversas, tinir de copos, música alta, gargalhadas. QUIXOTE vai pedindo licença.

QUIXOTE (*Com um salamaleque.*) – Nobre castelão Dom Giraldo de Villacañas, permiti que me apresente. Sou o futuramente lendário Dom Quixote de La Mancha...

CENA 12

Que trata da inesperada e inoportuna vinda à tona do perturbado Homem da Mancha, sempre com sua obsessão.

Os ruídos gravados cessam por completo. O HOMEM DA MANCHA voltou ao ser pronunciada a palavra "Mancha", claro. O HOMEM começa a procurar.

HOMEM – Dá licença? A mancha... ela deve estar por aqui? Pode levantar seu pé, por favor? Obrigado. Não teria o senhor por acaso visto por aí uma mancha assim... Não, assim. Não muito grande, nem muito escura também. Uma mancha clarinha. O quê? (*Mais alto.*) Não, não. Carinha, não. Ela é barata. Quer dizer, ela não tem preço. CLA-rinha, eu disse. É só uma mancha. Faz favor? É que sem ela eu não sou ninguém, moça, não moro em lugar nenhum. Homeless? Não, não sei o que é isso. Eu fico solto no espaço, me entende? (*Agitado.*) Porra, eu tenho que achar a bosta dessa mancha! Você entende o que estou dizendo?

O HOMEM pára e olha em volta. Silêncio absoluto. Por alguns instantes, o HOMEM transforma-se no ATOR. E o ATOR, em pânico, olha a platéia. É como se tivesse um branco e esquecesse o texto.

ATOR – ...O que estou dizendo... (*Mais alto.*) Dizendo... Estou dizendo... (*Disfarça, estala os dedos, à parte.*) A deixa, caralho! A deixa, pelo amor de Deus!

CENA 13

Na qual o Ator recupera seu autocontrole e garbosamente volta a ser Dom Quixote, para espanto de todos.

QUIXOTE (*Muito inseguro.*) – Perdão, Dom Giraldo, por este – digamos – pequeno surto, mas como eu ia dizendo, eu, Dom Quixote, encontro-me ainda nas primícias da sua, quer dizer, da minha, da nossa – digamos – saga imortal. Ousei adentrar vossos domínios com meu brioso corcel, Rocinante de Tal, que lá fora encontra-se em merecido repouso, visto que – não, isso não interessa –, pois bem, sem mais delongas, no aguardo de vossa atenção, como cavaleiro andante que sou, e da pesada, Dom Giraldo de Villacañas desejo solicitar-vos – ufa! – alimento, pousada e mais importante que tudo, enfim e ao cabo: poderíeis, com vossas nobres mãos, sagrar-me cavaleiro? (*Aliciante.*) Devo dizer-vos que em futuro não só próximo, mas também remoto, ou ao contrário, vossa concordância resultará em vosso próprio louvor, posto que, como determinam os manuais de cavalaria (*À parte.*) – dez por cento vos parece justo? – ao sagrador Dom Giraldo de Villacañas, bem como, evidente, à musa Dulcinéia del Toboso, of course, deverei – ufa! – honrar e defender até a morte e tudo e tal.

QUIXOTE sai caminhando, como se estivesse de braço dado com Dom Giraldo, enquanto fala.

QUIXOTE – Então, como o crepúsculo já acaricia com seus róseos dedinhos o alto das cumeeiras... (*Noutro tom.*) Buenas tardes, señorita Sarita. E como está o Señor Montiel? (*À parte.*) Biscate! (*Para Dom Giraldo.*) ...Como eu ia dizendo, ponho-me pois de imediato a velar minhas armas. Até o alvorecer permanecerei vigilante. E ao romper da aurora, Vossa Esplendidez finalizará o milenar ritual da sagrada sagração valerosa. (*Aperta uma mão imaginária.*) Gracias, gracias, encantado. Buenas noches, Señor Dom Giraldo! (*À parte.*) Corrupto!

CENA 14

Dos sucessos e também insucessos de nosso herói no ato de velar suas armas, atentado pelos nigromantes.

A luz baixa. DOM QUIXOTE tira a roupa. Pode até ficar nu, ou só de cuecas. Arruma as roupas ao lado das armas, com cuidado, sobre o praticável, junto ao globo terrestre. Arma uma espécie de escultura, usando também Rocinante. Depois senta em postura de lótus, com uma vela de sete dias numa das mãos. Ao longe, um relógio bate, lento, doze badaladas. QUIXOTE, que cochila, acorda súbito.

QUIXOTE (*Contando as badaladas finais.*) – Dez... Onze... Doze. Meia-noite. Preciso estar alerta. Como um raio, um leopardo, uma serpente. Esta é a mais perigosa de todas as horas. Aquela que feiticeiros e nigromantes escolheram para seus nauseabundos batuques. Sabedores que aqui vela em solidão um cavaleiro inimigo do mal, por supuesto hão de vir importunar-me com suas perfídias. (*Grita para a escuridão.*) Gentalha das trevas, ogros e abantesmas: não ouseis vos aproximar de moi! Hei de resistir até o primeiro canto do galo branco, até o primeiro raio de sol da aurora! Nada de mal há de me suceder durante esta vigília! Ninfas, arcanjos, duendes, unicórnios, salamandras, silfos, orixás e fadas: todas as forças do bem estão do meu lado! Além dos espíritos daqueles cavaleiros já tombados em batalha, hoje cavalgando as pradarias do infinito! (*Luz sobre o manequim/Dulcinéia.*) E, sobretudo, como uma fortaleza inóspita cravada no centro do meu coração, encontra-se também minha bem-amada senhora Dulcinéia del Toboso. Insone e temerosa por meu fado, ela me protege com suas orações a La Virgen de Macareña. (*À parte.*) I hope so! (*Para a escuridão.*) Guardai distância de mim, se tendes amor a vossas peles fétidas, lavradas de cascas purulentas!

Com um movimento brusco, QUIXOTE derruba alguma coisa na escultura. Imediatamente salta, furioso.

QUIXOTE – Porventura sois surdos? A cera em vossos ouvidos será mais espessa que as muralhas de Jericó? Atrevei-vos a fazer barulho, abortos langanhentos? (*Toma a espada, como se lutasse.*) Pois então toma esta em teu tentáculo nojento e mais esta em tua pata disforme e mais esta outra na tua carantonha medonha, cheia de crocotós. (*Mais calmo.*) Deixai-me em paz com meus pensamentos, que exigem a mais funda concentração e a mais alta filosofia.

QUIXOTE arruma a escultura, pega a vela e tenta retomar a posição em lótus. Mas de repente começam a jogar pedras, tomates e ovos, de todas as direções. Os objetos vêm de fora de cena, junto com apupos.

VOZES EM OFF – Cai fora, idiota! Manda matar! Jacira! Tá muito louco! Vai-te catar! Tá pensando que é o quê? Fora, babaca! Quero meu dinheiro de volta!

CENA 15

Onde continua a narrativa da conturbada vigília até o raiar da manhã radiosa.

Um tomate de pano ou plástico atinge QUIXOTE na cabeça. Ele desmaia. E torna a vir à tona O HOMEM DA MANCHA.

HOMEM (*Olhando a própria pele, horrorizado.*) – Ah, não... Na minha própria pele, não. Por piedade, Senhor, poupai-me. Já se foram tantos, já se foram quase todos. Eu devo ser um dos últimos. Eu tenho que resistir. Dai-me forças e dai-me fé, meu Deus. (*Benzendo-se.*) Oh, puríssimo anjo Rafael, curador divino das feridas humanas, verte em minhas veias o líquido sagrado de tua ânfora dourada para purificar meu sangue!

Subitamente um raio de luz incide sobre o rosto do HOMEM. Ao mesmo tempo, um galo canta ao longe. O HOMEM cede lugar outra vez ao QUIXOTE.

QUIXOTE (*Recuperando-se.*) – Hein? O quê? (*Toma a espada.*) Vinde, najas emboscadas! Vinde todos a mim, lacraias e morcegos, galo preto da encruzilhada! (*Para a luz.*) Pero... ¿que pása? Ah, eis o primeiro raio de sol. Oh, que trêfego! (*Brinca um pouco com a luz.*) Amanheceu. O perigo passou, ufa. (*Escuta.*) Ah, eis o galo que cocorica três vezes. Que canoro chantecler... (*Aliviado.*) Bueno, venci a primeira prova iniciática. Estou pronto para o ritual de sagração. (*À parte.*) Saco!

Começa a entrar música sacra ao fundo. QUIXOTE tenta levantar-se, mas os rins doem muito. Com as mãos nas cadeiras, ele anda com dificuldade.

QUIXOTE (*Com forte sotaque lusitano.*) – Ai, que já não tenho mais fresca idade e o passar inclemente dos anos instalou-se-me direto nas cadeiras... (*Suspirando.*) Tivera eu comigo o poderoso bálsamo de Ferrabrás... Ai, que estou a adernar feito uma caravela em plena borrasca, sem ao menos ter descoberto o Brasil...

CENA 16

Do ritual da sagrada sagração e toda a sua magnífica magnitude

Música sacra mais alta. Ao perceber que o imaginário Dom Giraldo entrou, QUIXOTE recupera-se com toda a dignidade.

QUIXOTE – Buenos dias, majestosíssimo senhor doutor Dom Giraldo de Villacañas. Como vedes, todo ritual foi cumprido a bom cabo e a contento. (*À parte.*) Eu sou maravilhoso! (*Sério.*) Deponho, pois, minha depauperada – porém altiva – carcaça a vossos mitológicos pés, para que me façais, por fim, cavaleiro andante a vosso serviço.

QUIXOTE apóia um dos joelhos no chão. Abaixa a cabeça. Permanece um momento assim. Depois levanta-se – é o ATOR que assume o papel de Dom Giraldo –, pega aquele mesmo livro da Cena 6 e lê num latim errado, improvisado e monótono, com uma das mãos erguidas sobre a cabeça de Quixote.

ATOR – "Per omina saecula saeculorum / dominus vobiscum / pater, filius et espiritus sanctus / vanitas vanitatium / summa cum laude / saculus plenus Vaticanum / Voitilum positivus est / terrae terrarum terris sumus est / sun ad infinitum dementia praecox amen."

O ATOR benze o lugar onde deve estar QUIXOTE. Pode usar uma varinha de incenso. Apanha a espada e, com a mão livre, bate três vezes em cada ombro da imaginária figura ajoelhada.

ATOR – Pronto: acabou, acabou, acabou. Deus faça a vossa mercê muito bom cavaleiro, e tudo e tal, e lhe dê toda a ventura na lida desta vida fodida. Et voilà!

O ATOR retoma a posição de QUIXOTE. QUIXOTE ergue as mãos unidas para o alto, como se orasse. Música sacra. (Talvez Bach, Häendel.) A luz dá a ilusão de vitrais. Sinos. QUIXOTE benze-se, bate a cabeça no chão três vezes – como num terreno de candomblé – talvez coloque uma guia – e torna a vestir-se. Todo paramentado, monta novamente em Rocinante. Tem dificuldade, doem-lhe os rins. Geme, suspira. Enfim consegue. E sai trotando pelo palco, pelo lado do telão levantado.

CENA 17

Onde são narradas inevitáveis indecisões no início do caminho e também as curiosidades turísticas de Rocinante.

QUIXOTE (*Mastigando alguma coisa.*) – Adiós, adiós, nobre Dom Giraldo de Villacañas! (*Sacode um saco de moedas.*) Obrigado pela verba! Claro, claro, prometo colaborar com vossa campanha. Aumento de impostos? Sei... Mercado aberto às importações? Hã-hã. (*À parte.*) Marajá! (*Trotando.*) Pocotó-pocotó-pocotó. (*Bate na barriga, satisfeito.*) Bueno, a pança está cheia. Tudo vai bem. Jóia. Mas... onde estão as limusines? – quero dizer, as aventuras? Só vejo poeira e horizonte sem fim, a tal ponto que terra e céu parecem um só. Videiras e olivais a perder de vista. Terra mais seca esta minha, Deus. Nem sombra de gente. Tédio. Se pelo menos cruzasse meu caminho algum peregrino capaz de dizer-me onde encontrar algumas gotas do miraculoso Bálsamo de Ferrabrás para mitigar minhas dores... (*Gemendo.*) Ai, latejam-se-me os quartos como se alguna morocha tuviera sapateado o flamenco sobre eles... (*Para Rocinante.*) Dize-me lá, cavalar amigo, para onde queres ir tu? Para mim tanto se me dá, tudo que vejo é poeira. Dize-me então num relincho: o que aconselha tua soberba intuição eqüina? (*Pára.*) Eis aqui uma placa... (*À parte.*) – a sinalização é péssima – indicando... deixa ver... (*Pode colocar óculos para ler melhor.*) A leste, Almodóvar del Pilar; ao norte, Cañaveras; a oeste, Alcázar de San Juan; e ao sul, Alarcón. Eu preferiria toujours Almodóvar, mas deixo-te escolher. Abandono as rédeas: em tuas patas entrego meu destino.

Rocinante empina. Relincho gravado. Rocinante – comandado por DOM QUIXOTE, claro – dá meia-volta e toma outra direção.

QUIXOTE – Ah, pelo visto preferes Alarcón. Queres ver o famoso castelo, não? Pois cedo a teu desejo. Com sorte há de rastejar por lá algum mouro encantado em lagartixa, que me renderia boas aventuras. (*Animado.*) E pode ser que deparemos até mesmo com o trevoso Marquês de Villene, o mais repelente feiticeiro dos últimos sete séculos. (*Esporeia Rocinante.*) Eia, mais depressa, que, embora o ar esteja seco, farejo na brisa o cheiro da aventura. Eu não disse? (*Apontando.*) Lá naquela curva ergue-se um redemoinho de pó, que, se não for o demo, nem anhangá ou saci, por certo gente há de ser.

CENA 18

Em que o herói se toma de simpatias por um mancebo, ao mesmo tempo em que fustiga seu cruel feitor.

QUIXOTE cavalga rápido. Pode haver fumaça com efeito de poeira levantada. Dá algumas voltas e pára. Fala como se fosse com um mercador chicoteando seu criado.

QUIXOTE – Alto lá, sacripanta! Sou Dom Quixote de La Man... (*Interrompe-se, lembrando das inoportunas aparições do Homem da Mancha.*) Sou Dom Quixote e pronto, recém-sagrado cavaleiro andante com o aval de Dom Giraldo de Villacañas. Escuta, que mal vos fez este infeliz mancebo, descamisado e com o lombo em carne viva? Ladrão? Malfeitor? (*Furioso.*) Não creio em vós, poltrão. Devo dizer-vos que, a meus olhos experimentados, o malfeitor mais pareceis vós, que com tanto açodamento açoitais um jovem de tão puro semblante e nobre porte. (*Desmonta apressado.*) Para trás, mercenário! E corre que te arranco as calças! (*Debochado.*) Isso, sebo nas canelas, antes que eu faça um puchero de vossas frouxas carnes! Correi, correi desembestado campo afora, fracote, e a quem encontrardes pelos caminhos dizei bem alto que quem vos enfrentou foi Dom Quixote, o eleito da mais formosa dama do universo, a estonteante Dulcinéia del Toboso!

QUIXOTE curva-se para o moço supostamente amarrado. Age como se o ajudasse a levantar-se. Tudo é um tanto erótico, ambíguo.

QUIXOTE (*Para o moço.*) – Estás livre, lasanha. Deixa-me desembaraçar-te das amarras. Assim, isso. Nossa, que músculos duros tens... E que peito mais cabeludo... (*Recompondo-se.*) Bem, podes partir. E não te olvides: a quem encontrares pelo caminho repete bem alto que...

Subitamente QUIXOTE cai por terra. O moço imaginário deu-lhe um soco na cara e saiu correndo.

QUIXOTE (*Levanta, espanando-se.*) – Volta cá, cafajeste! Ingrato, velhaco, mal-agradecido! Trombadinha! Ah, bem me diziam "fazei o bem, mas olhai a quem". Ninguém está livre de aconchegar uma víbora em seu regaço. (*Apalpa os bolsos.*) Coño! Ainda por cima o bofe levou-me os últimos tostões. (*Gritando.*) Volta aqui, pivete! Michê!

QUIXOTE tenta correr atrás do moço, mas doem-lhe os rins. Desiste e torna a montar em Rocinante, um tanto deprimido.

QUIXOTE (*Gemendo, com sotaque lusitano.*) – Ai, que sinto cá uma fisgada, como se meus quartos fossem a boca de um bacalhau pescado pelo anzol... (*Pensativo, sempre trotando.*) Triste sina a de um cavaleiro andante. Tem seus momentos de glória, claro. Ainda ressoam em meus ouvidos os sinos do palácio onde fui sagrado cavaleiro, ainda sinto na pele a carícia macia das sedas nos trajes das donzelas. Ah, a textura luxuriosa do veludo adamascado na capa ritual sobre meus ombros... E o que dizer do ouro bizantino dos candelabros? (*Suspira.*) Mas, para um cavaleiro, nem tudo é luxo e ostentação. Há também momentos de humildade, solidão e modéstia. (*À parte.*) Saco! (*Mais conformado.*) Bueno, dizem que quem mais se humilha, mais se exalta. Porém... me sinto deveras solitário. Tivera ao menos outro ser humano para... (*Detém-se: insight.*) Mas é claro! Tudo que preciso é de um fiel escudeiro para aliviar-me, não só do peso abstrato da solidão, mas principalmente do peso bem mais concreto de toda esta traquitana. (*Para Rocinante.*) Meia-volta, cavalgadura. Sinto muito frustrar tua turística tournée. Tem paciência. Eis que de súbito lembrei-me de um homem mui leal e valoroso, que certamente acederá a meu convite. (*Esporeia Rocinante.*) Eia! Avante! Ai-pi-ai-ô, Silver!

CENA 19

Em que finalmente se introduz a fundamental figura do fiel escudeiro Sancho Pança.

Ergue-se o outro telão lateral. Portanto, só resta um telão, ao fundo. QUIXOTE sai de cena por um lado e volta imediatamente pelo outro. Continua montado em Rocinante e, por uma cordinha, puxa um pequeno barril com rodas embaixo – ou sobre um carrinho, ou mesmo sobre um skate. O barril, com correntes tramadas e tralhas penduradas (canecas, machado, panelas etc.) é Sancho Pança.

QUIXOTE (*Para Sancho.*) – Esporeia teu asno, Sancho Pança, e não te metas em assuntos de cavalaria, que disso entendo eu. It's my business, dear. Limita-te a teu ofício de escudeiro, que já não é pouco. (*Irritado.*) E por caridade, quando falares não o faças a favor do vento, mas contra, caso contrário bate-se-me nas fuças esse teu bafo entranhado de cebola e alho e vinho vagabundo e sei lá mais quê. Como é possível rememorar os doces aromas de alfazema da perfumada Dulcinéia se teu fartum me faz cair na real? E bem sabes o quanto detesto essa tal real... (*Mais paciente.*) Não, não te apoquentes, calma. Digo e redigo que aquela ilha em Angra será tua assim que tivermos alguma aventura – digamos – mais substancial. Hein? Já te disse que nada entendes de cavalaria andante, caso contrário estarias farto de saber que a fortuna custa a surgir. Sossega, pois, a tua periquita. Logo, logo destronaremos algum tirano... desencantaremos alguma bela princesa cativa... arrancaremos a máscara da face de alguma medonha megera... Essas coisas. E seremos regiamente recompensados, por supuesto. Prometo, prometo. Afinal, já assinei tua carteira. Até o final da temporada a prometida ilha será toda tua. Sua Excelência, o Governador Sancho Pança. Nada mau, hein?

QUIXOTE detém-se de repente. Estica-se e aponta para longe.

QUIXOTE – Raios se me partam los cuernos se aquilo que avisto não é o Elmo de Mambrino! (*Para Sancho.*) Como não vês nada? Será que além de sonso és cego? Presta atenção, mula. Por sob aquele álamo altaneiro vem vindo um cavaleiro a trote manso. Vês como brilha e rebrilha um adereço metálico na cabeça do cujo? Pois, te juro, trata-se do famigerado Elmo de Mambrino, que torna invisível a quem o possui. Deixa-te de preguiça, homem de Deus! Põe-te em pé sobre teu asno e verás que verias o que vejo eu.

QUIXOTE apeia. Pega Sancho e ergue-o acima da própria cabeça. Gira-o como um periscópio até focalizar um ponto.

QUIXOTE – Que azinheira, tapume. Nem azinheira nem pitangueira. Eu falei á-la-mo. Lá, mais abaixo. Na ribanceira, estrupício. Viste? (*Irritadíssimo.*) Como? Um cura com uma bacia na cabeça para proteger-se do sol? Por certo perdeste o senso, companheiro. (*Devolve Sancho ao carrinho.*) Então não percebes que os malditos nigromantes transformaram o cavaleiro num gordo cura de aldeia? E não percebes também que transformaram o próprio Elmo numa reles bacia? Pois te afirmo que esses grosseiros encantamentos não deterão meu ímpeto.

QUIXOTE torna a montar. Sai gritando com a espada, deixando Sancho parado. QUIXOTE dá voltas por fora do palco, ouvem-se apenas os gritos. Entrevero em off. QUIXOTE volta muito orgulhoso, com um penico na cabeça, feito chapéu.

QUIXOTE (*Para Sancho.*) – Três vezes vitória, oh torvo escudeiro! Botaste reparo na desabalada carreira em que escafedeu-se o bandoleiro transmutado em cura? Ave, ave, evoé! Mais uma conquista do invencível Dom Quixote! (*Acaricia o elmo/penico.*) Com o poderoso Elmo de Mambrino em minhas mãos – quer dizer, minha cabeça –, as portas da glória se arreganham para nós. Sigamos, portanto, nosso rumo, pois tomba lânguido o crepúsculo e o fatigado cavaleiro tem precisão de um sítio ameno para repousar seus ossos.

CENA 20

De como se faz noite e nosso herói arma o camping para o repouso enquanto lembra a bem-amada em suas orações.

A luz diminui. Noite. QUIXOTE apeia, apeia Sancho. Tira o elmo/penico. Alimenta Rocinante com uma cenoura. Se Sancho for mesmo um barrilzinho, tem uma torneira de onde QUIXOTE tira vinho e bebe numa caneca de lata. Pode-se também forjar um fogo com papel celofane vermelho. QUIXOTE estende um sleeping-bag. Mastiga um pão.

QUIXOTE (*Prepara-se para dormir.*) – Convenhamos, compadre Sancho, certamente opíparo não é o adjetivo mais adequado para este frugal repasto... Causar-me-á o escorbuto tanto pão seco no bucho? Além do mais, tuas cebolas provocaram-me horrendos borborigmos. (*Arrota.*) Perdão: a cada dia o seu quinhão, amanhã teremos faisão. E quanto a ti, não abuses dos torresmos que não estou disposto a estremecer de susto com teus traques durante a madrugada. Dorme em paz.

Sonha com tua ilha. E não olvides tuas orações, que não olvidarei as minhas.

Deitado, as mãos unidas, QUIXOTE reza. Luz sobre Dulcinéia/ manequim. Suavíssima melodia espanhola. A luz vai diminuindo lentissimamente junto com a voz de QUIXOTE. As últimas palavras são um sussurro na escuridão.

QUIXOTE – "Ó senhora das minhas ações, caríssima e incomparável Dulcinéia del Toboso, se é possível que cheguem aos teus ouvidos as preces e rogos deste teu venturoso amante, por tua inaudita beleza te peço que os escute, pois cifram-se apenas em implorar que te não recuses a dar-me o teu favor e amparo, agora que tanto deles preciso antes de embrenhar-me pela ignota região dos sonhos..."

CENA 21

Em que o chamado Real-Insuportável desta vez mais suportável novamente interrompe o fluxo e o devaneio.

Luz súbita sobre o telefone. Toca três vezes. Atende uma secretária eletrônica, com aquele recado de MIGUEL. (Vide Cena 3.)

VOZ DE MIGUEL (*Na secretária.*) – "Isto é uma gravação. Miguel viajou. Não disse quando volta. Talvez nunca. Inútil deixar recado depois do sinal."

Ouve-se um irritante bip eletrônico. Enquanto dura o bip e logo após, a voz de GUILHERME na secretária. QUIXOTE levanta-se e vai caminhando até a espreguiçadeira. Deita-se.

VOZ MASCULINA – Alô, Miguel? Recado esquisito, meu. Ô vida boa, hein? Mal se aposentou e já viajou. Quem me dera. Olha, aqui é o Guilherme, do Almoxarifado. Escuta, se você estiver por aí atende, porra. Eu só queria convidar você prumas cervejas, viu? Quem sabe um uisquinho, uns tira-gostos pra gente comemorar a tua liberdade. Eu pago, faço questão. Olhe, tem umas gatas aí superafins. Coisa fina. Alô, Miguel? Tá me ouvindo? Tá bom, deixa pra lá. Tchau.

Ruído eletrônico. A secretária se cala. Luz sobre a espreguiçadeira. Quando o bip da máquina desliga, QUIXOTE acorda bruscamente. Está transformado em MIGUEL QUESADA, o personagem.

MIGUEL (*Amargo.*) – Cerveja, uisquinho, tira-gosto. Mas você nunca me convidou pra nada, Guilherme. Durante pelo menos trinta anos você só me ligou pra falar de coisas de trabalho. Circular, demissão, holerite, fundo de garantia, décimo terceiro, dissídio. Mais de trinta anos. Agora é tarde, Guilherme. Eu cansei. Me esquece. Eu fui-me embora daqui.

CENA 22

Do que aprontaram os nigromantes incompetentes com nosso herói durante a noite, seguido do despertar.

Subitamente MIGUEL volta a ser QUIXOTE, que desperta na espreguiçadeira e, para seu espanto, não no chão onde adormecera ao lado de Sancho.

QUIXOTE (*Dando um pulo.*) – Maldição! Se sonâmbulo não o sou, como é possível dormir lá e acordar cá? Ah, vejo que os magos das trevas andaram a mangar comigo durante o sono... (*Para o nada.*) Covardes, incompetentes! Tivésseis reais poderes ter-me-íeis levado até as lonjuras da Beldregúndia... aos confins da Longelândia... à remota Quintanópolis... Que truquezinho mais chinfrim, moleques da alta magia! Dessa maneira envergonhais a memória de vosso ancestral Merlin, de vossa amada Morgana. Devem estar todos rindo à socapa de vossa idiotia, nigromantes nigrinhas...

Discretamente QUIXOTE faz xixi num cantinho. Depois faz como se lavasse as mãos e o rosto. Tosse, cospe, bufa. Depois vai resmungando até Sancho. Sacode-o, abre a torneira, bebe café. Bochecha, cospe. Tudo isso enquanto desfaz o acampamento e recoloca Sancho sobre o carrinho.

QUIXOTE – Vite, vite! Apura que se faz hora, companheiro Sancho. Onde pensas que estás? Refestelado numa hospedaria cinco estrelas? Toma aí teu petit-dejeuner e avia-te presto, bundone. Trotear é preciso, antes que rompa a manhã. (*Montado, vai puxando Sancho pela cordinha.*) Então, fala-me de teus sonhos, meu compadre. Sei, lingüiças. De ouro? Veja só. Dona Sancha e as cinco Sanchinhas? Sei, sei. Interessante. (*Vai ficando entediado.*) Hã-hã. Odres de vinho. Branco ou tinto? Sei, rosé. (*À parte.*) Que pobreza. (*Reflexivo.*) O.k., quanto a mim, creio que tive um sonho... premonitório. Te crês que ainda está caliente e a dar-se vueltas y más vueltas cá pelos cornos? (*Visionário.*) Vislumbrei maquinarias tão intrigantes, com engenhos a tal ponto indescritíveis... Faltam-se-me as palavras – o que é raro – para descrevê-las. Mas logo ao despertar tive a segura intuição que, antes que o sol alcance o meio do céu, depararemos com uma extraordinária aventura. Será quiçá o gigante Briaréu? Será a temível sábia Mentironiana? Será o monstro do Lago Ness? (*Esporeia Rocinante.*) Vai afiando teus gumes, meu amigo. A chave confirma: é hoje!

CENA 23

Onde se narra o extraordinário acontecimento com a mutação eletrônica do gigante Briaréu e seus asseclas.

Enquanto QUIXOTE e Sancho trotam, começa a subir o telão do fundo. Tão lentamente que QUIXOTE só o percebe quando está totalmente levantado. Atrás do telão há um bizarro totem em forma de escultura. É formado por um pedestal de aparelhos de TV (reais ou de papelão; se reais, cada um sintonizado num canal diferente), mais jornais, revistas, microfones e fios colados. O cenógrafo é livre para escolher vários símbolos da Mídia. Sobre esse pedestal, lá no alto, vê-se uma enorme antena parabólica. Que também pode ser real ou de arame, papel-machê ou qualquer outro material. Seria sensacional se pudesse girar, emitindo raios e sons es-

tranhos, eletrônicos, descargas estáticas de rádio, plim-plim da Globo, além de fragmentos de jingles, frases e trechos de música em vários idiomas. Esse é o Moinho de Vento.

QUIXOTE (*Percebendo o totem-Moinho.*) – Uau! Me cago en la concha de Maria Santíssima! U-lá-lá, vejo que aqui temos aventura da grossa! Arrét, amigo Sancho.

QUIXOTE apeia de Rocinante. Vai-se aproximando do totem com muita prudência e alguns sustos, enquanto fala com Sancho.

QUIXOTE – Sancho de Deus, no lo creo em meus bugalhos! Estás a ver, como eu, todos esses anões amontoados, uns sobre os ombros dos outros, com aquele gigantão estatelado lá em riba? Por Picasso! Olha só o monstro lá do alto girando seu único braço em direção ao céu. Quanta arrogância! Que enfrentativo ele é! Ah, bem que meu sonho me avisou. Esta cosa loca nada mais é que o monstruoso Briaréu em carne e osso. Por El Greco, que me cago hasta en la leche de mi puta madre!

QUIXOTE examina as TVs, fascinado e aterrorizado. Dependendo das imagens – se forem reais – o ATOR pode improvisar alguns comentários, reconhecendo jingles conhecidos etc.

QUIXOTE – Já dobrei meio século de carma e nunca jamais en toda mi perra vida tropecei em tamanha trolha. É estarrecedor! É estupefaciente! (*Gritando.*) Mas é, sobretudo, um estorvo! Não fujais, estúrdias criaturas do fundo do íntimo do âmago do mais longínquo Hades! O bravo cavaleiro desafia a própria morte e contra vós investe!

Espada em riste, QUIXOTE joga-se furiosamente contra o totem.

QUIXOTE (*Aos berros.*) – Chegou tua hora, horrendo Briaréu! Vai encomendando tua alma a Leviatã. Hei de decepar esse teu braço repugnante para jogá-lo aos cães danados! Hei de cravar uma estaca de madeira santa no teu podre coração, vampiro imundo! (*Benze-se.*) Valei-me, minha doce Dulcinéia, que neste embate aposto minha honra. É chegado o vosso fim finalmente, filisteu!

QUIXOTE tenta escalar o totem. Talvez até consiga, um pouco, mas acaba levando um grande tombo. Se forem reais, as TVs nesse momento saem do ar. Ficam nas telas apenas aqueles riscos verticais, zumbindo.

QUIXOTE (*Por terra, geme e apalpa os rins.*) – Caluda, companheiro Sancho, fecha tua matraca e me deixa em paz. Moinhos de vento? Capaz! Não percebeste, trolha, que no último instante, quando eu já saboreava o gosto da vitória, o nefasto mago Freston transformou anões e gigantes nessas máquinas dementes? (*Levanta, altivo.*) Felizmente meus futuros cronistas, biógrafos, exegetas, fãs etc. haverão de fazer justiça. (*Para a platéia.*) Haveria por acaso algum biógrafo entre vós? Um escritor, quiçá? Um jornalista, ao menos? Algum fotógrafo, quem sabe? Um videomaker que seja? Mas nem sequer um mísero cineasta? (*À parte.*) Ai, que se me esnoba a mídia estou fodido... (*Para Sancho.*) E tu, atoleimado, não esqueça de espalhar aos quatro – aos quatro não, aos sete – ventos que teu amo e senhor Dom Quixote teve a audácia de enfrentar Briaréu. (*À parte.*) Afinal, o boca-a-boca sempre funciona...

CENA 24

De como a saia se ajusta pouco a pouco e todos os caminhos começam a parecer sem saída.

QUIXOTE torna a montar. Sai a trote, puxando Sancho em direção a um dos lados do palco. Enquanto ele trota, despenca violentamente um telão lateral. QUIXOTE dá de cara no telão.

QUIXOTE – Valha-me, Lope de Vega, que os caminhos se me ajustam qual saia sem fenda nem nesga! (*Para Sancho.*) Anota em tua agenda, escudeiro: nesta vida às vezes é preciso saber recuar. Ponto. Como quem teme. Ponto. Mas não temer jamais, vírgula, e sim buscar discreto pelo atalho menos evidente e mais propício. Ponto final. O quê? Precipício não, lesado: pro-pí-ci-o. (*Esporeando Rocinante.*) Em frente, fogoso corcel, que nada nem ninguém nos deterá.

QUIXOTE galopa a todo vapor para o lado oposto. De repente cai também o outro telão. E outra vez QUIXOTE dá de cara no telão.

QUIXOTE (*Filosófico.*) – Well, well, well. Parece que os corruptos nigromantes donos do poder, querem mesmo me enlouquecer. Em vão, patetas! Não fora eu quem a História confirmará que fui e continuo sendo, e o futuro me absolve!

QUIXOTE olha para o fundo, onde ainda está o totem, já apagado. Começa a caminhar para lá, puxando Rocinante por uma das mãos e Sancho pela outra.

QUIXOTE – Vejo que ainda resta um caminho. Um mísero e único caminho. O mais estreito, o mais melancólico de todos. O mais perigoso, o mais solitário. Mas, cuernos, parece mesmo o único, que se há de fazer? (*Avança, tapando o nariz.*) Por Antônio Banderas, que medonha fedentina! Dir-se-ia que este sítio está juncado de cadáveres em franco estado de putrefação. Abutres, hienas. Ah quanta miséria. Juro que nunca pensei. Oxalá os pestilentos miasmas da sórdida matéria viva em decomposição não arruínem ainda mais minha depauperada saúde. (*Para os céus.*) Valei-me, Augusto dos Anjos!

QUIXOTE abandona Rocinante e Sancho. Tira o elmo/penico e pendura-o num dos ganchinhos de Sancho. Olha em volta. Anda pé ante pé, equilibrando-se como numa corda bamba. Pela primeira vez parece frágil, inseguro, assustado.

QUIXOTE – Bueno, já que prudência e covardia sinônimos não são, meus caros amigos, talvez seja melhor investigar bem esta vereda que se me afigura sem salvação. Cabeça fresca, passo comedido, respiração ritmada. (*Equilibra-se, quase cai, mas recupera-se e bate no peito.*) Mas o coração – ah, o coração eternamente enfrentativo!

(*Erguendo um braço com os dedos em figa.*) Vade retro, vudu bestial! Falange de eguns, Exu Caveira, meu nome em boca de sapo: definitivamente, xô!

CENA 25

Na qual todas as porções anteriores vêm subitamente à tona, numa verdadeira apoteose esquizofrênica & pós-moderna

QUIXOTE está em frente ao impassível totem-Moinho. Dos lados, já caíram os dois telões. O telão à frente do totem também começa a descer, mas lentamente, milímetro por milímetro. Então acontece a Grande Divisão Esquizofrênica. Sem controle algum, os personagens anteriores – ATOR, MIGUEL QUESADA, o HOMEM DA MANCHA – começam a emergir caoticamente. Cada um quer tomar o poder e falar. Também começa a emergir em QUIXOTE o último personagem – o CAVALEIRO DA TRISTE FIGURA.

QUIXOTE – Triste, triste figura a minha. Tão magro sou, tão seco de carnes. Já quase nem tenho dentes, que foram-se-me os molares. E me fugiram os fios de cabelo, como que espantados por meus loucos sonhos. As costas se me encurvam de fadiga, o peito se me encava de desgosto. (*Tosse.*) Esta rede de rugas no meu rosto... e as mãos me tremem como de ressaca. (*Para o céu, meio grego.*) Meu regente Marte, senhor da guerra, Ogunhê, por que me abandonaste? Oh, Saturno, implacável Senhor do Tempo, impiedoso Cronos, poupai-me do envilecer da carne viva!

ATOR – Não se pode ir em frente. É impossível recuar. Ficar parado seria fatal. Ah, fugir. Desaparecer. Não fazer, não agir. Cair no esquecimento. Esquecimento... de quê? Não consigo lembrar. Merda de memória!

HOMEM – A coisa mais triste do mundo é a pele. Fronteira, limite que nos separa dos outros e das coisas. A pele é intransponível como uma muralha. (*Olhando as mãos.*) E tem manchas tristes, tristes, tristes.

MIGUEL – Eu não sabia, Senhor, que o mundo era tão vasto e doloroso. E que, desejando a vastidão do mundo, meu coração conheceria também a vastidão da dor. Por que, Senhor meu, permitiste que eu tentasse fugir da minha pequenez? Por que me deste todos esses sonhos, muito maiores do que eu?

QUIXOTE – Dulcinéia, minha estrela da manhã. (*Recita Manuel Bandeira.*) "Pura ou degradada até a última baixeza, eu quero a estrela da manhã!"

ATOR (*Citando Vicente Pereira.*) – "Sempre, quando estiverem mais de três pessoas reunidas e for falado o nome de Deus, eu estarei entre elas. Mas sempre com um decote bem profundo." (*Noutro tom.*) "Segura o turbante, meu bem, e sente o ritmo."

MIGUEL (*Citando Machado de Assis.*) – Carolina! "Querida, ao pé do leito derradeiro!"

QUIXOTE – Soltem os leões!

HOMEM – Como as atrizes e cantoras que desaparecem para sempre, eu também quero outra coisa.

ATOR – Astaroth, Asmodeu! Belial, Belfégor!

MIGUEL – Fechar as portas, bater as portas, trancar as portas. Tragam-me chaves, correntes, cadeados. Dêem-me o claustro que não suporto o outro. Ponham-me grades, que não agüento o vivo!

QUIXOTE (*Bem espanhol.*) – ¡Ay que me muero!

HOMEM – O vômito. Além do vômito, a lágrima.

ATOR (*Citando Nelson Rodrigues.*) – "Herculano, aqui quem te fala é uma morta!"

HOMEM – Além da lágrima, a prece, meu Deus. Ou o cinismo.

QUIXOTE (*Citando Sun-Tzu em* A arte da guerra.) – "Aquele que conhece o inimigo e a si mesmo, mesmo em cem batalhas, nunca correrá perigo. Aquele que não conhece o inimigo, mas conhece a si mesmo, às vezes ganha, às vezes perde. Aquele que não conhece nem o inimigo nem a si mesmo em todas as batalhas será vencido."

ATOR (*Citando Clarice Lispector.*) – "Ter nascido me estragou a saúde."

MIGUEL – A saída, onde fica a saída? Eu preciso encontrar a saída!

QUIXOTE – Nasci para viver morrendo, e tu para viver comendo.

HOMEM – Além da prece, o riso. O riso a que não me atrevo. Ah, o humor dos palhaços, das crianças, dos que fumam maconha para falar bobagens... Quem me dera o humor dos anjos.

ATOR (*Citando Oswald de Andrade.*) – "Ah o amor, o amor, o amor: eu quero porque quero da vida!"

HOMEM – Socorram-me que me afogo em meu próprio sangue, em minha própria mancha!

QUIXOTE – ¡Ay, ay, ay que me muero!

Na cara de QUIXOTE cai finalmente o terceiro telão, escondendo por completo o totem-Moinho. A luz fica mais clara, feérica. Quando QUIXOTE volta-se para o público, está transformado no ATOR.

CENA 26

Onde um alegre circo subitamente dá lugar ao deprimido e deprimente Cavaleiro da Triste Figura.

ATOR (*Braços abertos, bem circense.*) – Respeitável público! Senhores e senhoras, rapazes e senhoritas: boa noite!

Música circense bem animada. Efeitos feéricos de luz. O ATOR pode fazer mágicas, tipo tirar lenços infinitos de dentro do elmo/penico. Suspensa por um fio de náilon, despenca do alto do palco uma enorme lua em purpurina prateada. Ao ver a Lua, o ATOR pára. A música também pára. O ATOR transformou-se novamente em QUIXOTE, que, por sua vez, já se transformou no CAVALEIRO DA TRISTE FIGURA.

TRISTE (*Para a Lua.*) – Cavaleiro da Branca Lua, vencido estou. Branca, branca Lua: a teus pés de prata deponho meus arroubos. Oh, Lua, desalmada e feiticeira... Tamanha surra me deste, Cavaleiro Branca Lua, que já não valho um furo sequer da sola das tuas negras botas. Adeus, dias de vinho e rosas. (*Caidaço, acabado.*) Ah, esquece-me. Esqueçam-me todos. Estou exausto desta farsa. (*Para Rocinante.*)

Esquece-me também tu, indomável Rocinante, que aprimorou meu porte e suportou meus ossos. (*Para Sancho.*) Esquece-me incluso tu, o mais amoroso e leal de todos os escudeiros de toda a história de toda a cavalaria andante. (*Amargo, acariciando o barrilzinho.*) Mais do que nunca, companheiro Sancho, tornei-me agora exato e justo a alcunha que um dia me deste: Cavaleiro da Triste Figura. (*À parte.*) Que vexame...

TRISTE caminha até o manequim/Dulcinéia. Começa a colocar suas próprias roupas sobre o xale do manequim. Retira apenas a rosa vermelha, que mantém nas mãos. Enfia na cabeça o elmo/penico e começa a caminhar em direção à espreguiçadeira.

TRISTE (*Cada vez mais curvado.*) – Lá vai ele, sombra de gente. Farrapo humano, destroço, soçobro de si mesmo. Lancem-lhe apupos, que endoudeceu. Escarrem-lhe na cara, que ensandeceu. Joguem-lhe ovos podres, tomates murchos e ratos mortos, que desatinou e nunca mais voltou. (*Mais alto, com fúria.*) Joguem-lhe bosta, que nunca foi nada!

EPÍLOGO

Onde se encerra a narrativa falando da morte, da vida, da saúde, do amor e do azul

TRISTE pára junto à espreguiçadeira. Tira o penico da cabeça e coloca-o embaixo. Está vestido apenas com a malha, como o ATOR no Prólogo. TRISTE vai falando enquanto deita, a rosa vermelha sempre nas mãos.

TRISTE – Perdoai-me todos, se a alguns fiz mal. É que fugiu-se-me a razão, dizem, por longo tempo, e só me torna agora. Tarde demais, pois a morte já anunciou sua chegada. Que louco sonho ou pesadelo foi a minha vida, a tua vida, as nossas vidas. Ah, somos todos inocentes nesta barca da Medusa a navegar insânias. E eu de nada me arrependo. (*Recita García Lorca, num último alento:*)

"Si muero,
dejad el balcón abierto.
El niño come naranjas.
(Desde mi balcón lo veo.)
El segador siega el trigo.
(Desde mi balcón lo siento.)
Si muero,
dejad el balcón abierto!"

Com um esforço derradeiro, TRISTE joga a rosa para a platéia. Leva a mão ao peito, geme.

TRISTE – ¡Ay que me muero!

Cai deitado na espreguiçadeira, imóvel.
Do teto começa a cair uma chuva de confetes coloridos sobre TRISTE morto. Uma cuíca geme ao fundo, ao longe, ou remotíssima batucada. Começam a subir, ao mesmo tempo, os três telões. A Lua permanece.

HOMEM (*Levanta, espanando os confetes, consultando o relógio. Fala com um psicanalista imaginário.*) – Já? Mas hoje eu quase nem disse nada. Nem você. Aliás, você nunca diz nada. É muito caro pra não dizer nada. No que é que eu estou pensando agora? Na mancha, é claro. Eu penso nela o tempo todo. Você, melhor do que ninguém, sabe disso. (*Procura pelo chão.*) Ela tem que estar aqui. Aqui, ali. Assim não é possível. Não pode desaparecer assim. (*Desinteressado.*) Ah, deixa pra lá. Dentro ou fora de mim, já cansei dessa história. Quer saber do que mais? Caguei: K-Gay!

O telefone começa a tocar. Já transformado em MIGUEL, o HOMEM precipita-se para atender. Mas a secretária eletrônica é mais rápida.

VOZ GRAVADA – "Isto é uma gravação. Miguel..."

MIGUEL aperta um botão e desliga a secretária. Atende, sôfrego.

MIGUEL (*Ao telefone.*) – Alô, quer falar com quem? Miguel? Sou eu mesmo, pode falar. Quem gostaria? (*Sorrindo, surpreso e feliz.*) Carolina? Nossa... eu nunca pensei que... Como? Ah, então você recebeu a minha carta? (*Confiante, animado.*) Eu também, eu também. Muita falta. Que bom, vamos sim, vamos nos ver. Claro, claro. Hoje mesmo?

MIGUEL estatiza, sorrindo ao telefone. Os três telões terminaram de subir. MIGUEL deposita suavemente o telefone. Já transformado em ATOR, caminha até o praticável. Senta no banquinho em frente ao globo terrestre. Os telões sumiram. Restam o palco e poucos elementos espalhados, como despojos de uma batalha. E a Lua, lá no alto. Toca um sinal de início de espetáculo. O ATOR não se move. O sinal repete duas, três vezes, enquanto o ATOR continua sentado no banquinho do início.

ATOR (*Estremecendo.*) – Hã? Hein? O quê? Quem? (*Gira lentamente o globo, com o indicador apontado.*) Ah, é verdade. A gente sempre esquece. Quem vê lá do espaço, de longe, lá do alto – diz que a Terra é azul. Deve ser mesmo. (*Pára o globo, procura e aponta.*) Aqui. Bem aqui. Exatamente aqui. (*Olhando em sete direções diferentes, como no Prólogo, repete sete vezes cada vez mais baixo, enquanto a luz diminui em resistência.*) Sim, sim, sim, sim, sim, sim, sim.

Música espanhola vibrante, vigorosa, vital.

Caio Fernando Abreu
São Paulo, Carnaval de 1994.

FICHAS TÉCNICAS DAS MONTAGENS DE ESTRÉIA

SARAU DAS 9 ÀS 11

Estréia: 13 de maio de 1976. Teatro de Câmara, Porto Alegre-RS.

ELENCO

Biratã Vieira
Caio Fernando Abreu
Graça Nunes
Izabel Íbias
Jane Araújo
Luís Artur Nunes
Suzana Saldanha

Direção: Luís Artur Nunes
Figurinos: Arines Íbias
Cenário: Equipe
Iluminação: João Acyr
Trilha sonora: Wesley Coll
Produção e realização: Grupo de Teatro Província

DIÁLOGOS

Diálogos não constituem uma peça completa. Não foram compostos com essa intenção. São cenas dramáticas avulsas escritas por Caio Fernando Abreu em Porto Alegre, na segunda metade dos anos 70, que se acham aqui reunidas. Foram encenadas como partes de vários espetáculos-colagem, tais como *deColagem, Lance/Lince/Lírio/Licorne, Love/Love/Love* e *Grafitti cor-de-rosa,* dirigidos por Luís Artur Nunes.

Por essa mesma razão, não existe uma ficha técnica da primeira montagem.

A COMUNIDADE DO ARCO-ÍRIS

Estréia: 24 de junho de 1979. Teatro Renascença, Porto Alegre-RS

ELENCO

Bruxa de Pano - Carmen Lenora
Macaco Simão - Carlos Freire
Roque - Elton Manganelli
Soldadinho - Isaías Quadros
Macaco Tião - Juarez Farinon
Macaco Bastião - Nelson Magalhães
Mágico - Samuel Betts
Bailarina - Simone Castiel
Sereia - Tânia Wolf

Direção: Suzana Saldanha
Cenário e figurino: Elton Manganelli
Iluminação: Pirilampo
Música: Leo Ferlauto
Produção executiva: Isaías Quadros
Coreografia: Carmen Lenora
Realização: Grupo de Teatro Província

PODE SER QUE SEJA SÓ O LEITEIRO LÁ FORA

Estréia: 11 de agosto de 1983. Clube de Cultura, Porto Alegre-RS

Texto de Caio Fernando Abreu
Direção de Luciano Alabarse
Um espetáculo do Descascando o Abacaxi

ELENCO (por ordem de entrada em cena):
Haroldo Haro - João
Gilberto Gawronski - Baby
Java Bonamigo - Leo
Clélia Admar - Mona Alto-Astral e Carlinha Baixo-Astral
Eliane Steinmetez - Rosinha
Mauro Soares - Alice Cooper
Ivan Mattos - Angel

Coordenação de cenário: Java Bonamigo
Coordenação de figurino: Gilberto Gawronski
Coordenação de divulgação: Ivan Mattos
Coordenação de produção: Luciano Alabarse
Músicas: Carlinhos Hartlieb
Iluminação: Maurício Rosa e Carlos Bandarra
Operação de luz: Beth Medeiros
Operação de som: Shirley Rosário
Contra-regragem: Sérgio Porciúncula
Painéis: Roberto Paglioza
Pintura dos painéis: Sérgio Porciúncula e Zé Carlos Gündel
Construção do cenário: Raul Lopes Barbosa e Luis Antônio Vargas
Cabelo "Alice Cooper": Walter, do SCALP
Cartaz: Rubem Pechansky
Fotos: Cláudio Etges
Patrocínio: Mec-Inacen

REUNIÃO DE FAMÍLIA

Original de Lya Luft
Adaptação teatral de Caio Fernando Abreu
Direção de Luciano Alabarse

ELENCO

Clélia Alabarse – Alice
Eliane Steinmetz – Alice menina
Maria de Lourdes Meneghetti – Aretusa
Simone Castiel – Aretusa menina
Marely Dankwardt – Evelyn
Rosângela Batistella – Evelyn menina
Edu Madruga – Renato
Ivan Mattos – Renato menino
Gilberto Perin – Bruno
Pedro de Camargo – marido de Alice/padre
Guido Warschawski – filho de Alice/enfermeiro
Luiz Carlos Magalhães – Professor
Maria de Lourdes Anagnostopoulos – Berta

Assistente de direção: Java Bonamigo
Cenário: Roberto Paglioza e Java Bonamigo
Figurinos: Juan Isasa e grupo
Iluminação: Maurício Rosa e Carlos Bandarra
Trilha sonora: Luciano Alabarse
Execução de cenário: Raul Lopes de Souza e Luiz Antonio Vargas
Operação de luz: Beth Medeiros
Operação de som: Liziane Rezende
Cabeleireiro: Walter, do SCALP
Produção executiva: Maria de Lourdes Meneghetti/Java Bonamigo/ Luciano Alabarse
Divulgação: Viva Produções e Promoções Artísticas/ Alice Urbim/Lígia Walper
Fotografias: Claudio Etges/Luiz Antonio Catafesto
Produção gráfica: Jurandir de Oliveira Maciel
Programação visual: Luiz Antonio Catafesto
Apoio: Subsecretaria de Cultura/RS

A MALDIÇÃO DO VALE NEGRO

Estréia: 9 de maio de 1986 no Clube de Cultura, Porto Alegre-RS

ELENCO

Rosalinda - Mirna Spritzer
Conde Maurício de Belmont - Raul Machado
Agatha - Graça Nunes
Marquês Rafael d'Allençon - Breno Ruschel
Condessa Úrsula de Belmont - Ida Celina
Cigano Vassili - Antonio Carlos Brunet
Cigana Jezebel - Valquíria Peña
Narrador - Ubirajara Valdez

Direção: Luís Artur Nunes
Cenário, figurinos e adereços: Alziro Azevedo
Iluminação: João Acyr
Trilha sonora: Wesley Coll
Produção executiva: Lurdes Eloy
Realização: Teatro Vivo

ZONA CONTAMINADA

Estréia: 1994. Boate Kitschnet, Rio de Janeiro-RJ

ELENCO

Ana Maria Magalhães - Carmen
Raquel Rocha - Vera
Scarlet Moon - Mr. Nostálgio
Gilberto Gawronski - Homem de Calmaritá
Fausto Fawcett - Nostradamus Pereira

Direção: Gilberto Gawronski
Assistência de direção: Vica Nabuco
Figurinos: Ermel Ribeiro
Direção de movimento: Ana Kfouri
Cabelos: Hélio Dias

O HOMEM E A MANCHA

Estréia: 21 de novembro de 1996. Theatro São Pedro, Porto Alegre-RS

Diretor: Luís Artur Nunes
Ator: Marcos Breda
Participação Especial: Paulo Autran (Guilherme, uma voz em off)
Cenógrafo: Rodrigo Lopes
Figurinista: Malu Rocha
Direção musical: Celso Loureiro Chaves
Iluminação: Voltaire Danckwardt
Diretor assistente: Angel Palomero
Preparação corporal: Antonio Negreiros
Programação visual: Anna Tornaghi / Carlota Rios
Fotos: Luiz Antonio Guerreiro
Assistentes de cenário: Alexandre Silva e Adalberto Almeida
Assistente de figurino: Alexandre Silva
Assistente de produção: Rejane Dippe Rodrigues
Cenotécnico: Altair Claro
Operador de luz: Alexsandro Silva Ferreira
Operador de som: Marcos Vaz
Divulgação: B&D
Direção de produção: Carlos Konrath e
Geraldo Lopes / OPUS Promoções

FOTOS

A maldição do Vale Negro (2004). Rio de Janeiro - RJ. *Da esquerda para a direita: Carolina Virgüez (Jezebel), Leonardo Netto (Vassili), Alice Borges (Úrsula), Mário Borges (Maurício), Camila Pitanga (Rosalinda), Bruno Garcia (Rafael) e Marcos Breda (Agatha). Foto: Paulo Vainer (RJ)*

A maldição do Vale Negro (2004). *Rio de Janeiro - RJ. Da esquerda para a direita: Marcos Breda (Agatha) e Alice Borges (Úrsula). Foto: Guga Melgar (RJ)*

A maldição do Vale Negro (2004). Rio de Janeiro - RJ. *Da esquerda para a direita: Carolina Virgüez (Jezebel), Marcos Breda (Ágatha), Leonardo Netto (Vassili) e Camila Pitanga (Rosalinda). Foto: Guga Melgar (RJ)*

O homem e a mancha (1996). Porto Alegre - RS. *Marcos Breda (Dom Quixote).*

Foto: Luiz Antonio Guerreiro (RS)

O homem e a mancha (1996). Porto Alegre - RS. *Marcos Breda (O Ator).*

"A maldição do Vale Negro", primeira montagem no Rio de Janeiro, outubro de 1988. *Angela Valero, Ivo Fernandes e Maria Esmeralda Forte. Foto: Rai Bandeira (RJ)*

A maldição do Vale Negro, montagem de estréia, em Porto Alegre, 1986. *Da esquerda para a direita: Raul Machado, Valquíria Peña, Ida Celina, Mirna Spritzer, Antônio Carlos Brunet. Foto: Cláudio Etges (foto@claudioetges.com.br)*

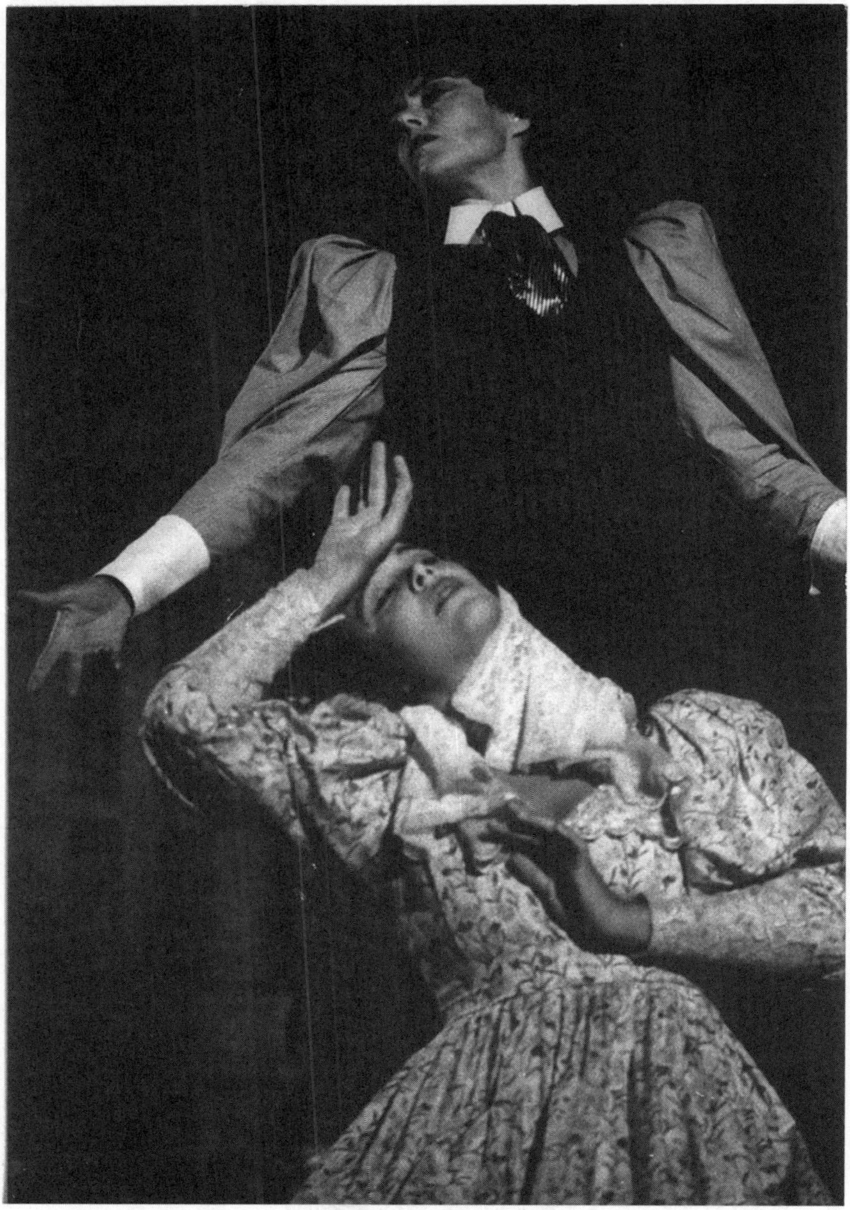

A maldição do Vale Negro (1986). *Graça Nunes e Mirna Spritzer.*
Foto: Cláudio Etges (foto@claudioetges.com.br)

A maldição do Vale Negro (1986). *Breno Ruschel e Mirna Spritzer.*
Foto: Cláudio Etges (foto@claudioetges.com.br)

Sarau das 9 às 11 (1976). Porto Alegre - RS. *Da esquerda para a direita: Jane Araújo, Caio Fernando Abreu, Graça Nunes, Luís Artur Nunes, Izabel Íbias, Suzana Saldanha e Biratã Vieira.*

Sarau das 9 às 11 (1976). *Biratã Vieira e Caio Fernando Abreu.*
Foto: Sandra Laporta (sandralaporta@terra.com.br)

Sarau das 9 às 11 (1976). *Izabel Íbias. Foto: Sandra Laporta (sandralaporta@terra.com.br)*

Sarau das 9 às 11 (1976). *Suzana Saldanha. Foto: Sandra Laporta (sandralaporta@terra.com.br)*

A Comunidade do Arco-Íris (1979). Porto Alegre - RS. *Carlos Freire, Samuel Betz, Simone Castiel, Elton Maganelli, Suzana Saldanha, Carmen Lenora, Isaías Quadros, Tânia Wolf e Juarez Farinon.*